子どもの権利条約から見た日本の子ども

国連・子どもの権利委員会
第3回日本報告審査と総括所見

子どもの権利条約NGOレポート連絡会議【編】

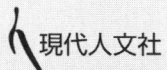
現代人文社

はじめに

問われている子どもの権利条約の意義と効力

　子どもの権利条約の国連採択から20年以上、日本批准から15年以上が経過していますが、日本では条約が「風化」しつつあるのではないかと危惧されています。児童虐待防止法、児童福祉法改正、子ども・若者育成支援推進法、子ども・若者ビジョンなど一部の法律や計画に条約の趣旨や規定が反映されていますが、法律や行政の中に条約の趣旨や規定が組み入れられているとはいえません。それどころか条約に反するような少年法改定などが行なわれています。裁判所でも条約は援用されていません。自治体では、条例の制定、計画の策定、子ども参加や相談・救済活動などに条約を具体化するところが見られ、展望がありますが、まだ少数です。施設やNPO等で、条約の理念をもとにした子どもの参加や居場所づくりが取り組まれている事例もあり、希望はもてますが、なお少数です。このような状況の中で、子どもの権利条約はどのような意義や効力をもっているのでしょうか。

　こうしたなかで、東日本大震災が起こりました。地震・津波・原発事故・風評被害という何重苦のなかで非常に多くの人たちが犠牲になり、被災しています。被災者支援・被災地復興においては、当事者である子どもの意見を聴き、子どもたちも参加して行なわれることが必要ですが、そのためにも安心・安全な子どもの居場所の確保、遊びや学びの保障をはじめ条件整備や支援が不可欠です。そこでは、子どもの権利条約の趣旨や規定に基づき、差別の禁止、子どもの最善の利益確保、生命・生存・発達の権利、子どもの意見の尊重・参加をはじめ「子どもの権利を基盤」にして被災者支援・復興に粘り強く取り組んでいくことが求められています。ここでも、子どもの権利条約の意義や効力が問われています。

日本報告審査と本書の構成

　子どもの権利条約の日本における実施状況について、2010年5月27日・28日、国連・子どもの権利委員会第54会期において審査がなされました。条約については、第3回目の審査です（第1回：1998年、第2回：2004年）。武力紛争と子どもの売買・買春・ポルノに関する2つの選択議定書については、初めての審査です。そして、会期最終日の6月11日に、総括所見（concluding observations）が採択されました（正式版は6月20日付と22日付）。

　子どもの権利条約NGOレポート連絡会議は、今回の審査にあたり、2009年11月にNGOレポートを提出しました。そして、2010年2月のプレセッションに出席し、

委員会への情報提供と意見交換を行ないました。さらに、2010年5月には事前質問票に対応した追加レポートを提出しました。審査にあたっては、傍聴、ロビイングを行ない、審査終了後、委員会に総括所見の採択にあたって考慮すべき日本政府答弁の問題点や勧告のポイントに関するフォローアップ文書を提出しました。

本書は、今回の審査の記録と審査のフォローアップのために作成しています。

本書第1部は、日本報告審査の概要、総括所見の内容、そのフォローアップの課題について、総論的に論じています。ここに、総括所見（連絡会議訳）およびこれまでの総括所見の比較表を掲載しています。第2部では、各論として、NGOレポートの作成に関わった人が総括所見の読み方や実現に向けた課題について論じています。第3部は資料編で、国連・子どもの権利委員会による事前質問票や、9時間にわたる審査を忠実に再現した審議録を掲載しています。

総括所見の実施に向けて

総括所見は、国際社会における条約の解釈・運用の水準に基づき、国連・子どもの権利委員会による検証を経たうえでの、日本における条約実施の課題です。総括所見は、条約が実施措置として採用している報告制度の一環であり、それを誠実に履行することは条約上の義務の一部といえます。今回の総括所見は、次回の審査（条約の第4回・第5回報告書および選択議定書の第2回報告書の提出期限は2016年5月21日）まで条約実施の優先的な課題です。

第3回総括所見でも指摘されたように、これまでの日本政府は、2回の総括所見に対し、誠実に応答しているとはいえませんし、実際にその多くを実施していないと見られています。第3回目の総括所見も同じような道をたどることのないよう、政府は国会議員やNGOを含めて審査や総括所見のフォローアップシステムを構築することが求められています。

現在、子どもの権利条約NGOレポート連絡会議では、「院内セミナー」の開催などを通じて、総括所見の履行を含む条約の効果的な実施に向けて国会議員と市民からなる組織を立ち上げ、政府と国会と市民によるパートナーシップ型の総括所見フォローアップ・システムを構築し、条約の効果的な実施を図ろうとしています。このような取組みはすでにNGOの中で多様な形で模索されていますが、国際人権規約をはじめとする人権条約全体で推進していくことが望まれます。

本書が、総括所見の検討、子どもの権利条約の実現に少しでも貢献できることを祈念しています。

2011年5月

荒牧重人（子どもの権利条約NGOレポート連絡会議責任者）

目　次

はじめに　2

第1部

子どもの権利条約第3回日本報告審査と総括所見

第1章　第3回日本報告審査の概要と総括所見の内容　　平野裕二 ──── 12

Ⅰ　第3回日本報告審査に至る経緯 ……………………………………………………………… 12
 1　政府報告書の提出 ……………………………………………………………………… 12
 2　会期前作業部会と事前質問票（論点一覧） ……………………………………………… 12
Ⅱ　日本報告審査と総括所見の概要 …………………………………………………………… 13
 1　子どもの権利条約・第3回報告審査の概要 ………………………………………… 14
  ⑴　実施に関する一般的措置　14
  ⑵　子どもの定義　16
  ⑶　一般原則　16
  ⑷　市民的権利および自由　18
  ⑸　家庭環境および代替的養護　19
  ⑹　基礎保健および福祉　21
  ⑺　教育、余暇および文化的活動　22
  ⑻　特別な保護措置　23
 2　選択議定書についての審査の概要──子どもの売買・性的搾取 ……………… 24
 3　選択議定書についての審査の概要──武力紛争への子どもの関与 …………… 25

第2章 総括所見の内容とそのフォローアップ　荒牧重人　27

 Ⅰ　総括所見の検討の視点　27
 Ⅱ　総括所見の特徴　28
 Ⅲ　総括所見の実施に向けた課題　30
  1　前回総括所見の遵守　30
  2　効果的な実施のために　31

第3章 第3回日本報告審査と条約の実施　一場順子　33

 Ⅰ　政府報告書の審査と総括所見について　33
  1　児童虐待と児童相談所について　33
  2　体罰について　34
  3　少年司法について　35
  4　児童虐待、児童ポルノ等で性的被害を受けた子どもの保護　36
  5　子どもの権利基本法の制定と有効・適切な国家機関の創設について　36
 Ⅱ　子どもの権利条約の全面的実施について　37

第4章 総括所見　39

 条約第44条に基づいて締約国が提出した報告書の検討　39
 子どもの売買、子ども買春および子どもポルノグラフィーに関する子どもの権利条約の選択議定書第12条第1項に基づいて締約国が提出した報告書の検討　57
 武力紛争への子どもの関与に関する子どもの権利条約の選択議定書第8条に基づいて締約国が提出した報告書の検討　65
 国連・子どもの権利委員会総括所見比較表（第1回～第3回）　70

 [column]
 日本の現実をどのように国際社会へ発信していくのか　大河内彩子　32

第2部
子どもの権利条約総括所見の実施

第1章 子どもの権利条約第3回総括所見の実施 ─── 78

Ⅰ 差別の禁止 ─── 78
1 婚外子差別の撤廃　土橋博子 ─── 78
(1) 条約遵守を怠り続ける日本国政府　78
(2) 婚外子差別の撤廃　80
2 朝鮮学校に通う子どもたちの権利　宋 恵淑 ─── 81
(1) 朝鮮学校に対する差別的処遇　81
(2) ジュネーブで問われた朝鮮学校「高校無償化」除外問題　81
(3) 総括所見で勧告された朝鮮学校に対する差別的施策の是正　83
(4) 差別是正に向けて　84

Ⅱ 子どもに対する暴力の禁止　柳本祐加子 ─── 85
1 子どもに対する性暴力 ─── 85
2 第3回総括所見における性暴力に関する勧告 ─── 86
3 勧告の実現に向けて ─── 87
(1) 第3次男女共同参画基本計画の充実　87
(2) 第2次犯罪被害者等基本計画の充実　87
(3) 刑事訴訟法の改正　87
(4) 民法の改正　88

Ⅲ 子どもの貧困問題　津田知子 ─── 89
1 日本の子どもの貧困 ─── 89
2 子どもの貧困に強く言及した第3回総括所見 ─── 90
3 総括所見後の政府・市民社会の動き ─── 91
4 子どもの貧困解決に向けて ─── 92

Ⅳ 子どもの家庭環境 ─── 94
1 子どもの家庭環境と養育費　森田明美 ─── 94
(1) 子どもの家庭環境や養育費をめぐる問題状況　94

(2)　第3回総括所見における子どもの家庭環境と養育費支払いへの勧告　95
　(3)　総括所見の実現　96
2　代替的養護と子どもの権利　井上 仁 ………………………………………………97
　(1)　措置権の問題（児童相談所の問題）　97
　(2)　施設内体罰　98
　(3)　要保護児童対策（家庭環境）　99
　(4)　親のケアを受けられない子ども　99
　(5)　児童虐待　100

V　教育 …………………………………………………………………………………101

1　障害のある子どものインクルーシブ教育への権利　一木玲子 ……………101
　(1)　第3回日本政府報告書のインクルーシブ教育に関わる部分　101
　(2)　審査での質疑応答　102
　(3)　具体的かつ詳細な第3回総括所見と勧告　103
　(4)　おわりに　107
2　教育分野における子どもの権利　原ひとみ …………………………………107
　(1)　競争主義的な教育制度の見直し　107
　(2)　教育予算の拡充　109
　(3)　人権教育の推進　110
　(4)　学校における子どもの意見表明・参加　111
3　多様な教育への権利保障──不登校と子どもの権利条約　佐藤信一／奥地圭子 ……112
　(1)　不登校の子どもの現状と背景　112
　(2)　政府報告書から見えるもの　113
　(3)　今後の取組み　116

VI　少年司法　石井小夜子 ……………………………………………………………117

1　少年法「改正」に対する国連・子どもの権利委員会の勧告 ………………117
2　法律の制定改正が必要なもの ……………………………………………………117
　(1)　少年法等の改正　117
　(2)　子どもの刑事裁判の整備　118
　(3)　身体拘束の制限とこの期間の教育へのアクセス　120

3　運用での改善 ………………………………………………………………… 121
　(1)　身体拘束の制限および身体拘束の場所・教育へのアクセス　121
　(2)　試験観察の積極的活用　122
　(3)　研修　122
4　刑事司法制度と接触することにつながる社会的条件を解消するための防止措置の実現 ……………………………………………………………… 122
　(1)　少年非行防止のための施策をリヤド・ガイドライン型に　122
　(2)　家庭支援・コミュニティ支援　123
5　非行をおかした後のスティグマの回避 ……………………………………… 123

第2章　子どもの権利条約第1選択議定書第1回総括所見の実施
　森田明彦 ─────────────────────────── 125
Ⅰ　審査に至る経緯 ……………………………………………………………… 125
Ⅱ　第1回政府報告書と総括所見に関する評価 ……………………………… 127
Ⅲ　今後の課題 …………………………………………………………………… 131

[column]

セクシュアル・マイノリティの子どもの権利　明智カイト　83

障害を理由に差別されることのない教育を　向井裕子　104

ゼロトレランスと校則　永田裕之　108

取り上げられなかった食の安全・食教育と子どもの権利　加藤千鶴子　114

第1選択議定書に関するNGOレポートを作成して　甲斐田万智子　128

第3部
子どもの権利条約日本報告審査の記録

第1章 子どもの権利条約日本報告審査の概要 ── 134
1　各報告審査の日程 ── 134
2　第3回日本報告審査の参加メンバー ── 135
3　児童の権利に関する条約第3回日本政府報告（目次） ── 136

第2章 国連・子どもの権利委員会による事前質問項目 ── 138

子どもの権利条約の実施
日本の第3回定期報告書の検討に関わる論点一覧 ── 138

子どもの売買、子ども買春および
子どもポルノグラフィーに関する選択議定書
日本の第1回報告書の検討に関わる論点一覧 ── 140

武力紛争への子どもの関与に関する選択議定書
日本の第1回報告書の検討に関わる論点一覧 ── 141

第3章 第3回日本報告審査の記録 ── 143
1　日本政府代表の冒頭発言 ── 143
2　実施に関する一般的実施義務、子どもの定義、一般原則、市民的権利および自由──委員からの質問 ── 145
3　日本政府代表団の回答と質疑 ── 154
4　家庭環境および代替的養護、基礎保健および福祉、教育・余暇および文化的活動、特別な保護措置──委員からの質問 ── 163
5　家庭環境および代替的養護、基礎保健および福祉、教育・余暇および文化的活動、特別な保護措置──委員からの質問（続き） ── 169
6　日本政府代表の回答および質疑 ── 171
7　子どもの売買、子ども買春および子どもポルノグラフィーに関する選択議定書──委員からの質問 ── 191
8　日本政府代表からの回答と質疑 ── 195

9　武力紛争への子どもの関与に関する選択議定書──委員からの質問……… 203
　10　日本政府代表からの回答と質疑………………………………………………… 206
　11　対話の締めくくりの発言………………………………………………………… 210

第4章　子どもの権利条約NGOレポート ─────────── 213

　1　子どもの権利条約NGOレポート連絡会議　参加団体・個人……………… 213
　2　子どもの権利条約の実施に関する第3回日本政府報告書についての
　　　NGOレポート（サマリー版）　目次………………………………………… 213

第 1 部

子どもの権利条約
第 3 回日本報告審査と総括所見

第1章

第3回日本報告審査の概要と総括所見の内容

平野裕二（子どもの人権連）

I 第3回日本報告審査に至る経緯

1 政府報告書の提出

　日本政府は、第3回締約国報告書を提出期限であった2006年5月21日から遅れること約2年後の2008年4月22日に提出した。あわせて、「武力紛争における児童の関与に関する選択議定書」（提出期限：2006年9月2日）と「児童の売買、児童買春及び児童ポルノに関する選択議定書」（期限：2007年2月24日）に関する第1回報告書も提出した。
　第3回報告書については、NGOからは、委員会の前回の勧告に誠実に応答しようとしていない、前回の勧告で強調された「権利基盤アプローチ」が考慮されていない、重要なデータが欠落しており、子どもたちの実態や施策の効果が見えない、条約に関する基本的理解が十分ではない、自治体の条約実施の取り組みを活かそうという視点がない、市民社会と誠実に対話・協力しようという姿勢がないなど、厳しく批判された。そして、日弁連、子どもの権利条約NGOレポート連絡会議、第3回子どもの権利条約市民・NGO報告書をつくる会からそれぞれ包括的なオルターナティブ・レポートが提出された。

2 会期前作業部会と事前質問票（論点一覧）

　2010年2月3日には、会期前作業部会が開催された。先の3団体の代表が出席し、提出したレポートに基づく情報提供を行なうとともに、委員とかなり詳細な質疑がなされた。これらに基づいて委員会が作成した事前質問票（論点一覧：List of Issues）に対し、政府は4月6日までに文書回答を提出するよう求められた。
　事前質問票に現れた委員会の主要な関心事項は、次のようなものであった。条約実施の前提となる一般的措置（「子どもの権利基本法」の制定、効果的な政策調整機関の設置、人権委員会・地方オンブズパーソンなどの権利救済機関のあり方、条約広報措置、市民社会との協力、国際援助における子どもの権利の考慮、前回の総括所見が十分に実施されな

かった原因、条約実施における最優先課題など)、差別への対応(婚外子・民族的マイノリティ)、子どもの最善の利益の考慮(法律および出入国管理・難民関係事案)、子どもの意見の尊重の原則の法制化、児童虐待・ネグレクトへの対応、ひとり親家庭の子どもなどの生活水準、少子化対策の具体的内容、暴力・いじめ・ひきこもり・自殺などへの対応や子どもの人間関係の支援、学力偏重ではないバランスのとれた教育、人権教育(学校での子どもの権利の実践も含む)、少年司法など。なお、選択議定書については、とくに、子どもの性的搾取・人身売買の現状や防止策、子どもが武装集団などに利用されることの防止などである。

なお、この事前質問票に対して、NGOは追加レポートを提出した。

Ⅱ 日本報告審査と総括所見の概要

2010年5月27日から28日にかけて、国連・子どもの権利委員会(第54会期)による日本の報告審査がジュネーブのパレ・ウィルソン(国連人権高等弁務官事務所)で行なわれた。

今回審査の対象となったのは、子どもの権利条約に関する第3回報告書と、条約の2つの選択議定書に関する第1回報告書である。27日の終日(6時間)をかけて第3回報告書の審査が行なわれた後、28日の午前中に、子どもの売買、子ども買春および子どもポルノグラフィーに関する選択議定書(約1時間40分)と武力紛争への子どもの関与に関する選択議定書(約1時間)についての審査が行なわれた。

委員会は現在、遅延を取り戻すため9人ずつ2つのチェンバー(分会)に分かれて報告審査を行なっており、日本の報告審査を担当したのはBチェンバーである。チェルマッテン委員(スイス)が議長を務め、審査および総括所見の作成を主導する国別報告者は、条約本体についてクラップマン委員(ドイツ)、子どもの売買などに関する選択議定書についてクンプラパント委員(タイ)、武力紛争に関する選択議定書についてポラー委員(ウガンダ)がそれぞれ務めた。

他方、日本政府は上田秀明・外務省人権人道大使、志野光子・外務省人権人道課長をはじめとする22名の代表団を派遣して審査に臨んだ。外務省(4名)、内閣府(3名)、警察庁(1名)、法務省(7名)、文科省(1名)、厚労省(3名)、防衛省(3名)という構成である。文科省から国際課長補佐1名しか派遣されなかったことなど、委員会の質問に的確に答えることのできるハイレベルな代表団とはいいがたかったのが現実である。

審査の結果、第54会期の最終日である6月11日に、条約および2つの選択議定書に関する委員会の総括所見(先行未編集版)が国連人権高等弁務官事務所

(OHCHR)のウェブサイトで公表された。第3回総括所見は、当初は全87パラグラフで構成されていたが、6月16日に公表された改訂版で4つのパラグラフ（「子どもの権利と企業セクター」に関するパラ27・28および歴史教科書に関するパラ74・75）が付け加えられ、全91パラグラフになっている。その後、条約に関する第3回総括所見が6月20日付で、2つの選択議定書に関する第1回総括所見がそれぞれ6月22日付で、正式な国連文書として公表された。

1　子どもの権利条約・第3回報告審査の概要

(1)　実施に関する一般的措置

　政府代表は、民主党政権下で今年1月に策定された「子ども・子育てビジョン」、子ども・若者育成支援推進法（2010年4月施行）に基づき作成中の「子ども・若者ビジョン」などの総合的施策の実施に政府をあげて取り組んでいく意思を表明した。しかし、国別報告者であるクラップマン委員は、政府の説明で理想や理念については語られていても法的権利としての子どもの権利には十分に言及されていないことを指摘し、これらの政策文書がどこまで子どもの権利を基盤とした（rights-based）ものであるかについて疑念を示した。

　また、委員会の事前質問票では「子どもの権利基本法」を制定する意思があるかどうかについて質問されていたが、政府の文書回答では前述の子ども・若者育成支援推進法に言及するにとどまっている。審査の場であらためて出された質問に対し、外務省代表は、「子ども・若者ビジョン」策定の過程で議論が進行中であるとし、現段階では「作りますとも作りませんとも言えない」として制定の可能性に含みをもたせたが、内閣府の代表はこれを一蹴。日本では充実したさまざまな法体系が整備されており、子ども・若者育成支援推進法の施行に伴って政府が一丸となって健全育成支援に努めていく予定であることから、「現時点ではこれ以上の包括的法律の制定は検討されていない」と明確に述べた。

　総括所見では、「子ども・若者育成支援推進法が条約の適用範囲を完全に網羅しておらず、または子どもの権利を保障するものではないこと、および、包括的な子どもの権利法が制定されていないこと」に対して懸念が表明され（パラ11）、「子どもの権利に関する包括的法律の採択を検討」することが強く勧告されている（パラ12）。子ども政策についても、「条約のすべての分野を網羅……する、子どものための、権利を基盤とした包括的な国家行動計画が存在しない」（パラ15）として、このような行動計画の制定が促された（パラ16）。

　さらに、政府の目玉施策のひとつである子ども手当についても、近年新たに注目されるようになった「子どもの貧困」を根絶していくためにはそれだけでは有効で

はないとして、子ども・家族関連の支出についてさらに説明するよう求められている。モーラス委員（チリ）は、OECD（経済協力開発機構）などの国際比較研究も参照し、日本の社会支出の額や配分方法の問題が子どもの貧困や不平等などにつながっていると指摘して、より公平な、子どもにはっきりと焦点を当てた予算配分を求めた。同委員はODA（政府開発援助）の問題についても取り上げている。

　このような審査の結果、総括所見では子どもの貧困と格差の問題が新たに取り上げられ、この問題に対する関心が全体を貫く結果となった。これが今回の総括所見の特徴であるといえる。まず、新たに設けられた資源配分の項目（パラ19・20）で社会支出の少なさや貧困率の増加に深い懸念が表明され、予算策定における子どもの権利への配慮が強く勧告された。次に、十分な生活水準に対する権利（条約27条）との関連でも子どもの貧困の問題が正面から取り上げられ、貧困削減戦略の策定や労働政策の影響評価も含めた広範な取り組みを行なうことが勧告されている（パラ66・67）。格差や不平等との関連では、マイノリティの子どもの社会的・経済的周縁化の問題が新たに「特別な保護措置」で取り上げられた（パラ86・87）ほか、前述の国家的行動計画に関する勧告でも、「所得および生活水準の不平等」の問題に加え、ジェンダー・障がい・民族的出身による格差、また「子どもが発達し、学習し、かつ責任ある生活に向けた準備を進める機会を形成するその他の要因による格差」への対応が勧告されている（パラ16）。

　モーラス委員はまた、日本の子どものウェルビーイング（個人の権利や自己実現が保障された、身体的・精神的・社会的に良好な状態）が国際的に見て必ずしも満足のいくものでないことも指摘した。クラップマン委員も、ユニセフの研究などに言及しながらこの問題について取り上げ、日本の教育やメンタルヘルス・サービスのあり方に問題があることを示唆した。

　これらの点については、「親子関係の悪化にともなって子どもの情緒的および心理的ウェルビーイングに否定的影響が生じており、子どもの施設措置という結果さえ生じていることを示す報告があること」（パラ50）、「著しい数の子どもが情緒的ウェルビーイングの水準の低さを報告していること、および、親および教職員との関係の貧しさがその決定要因となっている可能性があること」（パラ60）について懸念を表明するという形で、総括所見に反映されている。委員会は、これらの問題が生じている要因として「高齢者介護と若年層のケアとの間で生じる緊張、ならびに、貧困がとくにひとり親世帯に及ぼす影響に加え、学校における競争、仕事と家庭生活の両立不可能性等の要因」を挙げ（パラ50）、ワーク・ライフ・バランスの促進、親子関係の強化、子どもの権利に関する意識啓発などを勧告した（パラ51）。

　このほか、第1回審査時から一貫して委員会が強調してきた、子どもオンブズパ

ーソン等の独立した監視機関の設置（パラ17・18）やNGO・市民との協力のあり方（パラ25・26）についてもあらためて取り上げられている。子どもオンブズパーソンについては、性的搾取議定書に関する総括所見で、「現在オンブズパーソン事務所が活動していない自治体においてオンブズパーソンが任命されることを確保する」ことも勧告されており（パラ23）、「自治体における地方オンブズマンの設置を促進」するよう求めた前回の勧告（パラ15(c)）よりも踏み込んだ内容となっている。

　他方、条約や子どもの権利に関する広報・研修については、裁判官に関して若干のやりとりがあったものの、十分に焦点が当てられたとはいいがたい。前回の勧告では「意識啓発キャンペーン、研修および教育プログラムが態度の変革、行動および子どもの取り扱いに与えた影響を評価すること」などが求められていたが（パラ21(c)）、今回は、子どもと親を対象とした情報の普及がとくに強調された点を除けば、一般的・抽象的内容にとどまった（パラ24）。

　このほか、審査ではとくに焦点が当てられなかったものの、「子どもの権利と企業セクター」として企業の社会的責任（CSR: Corporate Social Responsibility）に関わる勧告が行なわれている（パラ28）。国際協力についても、第2回総括所見では肯定的評価が行なわれていただけだが（パラ4）、今回はODA予算の削減等について懸念が表明されている（パラ29・30）。

(2) 子どもの定義

　女子の最低婚姻年齢（16歳）および性的同意年齢（13歳）の引き上げを求めた前回の勧告（パラ23）は実施されないままであり、今回もあらためて取り上げられている。

　性的同意年齢について、法務省代表は、この問題についてはさまざまな要素（何歳程度から性交を行なう判断能力が備わるのか、性的意思決定の自由への過剰干渉にならないか、同意に基づく性交を刑罰で規制することには謙抑的になるべきではないかなど）があるとして、慎重な検討が必要であると表明した。また、最低婚姻年齢の男女差については、これを男女ともに18歳とする民法改正案があたかも開会中の国会に提出されるかのような説明を行なった。

　しかし、総括所見では最低婚姻年齢の男女差の問題のみ取り上げられており、性的同意年齢についてはとくに言及されていない（パラ31・32）。

(3) 一般原則

　差別の禁止（2条）との関連では、婚外子差別、性犯罪からの保護に関わる男女の異なる取り扱い、朝鮮学校の高校無償化除外などの問題が取り上げられた。も

っとも、これまでの委員会の慣行からすれば、この分野に十分な注意が払われたとはいいがたい。

　婚内子と婚外子の法定相続分の違いについて、政府代表（法務省）は、合理的区別であって差別ではないという従来からの答弁を繰り返しつつ、相続分を平等化する民法改正案が開会中の国会に提出されるかのような答弁を行なっている。また、前回の総括所見でも懸念を表明された「強かんが、刑法において、男性から女性に対する行為として狭く定義されたままである」点（パラ51(a)）については、肉体的・生理的差異を考慮した手厚い保護であって差別ではないとの立場を表明した。

　朝鮮学校が高校無償化の適用対象から除外されている問題については、2月に行なわれた国連・人種差別撤廃委員会の審査でも懸念が表明され、教育機会の提供に差別がないようにすること、日本に居住する子どもが就学および義務教育の修了に関して障害に直面しないようにすること、外国人のための多様な学校制度などについて調査研究を行なうことなどが勧告されている。クラップマン委員からは、この問題の背景には歴史認識の違いもあるのではないかといった指摘も行なわれたが、政府代表（文科省）は、カリキュラムなどの確認がとれないためであるという答弁を行ない、夏頃までにその基準や方法を検討して結論を出すと述べるにとどまった。

　所見では、これまでは婚外子差別についてのみ法改正を明示的に勧告していたのに対し、さらに踏み込んで「包括的な反差別法を制定し、かつ、どのような事由であれ子どもを差別するあらゆる立法を廃止すること」が勧告された（パラ34(a)）。また、「男子か女子かを問わず強かんの被害者全員が同一の保護を与えられることを確保する」ための刑法改正の検討も勧告された（パラ35・36）。

　マイノリティの子どもの社会的・経済的周縁化の問題が新たに「特別な保護措置」で取り上げられたのは前述のとおりであり、(a)これらの子どもに対する差別を「生活のあらゆる分野で解消」すること、(b)これらの子どもが種々のサービス・援助に平等にアクセスできるようにすることを目的として、「あらゆる必要な立法上その他の措置をとる」ことが勧告されている（パラ86・87）。もちろん、差別を削減・防止するための意識啓発キャンペーンや人権教育も引き続き重要である（パラ34(b)）。差別の禁止の原則は前回の勧告の実施が不十分な分野のひとつに挙げられている（パラ8）。

　他方、審査で比較的詳しく議論された朝鮮学校の高校授業料無償化除外問題については、所見では明示的言及がなかった。しかし、外国人学校への補助金の増額、大学入試における差別の解消、ユネスコ・教育差別禁止条約の批准の検

討が奨励されている(パラ73)。また、歴史教科書で「アジア・太平洋地域の歴史的出来事に関するバランスのとれた見方が提示されることを確保す」べきであるという勧告も行なわれている(パラ75)。

　子どもの最善の利益(3条)については、この原則が法律に反映されているか、また学校現場や社会福祉機関による行動で子どもの最善の利益が考慮されているかという質問がクンプラパント委員から出されている。しかし、出入国管理・難民関連の決定における子どもの最善の利益の原則の適用(事前質問票Q9)については十分に議論されることなく終わってしまい、課題を残した。

　所見でも、「〔子どもの最善の利益の〕優越性が、難民および資格外移住者である子どもを含むすべての子どもの最善の利益を統合する義務的プロセスを通じ、すべての立法に正式にかつ体系的に統合されているわけではない」ことに懸念は表明されたものの(パラ37)、ごく一般的な勧告にとどまっている(パラ38)。このほか、3条3項との関連で、官民諸機関が子どもに提供しているサービスの質・量に関する基準を発展・遵守させることが新たに勧告された(パラ40)。

　さらに、子どもの意見の尊重と子ども参加(12条)についても、十分な審議がされないままに終わっている。勧告もごく一般的な内容である(パラ43・44)。前回の所見では、「子どもの意見がどのぐらい考慮されているか、またそれが政策、プログラムおよび子どもたち自身にどのような影響を与えているかについて定期的検討を行なうこと」、「学校、および子どもに教育、余暇その他の活動を提供しているその他の施設において、……子どもが制度的に参加することを確保すること」(パラ28)といった踏み込んだ勧告が行なわれていた。

　全体的に、一般原則に関わる議論は低調であった(生命・生存・発達に対する権利については後掲(6)参照)。

(4) 市民的権利および自由

　前回の所見では、学校内外で生徒が行なう政治活動や団体への加入の制限について改善が促されていたが(パラ30)、今回の審査では子ども参加についてほとんど取り上げられなかったため、この点についてもとくに触れられることはなかった。また、第1回(パラ36)・第2回(パラ34)の審査で指摘されてきたプライバシーの問題についても、特段の議論は行なわれていない。総括所見においても同様である。

　唯一、体罰の問題についてはやや詳しいやりとりが行なわれた。委員会はかねてから体罰の全面禁止を勧告してきたが(第2回パラ36など)、政府・国会は、家庭における体罰を禁止するための動きを起こしていない。

　これについて政府代表は、「児童虐待防止法で虐待は禁じられており、しつけの

適切な行使への配慮についても定められている」(厚労省)、「犯罪を構成する親子間暴力に対しては刑法を適用し、適切に対処している」(法務省)などと説明したが、議長を務めたチェルマッテン委員からは、「単純に、体罰は禁止されているのかそうではないのか、イエスかノーで答えてほしい」との端的な質問が出された。外務省代表は「禁止されている」と誤った説明を行なったが、法務省代表は、「民法で親の懲戒権が定められており、必要かつ相当な範囲内での制裁は認められている」、「当然に体罰を認めたものではない」などとして明快な答弁を回避している。

文科省代表も「(学校における)体罰は禁じられており、あらゆる機会を通じて指導している」と説明したものの、「児童生徒に対する有形力(目に見える物理的な力)の行使により行なわれた懲戒は、その一切が体罰として許されないというものではな(い)」として体罰を一部容認した通知(2007年2月5日付「問題行動を起こす児童生徒に対する指導について」)については触れなかった。

政府代表団のこのような説明に対し、モーラス委員は、「総括所見では、体罰の全面禁止について再び強く勧告することになろう」と予告した。その言葉どおり、所見では体罰のみならず「あらゆる形態の品位を傷つける取り扱い」の明示的禁止が新たに勧告されたほか、「あらゆる場面における体罰の禁止を効果的に実施すること」などを強く求められた(パラ48)。同時に、子どもに対する暴力に関する国連事務総長研究(2006年)のフォローアップも促されている(パラ49)。

このほか、資格外滞在外国人の子どもの国籍との関連で、無国籍問題に関わる2つの条約の批准を検討するよう勧告された(パラ46(b))。

(5) 家庭環境および代替的養護

この間進められてきた少子化対策については、クラップマン委員が、このような政策の意図については理解を示しながらも、少子化対策に多大な資源が振り向けられる一方で子どもたちの状況の全般的改善にはつながっていないという声があることを指摘した。また、モーラス委員は、保育所の増設ばかりに焦点が当てられているのであれば懸念の対象になるとして、保育の質の向上、コミュニティとの関係なども含めた、権利を基盤とする包括的政策の一部に保育を位置づけることが必要であると強調した。

ひとり親家庭、とくに母子世帯がさまざまな困難に直面していることも取り上げられている。とくにチェルマッテン委員は、「日本の父親は(養育費などの)経済的責任を果たすのが苦手なようだ」と指摘し、子ども手当のような一般的施策だけではなく受益対象を明確に絞った対策の必要性を強調した。

総括所見では、少子化対策について直接の言及はないものの、このような認識

は、子どものための国家的行動計画(パラ15・16)、資源配分(パラ19・20)、十分な生活水準に対する権利(パラ66・67)などに関する懸念・勧告に反映されている。保育についても直接取り上げられてはいないが、官民諸機関が子どもに提供しているサービスの質・量に関する基準を発展・遵守させることが勧告された(パラ40)。

さらに、家庭環境との関わりでワーク・ライフ・バランスの促進、親子関係の強化、子どもの権利に関する意識啓発などが勧告されている(パラ51)。パラ51では同時に、チェルマッテン委員の指摘を反映して、「社会サービス機関が、……不利な立場に置かれた子どもおよび家族に優先的に対応し、かつ適切な金銭的、社会的および心理的支援を提供する」ことも勧告されている。

子どもの扶養料(養育費)の問題についても、とくに父親が「扶養義務を果たしていないこと」、また「未払いの扶養料を回復するための現行手続が十分ではないこと」に対する懸念が表明され(パラ68)、養育費の立替払いと回収を行なう「国家基金」の設立を含む具体的措置が勧告された(パラ69)。

そのほかに、児童虐待やドメスティック・バイオレンスの問題についても若干のやりとりがあったが、それほど踏み込んだ審査は行なわれていない。所見も一般的内容である(パラ56・57)。

また、代替的養護に関しては里親と養子縁組について若干の質問が出たぐらいで、施設養護についてはほとんど議論になっていない。しかし所見では、(a)里親委託の推進および施設養護の小集団化、(b)代替的養護現場の質の監視、(c)代替的養護現場における児童虐待への対応、(d)親族里親への金銭的支援、(e)「子どもの代替的養護に関する国連指針」(2009年11月20日)の考慮が具体的に勧告されている(パラ53)。養子縁組についても、養親またはその配偶者の直系卑属である子どもについては家庭裁判所の許可を得ずに養子縁組を行なえることが問題とされ、「すべての養子縁組が司法機関による許可の対象とされ、かつ子どもの最善の利益にしたがって行なわれること」が新たに勧告された(パラ55(a))。

審査時にやや当惑させられたのは、何名かの委員が児童相談所に対して否定的イメージをもっており、「児童相談所に行かなくて済むようにするための措置はとっているか」という趣旨の質問まで出たことである。児童相談所の英訳(child guidance center)で「ガイダンス」(指導)という言葉が用いられていることにこだわり、児童相談所が実際に果たしている役割について十分に理解していないと思われる委員もいた。政府代表は児童相談所が児童福祉の中核的機関であることなどを説明したが、必ずしも納得は得られなかったようである。外務省代表は「child care centerのほうが、英訳としてはふさわしい」と発言していたが、不要な誤解を

招かないよう、child protective centerなどの用語を用いることも検討する必要があるかもしれない。

　委員のこのような認識は、総括所見にも色濃く反映された。子どもの自殺との関連では「困難な状況にある子どもに児童相談所システムがさらなるストレスを課さないことを確保するよう勧告」され（パラ42）、子どもの意見の尊重の原則との関連では「児童相談所を含む児童福祉サービスが子どもの意見をほとんど重視していない」と指摘されている（パラ43）。さらに、「保健サービス」という新たな項目のもと、「行動面に関わる学校の期待を満たさない子ども」が児童相談所に送致されている等の懸念が表明され（パラ62）、「児童相談所システムおよびその作業方法に関する独立の調査」が勧告された（パラ63）。

(6)　基礎保健および福祉

　障がいのある子どもの教育について、統合を希望する障がいのある子どもに対して十分な対応が行なわれていないために保護者や障がいのある子どもの間で欲求不満が生じているなどの指摘が行なわれた。文科省代表は、障がい児の就学先は保護者の意見も聞きながら専門的・総合的観点から決定する旨の説明を行なっていた。また、ADHD（注意欠陥・多動性障がい）の診断例が増加していることも取り上げられ、これは基礎的ニーズが満たされていないことの反映である可能性があるとして、医学的対応のみでは不十分である旨の指摘がクラップマン委員などから行なわれた。

　所見では、これまでは差別の防止およびインクルージョンの促進がやや一般的・抽象的に勧告されていただけだったのに対し、9項目に及ぶ詳細な勧告が行なわれている（パラ59）。とくに、「必要な設備および便益を用意するための政治的意思および財源が欠けていることにより、障がいのある子どもによる教育へのアクセスが引き続き制約されていること」に対して懸念が表明され（パラ58）、「障がいのある子どものインクルーシブ教育のために必要な便益を学校に備えるとともに、障がいのある子どもが希望する学校を選択し、またはその最善の利益にしたがって普通学校と特別支援学校との間で移行できることを確保すること」が勧告されたこと（パラ59(e)）は、物理的・人的体制が整っていないことを理由に障がい児の受入れを拒否・制限するような対応を厳しく批判するものであり、現行の特別支援教育のあり方の大幅な見直しを迫られることになろう。

　これとの関連で、「意見を聴かれる子どもおよびその親の権利の尊重を促進することを目的とした、意識啓発キャンペーン」が勧告されている（パラ59(c)）。これは子どもの意見の尊重の原則（12条）を背景とした勧告であり、就学先等に関わる子ど

も（およびその代弁者としての親）の意見を「正当に考慮」するよう求めるものでもある。なお、障がい者権利条約7条4項には同原則を発展させた規定（「自己の見解をまとめる力」への言及を削除し、意見表明に際して支援を受ける権利を明示）が置かれている。

　クラップマン委員などが取り上げたADHDの問題についても、これが「主として薬物によって治療されるべき生理的障がいと見なされていること、および、社会的決定要因が正当に考慮されていないこと」などについての懸念が表明され（パラ60）、ADHDの診断数の推移を監視すること、関連の調査研究が「製薬産業とは独立に」行なわれることを確保することなどが勧告された（パラ61）。

　ほかに、子ども・若者の自殺の問題についても取り上げられ、自殺リスク要因に関する調査研究、防止措置、スクール・ソーシャルワーカーや学校心理相談サービスの配置などが勧告されている（パラ42）。同時に、子ども施設における事故防止のための最低安全基準についても勧告が行なわれた（同）。リプロダクティブ／セクシュアル・ヘルスの問題については、審査ではほとんど触れられなかったものの、所見では一応触れられている（パラ64・65）。

(7)　教育、余暇および文化的活動

　第1回審査のときから問題にされている競争主義的教育については再び取り上げられ、クラップマン委員から、「学業面でのこれまでの成果については評価するが、教育の効率性と、すべての子どもを対象とする子どもにやさしい対応能力の両面から、教育制度のあり方を再考すべき時期ではないか」などの指摘が行なわれた。文科省代表は、高校入試制度の改革や15歳・18歳人口の減少により受験競争は緩和されつつあるなどと説明したが、それ以上の踏み込んだ議論はとくに行なわれていない。

　他方、不登校・高校中退の問題をバーマー委員（モーリシャス）などが取り上げ、学校外で学ぶ権利を保障することが必要であるとの認識を示した。また、こうした問題の背景にある（とくに学校における）人間関係のあり方の見直しについても質問した。同委員は、ネットいじめを含むいじめ、学校におけるその他の暴力の問題についても言及した。

　所見でも引き続き競争主義的教育の問題が取り上げられ、「このような高度に競争的な学校環境が就学年齢層の子どものいじめ、精神障がい、不登校、中途退学および自殺を助長している可能性があること」に対しても懸念が表明された（パラ70）。対策としては、「学業面での優秀な成果と子ども中心の能力促進とを結合させ、かつ、極端に競争的な環境によって引き起こされる悪影響を回避する」ことを目的として、教育の目的に関する委員会の一般的意見1号（2001年）も考慮しながら

「学校制度および大学教育制度を再検討する」こととともに、子どもの意見を取り入れながらいじめ対策を強化することが勧告されている(パラ71)。

不登校の子どもが求めている代替的形態の教育の拡大についても、民族教育に対するマイノリティの子どもの権利についても、前回の所見(パラ50)では具体的に取り上げられていたにもかかわらず、今回は触れられていない。ただし、外国人学校の問題(パラ72・73)や歴史教科書問題(パラ74・75)については別途言及されている(前掲(3)参照)。また、教育基本法「改正」(2006年)について、男女共学規定(5条)の削除に関して懸念を表明する(パラ33)のみで基本的には肯定的に取り上げている(パラ5(e))点も問題である。

ほかに、クラップマン委員から遊び場の減少などに関する質問も出された。所見でも遊び・余暇・文化的活動に関する項目が初めて設けられ、「公共の場所、学校、子ども施設および家庭における子どもの遊び時間その他の自主的活動を促進しかつ容易にする取り組みを支援する」ことが勧告されている(パラ76、この項目のみ懸念表明が行なわれていない)。

(8) **特別な保護措置**

少年司法の分野では、刑事処分適用年齢の引き下げ、観護措置の延長、弁護士付添人の問題などについて質問が出されたほか、広島の少年院で起きた職員による暴行事件(2009年4月発覚)についても取り上げられた。少年事件に対する裁判員制度の適用についても関心が集まり、チェルマッテン委員からは、少年のプライバシー保護の観点から家庭裁判所調査官による調査報告書などが裁判員に全面的に開示されない傾向があることについて懸念が表明されている。

所見でも、裁判員制度が「専門機関である少年〔家庭〕裁判所による、罪を犯した子どもの処遇の障害となっている」こと(パラ83)、自白の強要等の不法な捜査実務や少年矯正施設における暴力(パラ84)などの問題にも触れながら、詳細な懸念が表明された。勧告も、裁判員制度の見直しも含めて8項目に及ぶ詳細なものとなっている(パラ85)。とくに、「子どもが刑事司法制度と接触することにつながる社会的条件を解消するために家族およびコミュニティの役割を支援するなどの防止措置」が明示的に勧告されている(パラ85(a))。

また、難民・庇護希望者の子どもについて全件収容主義がとられていることについても、チェルマッテン委員から懸念が表明された。法務省代表は、法律上は全件収容が前提とされていることを認めつつ、未成年者については即日仮放免とするなど子どもの権利に配慮した運用を図っているなどと説明した。所見では「庇護希望者の子どもの収容を防止し、このような子どもの入管収容施設からの即時

釈放を確保し、かつ、このような子どもに宿泊所、適切なケアおよび教育へのアクセスを提供するため、正式な機構の確立等を通じて即時的措置をとること」が勧告された (パラ78(a))。このほか、保護者のいない難民・庇護希望者の子どもに限定されているとはいえ、「公正かつ子どもに配慮した難民認定手続のもと、子どもの最善の利益が第一次的に考慮されることを確保しながら、保護者のいない子どもの庇護申請の処理を迅速に進める」ことなどが勧告されている (パラ78(b))。これらも過去の所見では明示的に触れられることのなかった問題である。保護者とともにいる難民・庇護希望者の子ども、資格外滞在者の子どもへの対応も含めて改善を進めることが求められる。

2　選択議定書についての審査の概要——子どもの売買・性的搾取

子どもの売買、子ども買春および子どもポルノグラフィーに関する選択議定書についての第1回報告審査は、28日の午前中に約1時間40分をかけて行なわれた。

審査でまず焦点が当てられたのは、選択議定書の内容が法律に完全に反映されているわけではないことである。とくに、関連の罪名が多数の立法に散らばっていて混乱が生じやすいこと、児童買春・児童ポルノ法では性的搾取目的の人身売買のみが禁じられており (8条)、それ以外の目的による子どもの人身売買が対象とされていないことなどが取り上げられた。

これらの指摘は総括所見にも反映されている (パラ7〜9・30〜31)。児童買春・児童ポルノ法において性的搾取目的の人身売買のみが禁じられており、それ以外の目的による子どもの人身売買が対象とされていないことについては、具体的には利得目的の臓器移植や強制労働を目的とする子どもの売買、関連の国際基準に違反する不適切な養子縁組などを新たに犯罪化することが必要である (パラ31)。ほかに、児童買春・児童ポルノ等の広告・宣伝を犯罪化すること (パラ31(e))、「あらゆるインターネット・サイトを通じた子ども買春の勧誘を禁止する目的で、出会い系サイト規制法を改正する」こと (パラ33) なども勧告されている。

また、選択議定書の範囲は超えるものの、児童ポルノの単純所持が禁じられていない点についても問題が指摘されている。いわゆるポルノ・コミックについても質問が出され、法務省代表は、それがわいせつ物であれば処罰される可能性があり、また条例による有害図書規制も行なわれていることを説明した。所見では、児童ポルノの単純所持を犯罪化することが強く促されたものの (パラ29)、いわゆるポルノ・コミックについてはとくに触れられていない。

もうひとつの焦点は、性的搾取などの被害を受けた子どもの保護の問題である。この点については、法廷で証言する際の遮蔽措置など一定の対策がとられてきた

が、委員会は、とくに被害児の事情聴取の回数が制限されていないこと、ビデオ録画による証言の証拠採用が認められていないことを問題にした。所見でもこれらの点について取り上げられ、とくに録画による証言の活用を検討することが勧告されている（パラ38・39）。あわせて、刑事訴訟法のさらなる改正や関係する専門家の研修（パラ39）、被害を受けた子どもに対する分野横断型の援助（パラ41）なども勧告されており、喫緊の対応が必要である。関連する公訴時効の廃止ないし延長を検討することも促されている（パラ37）。

　また、児童買春・児童ポルノなどに関与した子どもが処罰されるおそれがあるとして、被害者である子どもを加害者と混同するべきではないとの指摘も、チェルマッテン委員などから行なわれた。法務省代表は、売春防止法の規定をふまえて「女性が単純売春で処罰されることはない」などと答弁したものの、子どもであっても買春の勧誘や児童ポルノの提供を行なった場合には処罰される可能性があることについては十分に説明していない。これに対しては、クンプラパント委員などから、条約・議定書は子どもを保護およびケアの対象としているのであり、売春行為をした場合でも刑事処分以外の方法で対処するべきであるとの指摘が行なわれた。また、少年サポートセンターが警察に設けられていることから、人身売買被害者などは非行少年と同じ扱いを受けているのかという疑問も委員から出されたが、「被害者を最初に発見するのは警察であることが多いので、このような対応をしている。状況によって児童相談所に引き継ぐこともある」と内閣府代表が説明した。所見では、「法律を適切な形で改正することにより、選択議定書違反の被害者であるすべての子どもが犯罪者ではなく被害者として扱われることを確保する」ことが勧告された（パラ35）。

　ほかに、法律の域外適用をはじめとする裁判権の問題、近隣諸国との国際協力（パラ42・43）などについても取り上げられている。また、「議定書に掲げられた犯罪の有害な影響および被害者が利用可能な救済手段」に関する意識啓発、専門家を対象とする「ジェンダーに配慮した」体系的な教育・研修などの普及措置も促されている（パラ14〜17）。

　なお、審査では欧州評議会「性的搾取および性的虐待からの子どもの保護に関する条約」（2007年）の批准を検討することも繰り返し奨励されていたが、所見には反映されていない。

3　選択議定書についての審査の概要──武力紛争への子どもの関与

　武力紛争への子どもの関与に関する選択議定書についての第1回報告審査は、28日の午前中に約1時間をかけて行なわれた。

主要な論点のひとつは、子どもの徴募および敵対行為における使用を明示的に禁じた規定が刑法などに存在しないことである。政府代表(厚労省など)は、児童福祉法、労働基準法、刑法の強要罪・未成年者略取誘拐罪などで対応が可能であると説明したが、チェルマッテン委員などは、刑法で明確な定義を定めることが必須であると強調した。総括所見でも、「軍隊もしくは武装集団への子どもの徴募または敵対行為における子どもの使用を明示的に犯罪化した法律が存在せず、かつ敵対行為への直接参加の定義も存在しないこと」に懸念が表明され(パラ12)、是正のための刑法改正が促されている(パラ13)。

　もうひとつの主要な論点は、紛争地域から日本にやってきた子どもの難民・庇護希望者への対応である。所見では、「国外で徴募されまたは敵対行為において使用された可能性がある子ども(子どもの難民および庇護希望者を含む)を特定するためにとられた措置が不十分であること、および、そのような子どもの身体的および心理的回復ならびに社会的再統合のための措置も不十分であること」について遺憾の意が表明され(パラ16)、是正策が勧告された(パラ17)。あわせて、このような子どもに関する中央データシステムの設置も促されている(パラ9)。

　同時に、「子どもの帰還に関わる意思決定プロセスにおいて子どもの最善の利益およびノン・ルフールマン〔送還禁止〕の原則が第一次的に考慮されることを確保すること」も求められた(パラ17(c))。条約に関する第3回総括所見でも、「難民および資格外移住者である子どもを含むすべての子どもの最善の利益」を第一次的に考慮するための法改正(パラ37)、難民保護に関わる国際基準の尊重(パラ78)などが勧告されている。

　このほか、不利な立場に置かれた層が自衛隊学校に勧誘されているのではないかという懸念から、「自衛隊生徒として採用された者の社会経済的背景に関する情報」の提供も求められた(パラ9)。また、選択議定書の適用範囲からはやや外れると思われるが、「すべての児童・生徒を対象とする人権教育およびとくに平和教育の提供」(パラ11)も勧告されている。なお審査の場では、子どもが兵士として利用されている可能性がある国・地域への武器禁輸措置についても取り上げられていたものの、所見にはとくに反映されていない。

＊　＊　＊

　次回の第4回・第5回統合報告書の提出期限は2016年5月21日である。条約の実施状況のほか、2つの選択議定書の実施状況についてもあわせて報告することが求められている。今回の3つの総括所見で行なわれたさまざまな勧告を誠実に検討・実施していくことが必要である。

(ひらの・ゆうじ)

第2章

総括所見の内容とそのフォローアップ

荒牧重人（子どもの権利条約総合研究所、山梨学院大学）

　総括所見は相当な長文である。ここでは、それらをどのように分析・評価し、フォローアップしていくかについての視点を提供することを主にしたい。

I　総括所見の検討の視点

　総括所見を分析し実施に向けての方向性や課題を検討するには、まず、以下のような点に留意することが必要である。
- 総括所見は、子どもの権利条約の締約国定期的報告制度の一環として採択されることから、その内容が政府報告書、事前質問票に対する政府の回答、審査における政府の答弁などに的確に対応したものになっているかがまず問われる。
- 国連・子どもの権利委員会は条約実施の国際的検証機関であり、そこでの審査にはこれまでの委員会の審査や関連する国際人権基準等をふまえた子どもの権利の国際水準の確保が必要であるがゆえに、総括所見がこれまでの委員会の水準を反映しているかも課題になる。
- 条約の実施や報告制度の効果的な運用においてNGOは重要な役割を果たすため、NGOの情報提供や提言がどこまで影響を及ぼしているかも問題になる。

　今回の審査を傍聴して率直に感じた点は、必ずしも審査の内容に対応した総括所見になっていない、あるいはこれまでの委員会の水準を反映した総括所見になっていないところがあるということである（なお、総括所見には、教育基本法の改定年などに単純なミスがまだ残っている）。

　また、以下のような比較検討も必要になる。
- 第1回、第2回総括所見。これは、政府報告書や委員会審査の継続性と蓄積という点からも重要である。
- 他の人権条約委員会からの懸念や勧告（2007年拷問禁止委員会、08年自由権規約委員会、09年女性差別撤廃委員会、10年人種差別撤廃委員会）。これは、日本が批

准している主要な人権条約を総体として相互補完的に国内実施していくうえでも重要である。とくに重複している勧告（たとえば、国内人権機関の設置、婚姻最低年齢の18歳統一、婚外子差別の是正をはじめとする差別禁止法制の強化、刑法177条〔強かん罪〕の改正、子育て支援、人身取引の禁止措置、児童買春・児童ポルノ法の改正など）は実施の優先度合いが高い（70ページの「比較表」を参照）。

さらに、総括所見の実施については、勧告内容を以下のような視点で、整理し、実施に向けての課題を明確にしていくことが必要である。

①求められている措置を、法改正・立法、制度・仕組みの構築、施策・事業、広報・啓発などに分類する。さらに国内措置か国際協力措置か、あるいはその両方かに分ける。

②現時点でその実施の中心となる政府の所管部署を明確にする。

③短期的あるいは中長期的に実施すべき（できる）ことかについて整理する。

Ⅱ　総括所見の特徴

ここでは、総括所見の内容を、第1回・第2回の総括所見との比較も念頭に置きながら簡単に見ておこう。適宜、2つの選択議定書の総括所見についても触れる。

まず、評価されている点は、2つの選択議定書の批准（パラ4）、児童虐待防止法・児童福祉法などの改正や子ども・若者育成支援推進法の制定等の法改正・制定（パラ5。なお、このなかに教育基本法の全面改定も含まれているのは問題である。委員会はこの改定教育基本法の内容を検討しないまま評価をしている）、さらに人身取引対策行動計画の策定（パラ6）である。選択議定書では、出会い系サイト規制法の制定、入管法の改正、1949年8月12日ジュネーブ諸条約の追加議定書Ⅰ・Ⅱや国際刑事裁判所規程の批准などが挙げられている。

そのうえで、総括所見において「懸念」よりも強く「遺憾」に思われている事項は、37条(c)の留保の撤回なし（パラ9）、子どもオンブズパーソン等の独立した監視機構に関する情報の不存在（パラ17）、企業セクターの規制に関する情報の不存在（パラ27）、児童相談所における専門的処遇の体系的評価の不十分さ（パラ62）、少年司法における自白の強要や不法な捜査実務（パラ84）などである。選択議定書では、国外で徴募・敵対行為への参加の可能性のある子どもを特定するための措置の不十分さ、選択議定書の実施における市民社会との協力・連携の不十分さが遺憾とされている。また、「強く勧告」されている事項は、子どもの権利の包括的な法律の制定の検討（パラ12）、子どもの権利実現に向けた資源配分（パラ20）、家庭

を含むあらゆる場面での体罰の法禁および効果的な実施（パラ48）である。

　第3回総括所見でこれまでよりも踏み込んだ詳細・具体的な懸念・勧告としては次のようなものがある。在留資格のない子どもを含むすべての子どもの出生登録の確保・国籍の確保（パラ45・46）、体罰をはじめとする子どもへの暴力の禁止・防止（パラ47～49）、里親等の家庭的環境の下での子どもの養護およびそこでの質の確保や適切な最低基準の遵守（パラ52～55）、障がいのある子どもの権利保障（パラ58～61）、条約や国際基準との全面的な一致に向けた少年司法制度の機能の再検討、とくに刑事責任に関わる年齢や少年司法における裁判員制度の見直し、少年司法におけるあらゆる段階での法的その他の援助の提供（パラ83～85）などである。

　また、日本の子どもをめぐる今日的な課題である「子どもの貧困」・格差ならびに家庭環境の問題に焦点が当てられた。とりわけ、条約のすべての分野を網羅する子どものための国家的行動計画の策定（パラ15・16）、子どもの貧困等に対応し子どもの権利実現に向けた予算の見直し・配分（パラ19・20）、貧困下で暮らしている子どもや権利侵害を受けるおそれのある子どものデータ収集（パラ21・22）などが勧告されている。さらに、ワーク・ライフ・バランスの促進や子どもの権利の意識啓発を含む家族支援、とくに不利な立場に置かれた家族の優先的な対応（パラ50・51）、子どもの貧困を根絶するための適切な資源配分、貧困削減戦略の策定、子どものウェルビーイング・発達にとって必要な家庭生活の保障に関する監視措置（パラ66・67）、子どもの扶養料の回復のための措置（パラ68・69）なども要請されている。加えて、マイノリティ・先住民族の子どもへの差別について生活のあらゆる分野での解消措置（パラ86・87）などが勧告されている。

　さらに、これまで明示的に取り上げられなかった問題について新たに懸念が表明され勧告がなされた。とくに、企業セクター・民間部門の規制（パラ27・28、39・40）、国際協力（パラ29・30）、保健サービス（パラ62・63）、遊び・余暇および文化的活動（パラ76）、難民の子ども（パラ77・78）などのパラグラフが登場した。

　しかし他方で、第1回・第2回所見や第3回審査の内容に照らし、不十分な懸念表明・勧告もある。10条・11条の解釈宣言については撤回の勧告がなされていない。広報・研修（パラ23・24）、差別の禁止（パラ33・34）、子どもの意見の尊重・子ども参加（パラ43・44）などについては、条約の実施状況は不十分にもかかわらず、指摘が少ない。NGOからの指摘は相当あるにもかかわらず、委員会における教育分野についての審査は依然として時間的にも内容的も不十分なままで、懸念や勧告（パラ70～73）も的確とはいえないところがある。

Ⅲ　総括所見の実施に向けた課題

1　前回総括所見の遵守

　ほとんどの人権条約委員会による懸念と勧告に見られるように、第3回総括所見においても、前回の総括所見の「多くが十分に実施されておらず、またはまったく対応されていないことを遺憾」(パラ7)に思われている。この繰り返しでは、条約の定期的報告制度そのものが機能しなくなる。

　その意味でも、日本政府は、総括所見の意味や拘束力についての認識・位置づけを改める必要がある。報告制度は、締約国報告書の作成、委員会での審査および総括所見の採択、総括所見の国内でのフォローアップという一連のプロセスとして位置づけられ、これを何度も積み重ねるなかで意味をもってくる。そこでの総括所見は、国際社会の条約の解釈・運用の水準に基づき、条約の国際的実施機関による検証を経たうえでの、日本における条約実施の課題である。総括所見は、条約が実施措置として採用している報告制度の一環であり、それを誠実に履行することは条約上の義務の一部といえる。総括所見は、現在の報告制度の性質上、締約国に対して裁判所の判決のような直接の法的拘束力はないが、当該国において正当に尊重され誠実に履行されなければならない。「法的拘束力がない」、「政府の見解と違う部分がある」などという理由でこの所見の実現を怠れば、条約で定められている報告制度が成り立たなくなる。したがって、政府や国会は即時的とは言わないが、総括所見の実施に向けて何らかの措置をとることが必要になる。また、誠実な検討の結果、「受け入れられない」場合は、国連・子どもの権利委員会への反論を含め説明責任を果たすことが要請される。政府は、次の審査を待つまでもなく、委員会とのやりとりを積極的に行なうべきである。

　なお、総括所見は、2016年5月21日までに提出することが求められている第4回・第5回条約統合報告書および第2回選択議定書報告書の中心的な記載内容である。それゆえ、国連・子どもの権利委員会は、次回の日本報告審査において、総括所見がどのように実施されたかを中心に置くべきである。前回の総括所見の実施状況を把握し、なぜ実施できていないのかについて中心的に審査していかなければ、この報告制度は形骸化するであろう。このことは、国連・子どもの権利委員会の課題でもあって、委員会における審査の継続性と蓄積という意味からも、締約国報告書の記載内容や委員会における審査のあり方という点からも重要である。さらにこのことは、NGOの情報提供の課題でもある。

2　効果的な実施のために

　総括所見および条約の効果的な実施に向けて、総論的にいうと（各論については、次章を参照）、以下の点が当面必要になろう。

① 子どもの権利に関する包括的な法律（「子どもの権利基本法」〔仮称〕）の制定および国内法の全面的な見直し（パラ11・12）
② 子ども施策を効果的かつ総合的に調整・推進するための政府組織（「子ども省」〔仮称〕）の設置（パラ13・14）
③ 条約のすべての分野を網羅した子どものための国家的な行動計画を、自治体・市民社会および子どもを含む関係パートナーと協議・協力をしながら策定・実施すること（パラ15・16）
④ 条約の効果的な実施を促進あるいは監視する体制、および子どもの権利救済のための独立した機関の設置（パラ17・18）
⑤ 子どもの権利を実現する国の義務を満たせる配分が行なわれるようにするため、予算を子どもの権利の観点から徹底的に検討すること（パラ19・20）
⑥ 子どもの実態および子ども施策・活動に関するデータを条約が対象とするすべての分野で適切かつ的確に収集し蓄積すること（パラ21・22）
⑦ 子どもおよび子どもに関わる活動をしている者に対する広報・研修・意識啓発（パラ23・24など）
⑧ 今回の総括所見を誠実に履行し、条約の効果的な実施を推進するための国会・政府のシステムづくり、さらにNPOや専門家との協働を進めること（パラ25・26など）

　第3回総括所見で指摘されたように、これまでの日本政府は、2回の総括所見に対し、誠実に応答しているとはいえないし、実際にその多くを実施していないと見られている。第3回目の総括所見も同じような道をたどることのないよう、日本政府は国会議員やNGOを含めて審査や総括所見のフォローアップ・システムを構築することが求められている。

　現在、子どもの権利条約NGOレポート連絡会議では、総括所見の履行を含む条約の効果的な実施に向けて国会議員と市民からなる組織を立ち上げ、政府と国会と市民によるパートナーシップ型の総括所見フォローアップ・システムの構築および条約の効果的な実施を図ろうとしている。もちろん、このような取り組みはすでにNGOのなかで多様な形で模索されているが、自由権規約・女性差別撤廃条約をはじめとする人権条約全体で推進していくことが望まれる。そのためにも、人権条約の政府報告書の作成過程、報告書の内容、人権条約委員会における審査、

総括所見の内容と実施の課題、それらにおけるNGOの位置づけや関わりなどについての分析・検討を、主要な人権条約に関連するNGO間で全体的かつ組織的に行なう必要があろう。

(あらまき・しげと)

---

column

日本の現実をどのように国際社会へ発信していくのか

大河内彩子（東洋大学非常勤）

　3回目を迎えた子どもの権利条約NGOレポートの作成にあたり大きな課題となったのは、「いかに子どもの権利委員会に日本の現実に則した勧告をしてもらうか」ということだった。理念に終始する所見や実現不可能な所見をもらっても意味がない。ただでさえ日本では軽視されがちな所見に、どのように説得力をもたせるのか。つまり、これは同時に、第2回目を作成していたときよりも子どもを取り巻く環境がさらに厳しいものになっている現状を、どうすれば効果的に国際社会へ発信していけるのかという問題でもあった。

　データを意識的に記載する（事実、委員はデータを欲しがった）ほか、第2回所見の達成度評価表を作成するなどレポートに工夫をし、ジュネーブで精力的にロビー活動を行った結果、異例ともいえる大部の所見を得ることとなった。かなり突っ込んだ勧告や「強く勧告」されているトピックもあり、一定の成果はあったように思う。これから、いかに所見を実施できるかが当面の課題になるだろう。

　しかし、所見の中には「参加」や「教育」といった分野で弱い勧告もある。これは、子どもの権利委員の個人的に興味のある分野やタイムリーな問題に審査が集中してしまった結果だ。しかも、教育基本法の全面改定については、肯定的側面として評価されている。限定された審査時間という壁を鑑みたとしても、うまく声が届かなかった、そう評価せざるをえない。審査は、ある程度議論を絞らざるをえないが、すべての子どもが対象となる分野が見落とされてしまったことは非常に残念である。

　NGOレポートの作成に関わり、審査を傍聴した身として、日本の研究者やNGOは、国際社会に発信していくノウハウや技術を身につけていく段階に入ったのだと感じている。日々の活動から知りうる子どもの現実をどのように見せるのか、そしてそれを誰に（どこに）伝えれば効果的なのか、という戦術ともいえるスキルが必要なのではないか。そうでなければ、報告審査は毎回同じことの繰り返しになってしまいかねない。報告審査も次回で4回目、次の段階に入ったと感じている。

(おおこうち・あやこ)

第**3**章

第3回日本報告審査と条約の実施

一場順子(日弁連・子どもの権利委員会)

I 政府報告書の審査と総括所見について

　2010年2月3日に行われた会期前作業部会における予備審査に出席し、5月27日・28日の2日間にわたる本審査も傍聴したが、この活動のなかで、日本の実情を国情の違う国連・子どもの権利委員会の委員に正確に伝えることがいかに難しいかということがよくわかった気がする。以下、いくつかの項目をピックアップして個人的な感想を述べる。

1　児童虐待と児童相談所について

　児童福祉法は、1947(昭和22)年成立、1948年施行の法律であり、時々の実情に合わせるためにこれまで改正が繰り返されてきているが、成立当時に考えられた児童福祉の理念(1条)には、子どもを権利の主体と明記してはいない。また、児童育成の責任の規定(2条)は、国および地方公共団体は児童の保護者とともに児童を心身ともに健やかに育成する責任を負うと規定しているが、子どもの権利条約3条のような子どもの最善の利益を主として考慮するという基準はない。

　虐待を受けた子どもの保護については、2000(平成12)年に児童虐待防止法(児童虐待の防止等に関する法律)が成立したが、これは児童福祉法に基盤を置くもので、児童福祉法とともに虐待された子どもの保護に関する法規範となる。児童虐待防止法が施行されてから、当初の規模を超える児童虐待の相談受理件数の増大がみられるが、全国の児童福祉司の数はこれに対応するほど増えていない。少子化の傾向にあるにもかかわらず虐待のすえ死亡した子どもの痛ましい事件のニュースが続いている。

　児童相談所は、相談所という名称からわかるとおり、虐待だけでなく、親の養育相談や、不登校の子どもの相談、触法少年の事件等のあらゆる子どもに関する相談を受けるが、現在は虐待を受けた子どもの保護機関というべき役割が注目されている。児童相談所は虐待を受けた子どもを虐待親から強制的に引き離して(一時)保護する権限をもつほとんど唯一の公的機関であるからである。児童相談所は

政府報告書ではChild Guidance Centerと訳されているが、誤解を招きやすいので、上記のような意味でChild Protective Centerと訳したほうが対外的にはわかりやすい。

　総括所見では「締約国が、児童相談所システムおよびその作業方法に関する独立の調査(リハビリテーションの成果に関する評価も含む)を委託し、かつ、このレビューの結果に関する情報を次回の定期報告書に含める」よう勧告されたが(パラ63)、質疑を傍聴していて、児童相談所および家庭裁判所を含めた児童の保護のシステムを見直すべきではないかということを感じた。なぜなら、児童相談所に課せられた役割はあまりに広く、虐待に関して言えば、子どもを親から強制的に引き離しながら、一方で子どもを奪われた親と関係をつくり直して親子の再統合をめざすという二律背反する役割を担わされているからである。諸外国のなかには、虐待されて生命の危機に陥っている子どもを救うために断固として親から引き離す役割を担う機関とは別に、虐待親と子の関係を法律的に判断し、親を指導する役割を家庭裁判所が担っている国もある。日本でも、一時保護された子どもを養護施設に入所させる措置をとるときに親の同意を得られなかった場合は、家庭裁判所に措置の承認を求めて申立てをすることになっている(児童福祉法28条の承認請求)が、家庭裁判所は司法としてもっと子どもの保護の問題に関わらなければならないのではないか。

2　体罰について

　体罰は禁止されているのかという質問に対して、日本政府の代表は、日本では体罰は禁止されていると回答した。しかし、委員が民法822条の親権者の懲戒権の規定や児童虐待防止法14条の規定では体罰は家庭では許されているのではないかと質問したとき、政府代表は、子どもの監護上、子どもの非行を正し、それを良い方向に導くために必要かつ相当な範囲内で制裁することを認めたものであり、どこまで許容されるかについては、その子どもの監護教育という目的を達成するために必要かつ相当なものかどうかで判断すると回答し、さらにその判断にあたってはそのときの社会情勢・社会常識によって判断されると回答した。これに対しては、親の責任の名の下に、適切な形であれば体罰は許されるということかとの質問が続き、委員からは、体罰は禁止すべきだし、体罰およびその他の罰は家庭においても明確に禁止すべきであると強く指摘された。

　しかし、文部科学省は、2007年2月に、「児童生徒に対する有形力の行使により行われた懲戒」でも「その一切が体罰として許されないというものではない」という、体罰の基準を緩和するものと受け取られるおそれのある通知を出している。こ

のような文部科学省の通知は体罰禁止の方向性と逆行するものである。

　日本においておとながしつけの対象としてのみ子どもを見る視線と、子どもを権利の主体とし子どもの権利に基盤を置いている委員の視線の違いがもっとも明らかに示された気がした。

> 民法822条(懲戒)
> 1　親権を行う者は、必要な範囲内で自らその子を懲戒し、又は家庭裁判所の許可を得て、これを懲戒場に入れることができる。
> 2　子を懲戒場に入れる期間は、6箇月以下の範囲内で、家庭裁判所が定める。ただし、この期間は、親権を行う者の請求によって、いつでも短縮することができる。
>
> 児童虐待防止法14条
> 1　児童の親権を行う者は、児童のしつけに際して、その適切な行使に配慮しなければならない。
> 2　児童の親権を行う者は、児童虐待に係る暴行罪、傷害罪その他の犯罪について、当該児童の親権を行う者であることを理由として、その責めを免れることはない。

3　少年司法について

　第2回総括所見は、2000年少年法改正により導入された、①原則逆送制度、②刑事処分年齢の引き下げ、③観護措置期間の延長について懸念を示し、政府に対して、少年司法に関する国際的基準の全面的実施を確保することを勧告した(パラ53・54)。しかし、政府はこれらの勧告に反するような新たな少年法改正を行いつつ、第3回政府報告書はこれらの改正についてほとんど言及しなかった。改正後、成人と同様に刑事裁判所に逆送される少年事件の数は増え、長期の懲役刑に科された少年も少なからずいる現実は無視されたかのようである。この2000年改正に関する委員の質問に対して政府代表は、たとえば、もともと「16歳以上」とされていた逆送年齢を14歳以上と下げたのは刑事責任年齢を「14歳」としていた刑法に合わせただけだと説明し、いかに凶悪な犯罪を犯そうとも刑事処分に付されないということになっていたが、この年齢の少年でも罪を犯せば処罰されうる可能性があるということを明示することで少年の規範意識を育て、社会生活における責任を自覚させる必要があるからであると回答した。しかし、この回答は子ど

もの権利に基盤を置き子どもの成長発達権を重視する委員会の少年司法に関する考え方に反するものというしかない。

　このように厳罰化の傾向が進み、2007年に、14歳未満の子どもでも警察が（調査という言葉で）取り調べることができるようになり、概ね12歳以上の子どもを少年院に送致できると改正されてから、低年齢の子どもが少年院に送られ、退院後に行き先がない例が（養護施設が引取りを拒むため）発生しているうえ、中学校の教育もきちんと受けられない子どもがでてきているのが実情である。

　また、自白の強要などの違法捜査を主たる原因とする少年の冤罪事件は少なくない。日弁連では取調べの全過程をビデオ録画などによって記録する取調べの可視化の規定を設けるべきであるとの提言をしている。第3回総括所見では、この点に関し、法に抵触した子どもに手続的保障が認められていないため、自白の強要および不法な捜査実務が行なわれていることを遺憾に思うと指摘された。

4　児童虐待、児童ポルノ等で性的被害を受けた子どもの保護

　また、児童ポルノについての選択議定書に関する質疑において、司法面接についての質問があり、政府代表は被害を受けた子どもは警察の少年サポートセンターが最初に接触すると回答した。委員会は、いったん少年サポートセンターと児童相談所を混同したが、それは、諸外国では性搾取の被害者に対しては警察などの捜査機関と児童保護機関との連携が通常行なわれているため、日本のように警察と児童相談所が別々に被害者保護にあたるということが当初理解できなかったのであった。再度の質問で政府は、福祉的な措置が必要な場合は児童相談所に引き継ぐと回答していたが、最初から関係諸機関が連携していれば子どもが繰り返し被害を聴かれることを避けられる。委員会は、繰り返し証言するよう求められることによって子どもがさらなるトラウマを受けることがないようにするため、この分野の専門家と協議しながら、証人となる被害者の子どもに支援および援助を提供するための手続を緊急に見直すとともに、その目的のために当該手続において口頭での証言ではなく録画による証言を活用することを検討することを勧告した。

5　子どもの権利基本法の制定と有効・適切な国家機関の創設について

　今回の総括所見において新たに加わった点として特筆すべきは、子どもの権利に関する包括的法律の制定を検討するよう強く勧告されたことである（パラ12）。そのうえで、委員会は、政府が明確な権限ならびに十分な人的資源および財源を与えられた適切な国家機構を設置して、子どもの権利に基盤を置く包括的な国家行動計画を作成し実施していくこと、条約の実施を監視するためにパリ原則にしたが

った独立した国家人権委員会を設置し、この委員会に子どもの権利侵害についての調査権限を与えることを勧告した（パラ14・16・18）。また、政府・地方自治体の予算を子どもの権利の観点から見直し、子どもの権利に関わる優先的課題を反映した戦略的予算科目を定め、資源の変化にかかわらずこの予算科目を優先するよう勧告したことは注目に値する（パラ20）。さらに、委員会は、貧困下にある子ども、権利を侵害された子どものデータがないことを含め、子どもに関するデータを収集する努力を強化するよう勧告した（パラ22）。委員会が繰り返しデータ収集を努力するよう勧告しているのは、正確なデータがなければ、子どもに関する効果的な施策の作成とその評価ができないからである。

　現在、日本の子どもの置かれている状況は困難さを増している。そして、現実に子どもの権利侵害についての問題を解決するためには、児童虐待と非行、虐待と学校教育の問題のように、多職種の専門領域をまたいだ専門家のチームで、学際的アプローチ（multi-disciplinary approach、パラ61）をして対応しなければならないことが多いが、日本では各関係機関の連携によって問題を解決するというよりは、各省庁がバラバラに問題を解決しようとしているので、同じような施策が重なることもみられ、経済的にも無駄が多いうえに、効果的な問題解決を図ることが難しい。

　子どもの権利に基盤を置いた施策の実施を可能とするために、子どもの権利基本法を制定して「子どもの最善の利益」の視点に立った予算配分をし、子どもの権利に関し、総合的で統一された施策を行なうことのできる横断的な政策調整のための国家機関を創設すべき時が来ている。

II　子どもの権利条約の全面的実施について

　日本では、子どもに権利を認めることは子どもの勝手を許すことと同じだとか、子どもの権利条約は開発途上国に必要なものであって日本には関係がないという意見が少なくない。各地の権利条例制定の際に、子どもの権利に基盤を置こうとすると、さまざまなおとなからの反発があることはよく知られているとおりである。別にわがままを認めるようにと言っているわけではない。

　第3回総括所見で、委員会は、「権利を有する人間として子どもを尊重しない伝統的見解のために子どもの意見の重みが深刻に制限されていることを依然として懸念する」と指摘している（パラ43）。

　ユニセフのイノチェンティ研究所が2007年2月に発表したOECD加盟先進諸国の子どもたちの幸福度についての調査報告は委員の質問に引用され、日本の子ど

もが孤独を感じるのは、教育制度が過度に競争的であることと関連があるのかとの質問、子どもの遊ぶ権利を保障しているのかとの質問などがあり、子どもの権利を文化とし、子どもをエンパワーメントする社会が必要なのではないかとの指摘もなされた。

　審査を傍聴していると、国連・子どもの権利委員会の委員の子どもの権利に基盤を置く考え方と政府代表団の子どもを健全育成の対象としてしか見ないこととの差があちこちで見られた。

　子どもはそれぞれの年齢および成熟度に応じた権利行使が可能であり、その年齢および成熟度に相応した保護と支援を必要とする。たとえば生後まもない乳児は、100％おとなの支援と保護を必要として、おとなの保護がなければ生きていけないが、2〜3歳くらいになれば、言葉で自分の意志を伝えることが少しできるようになり、歩くこともできるようになる。このように成長発達の過程にある存在であるから、子どもの権利を考えるとき、おとなとは異なった視点で見る必要がある。保護を必要とするものであるということと、権利の主体であるということは別に矛盾しあう関係にあるわけではない。

　子どもに必要なのは、ひとりの人間として、その年齢に応じた意見を尊重しつつ理解できるよう説明することである。しかし、子どもを権利の主体として尊重することを拒否している日本の現状では、子どもたちは、家庭でも学校でも、自分たちの言葉を無視され、言葉を発することができないまま生き苦しさ（生きていくのがつらい）を抱えて生きている。

　子ども・若者育成支援推進法が2010年4月1日から施行された。もともとはニート・ひきこもり対策のためであったということもあり、若者には30代まで含まれる。しかし、30代のひきこもり対策を考える前に、子どもの頃からその意見を大事にし、社会の中で独り立ちできるだけの能力を身につけていく過程、成長発達の過程を大事にすることが必要である。自分の能力をいっぱいに発揮できているときの子どもの顔は生き生きとして幸せに満ちている。言いたくても言えない、我慢を強いられている子どもの顔は暗く表情がない。

　審査でも、総括所見でも、子どものウェルビーイングという言葉が繰り返し使われている。審査の最後に、「私たちの心の中にあるのは日本の子どもたちに幸多かれということです」と言われた委員の言葉が心に残った。

　日本の子どもたちが幸せに満ちた顔をして生きていけるよう、おとなとして今できることをすべきである。

（いちば・よりこ）

第4章

総括所見

条約第44条に基づいて
締約国が提出した報告書の検討

CRC/C/JPN/CO/3
2010年6月20日
原文：英語
子どもの権利委員会第54会期
2010年5月25日～6月11日

1．委員会は、2010年5月27日に開かれた第1509回および第1511回会合（CRC/C/SR.1509およびCRC/C/SR.1511参照）において日本の第3回定期報告書（CRC/C/JPN/3）を検討し、2010年6月11日に開かれた第1541回会合において以下の総括所見を採択した。

A．序

2．委員会は、第3回定期報告書および委員会の事前質問事項（CRC/C/JPN/Q/3/Add.1）に対する文書回答の提出を歓迎する。委員会は、部門を横断した代表団の出席および有益かつ建設的な対話を歓迎するものである。

3．委員会は、締約国に対し、この総括所見は、2010年6月11日に採択された、子どもの売買、子ども買春および子どもポルノグラフィーに関する選択議定書に基づく第1回締約国報告書についての総括所見（CRC/C/OPSC/JPN/CO/1）および武力紛争への子どもの関与に関する選択議定書についての総括所見（CRC/C/OPAC/JPN/CO/1）とあわせて読まれるべきであることを想起するよう求める。

B．締約国によるフォローアップ措置および達成された進展

4．委員会は、武力紛争への子どもの関与に関する選択議定書の批准（2004年8月2日）および子どもの売買、子ども買春および子どもポルノグラフィーに関する選択議定書の批准（2005年1月24日）を歓迎する。

5．委員会は、以下の立法措置がとられたことに評価の意とともに留意する。
　(a)　2004年および2008年の児童虐待防止法改正。これにより、とくに児童虐待の定義が見直され、国および地方の政府の責任が明確化され、かつ虐待事案の通報義務が拡大された。

(b) 2004年および2008年の児童福祉法改正。これにより、とくに、要保護児童対策地域協議会の設置権限が地方政府に与えられた。
(c) 2005年6月の刑法改正による人身売買の犯罪化。
(d) 子ども・若者育成支援推進法の公布(2010年)。
(e) 2010年〔2006年〕の教育基本法改正。

6. 委員会はまた、人身取引対策行動計画(2009年12月)、および、自殺率削減のための取り組みの調整を促進する目的で2005年7月に採択された「自殺に関する総合対策の緊急かつ効果的な推進を求める決議」も歓迎する。

C．主要な懸念領域および勧告

1．実施に関する一般的措置（条約第4条、第42条および第44条第6項）

委員の前回の勧告

7. 委員会は、締約国の第2回報告書（CRC/C/104/Add.2）の検討を受けて2004年2月に行なわれた懸念表明および勧告（CRC/C/15/Add.231）の一部に対応するため締約国が行なった努力を歓迎するが、その多くが十分に実施されておらず、またはまったく対応されていないことを遺憾に思う。委員会は、この総括所見において、これらの懸念および勧告をあらためて繰り返す。

8. 委員会は、締約国に対し、第2回報告書審査に関する総括所見の勧告のうちまだ実施されていないもの（「調整および国家行動計画」に関するパラ12、独立した監視に関するパラ14、「子どもの定義」に関するパラ22、「差別の禁止」に関するパラ24、「名前および国籍」に関するパラ31、「体罰」に関するパラ35、障がいに関するパラ43および「若者の自殺」に関するパラ47に掲げられた勧告を含む）に対応し、かつこの総括所見に掲げられた懸念事項に包括的に対応するため、あらゆる努力を行なうよう促す。

留保

9. 委員会は、締約国が第37条(c)に対する留保を維持していることを遺憾に思う。

10. 委員会は、締約国が、条約の全面的適用の障害となっている条約第37条(c)に対する留保の撤回を検討するよう勧告する。

立法

11. 委員会は、子どもの権利の分野において、子どもの生活条件および発達の向上に資するいくつかの法律の公布および改正が行なわれたことに留意する。しかしながら委員会は、子ども・若者育成支援推進法が条約の適用範囲を完全に網羅しておらず、または子どもの権利を保障するものではないこと、および、包括的な子どもの権利法が制定されていないことを依然として懸念する。委員会はまた、少年司法分野におけるものも含め、国内法

の一部の側面が条約の原則および規定にいまなお一致していないことにも留意する。
12．委員会は、締約国が、子どもの権利に関する包括的法律の採択を検討し、かつ、国内法を条約の原則および規定と完全に調和させるための措置をとるよう、強く勧告する。

調整
13．委員会は、子ども・若者育成支援推進本部、教育再生会議および種々の政府審議会など、子どもの権利に関する政策の実施に携わる多くの国家機関が存在することに留意する。しかしながら委員会は、これらの機関間でならびに国、広域行政圏および地方のレベル間で効果的調整を確保するための機構が存在しないことを懸念する。
14．委員会は、締約国が、子どもの権利を実施する目的で締約国が国、広域行政圏および地方のレベルで行なっているあらゆる活動を効果的に調整するための明確な権限ならびに十分な人的資源および財源を与えられた適切な国家機構を設置するとともに、子どもの権利の実施に携わっている市民社会組織との継続的交流および協力を確立するよう勧告する。

国家的行動計画
15．委員会は、子ども・若者育成支援推進法（2010年4月）などの多くの具体的措置がとられてきたことを歓迎するとともに、すべての子どもの成長を支援し、かつ子どもを全面的に尊重するために政府の体制一元化を図ることを目的とした「子ども・子育てビジョン」および「子ども・若者ビジョン」の策定に関心をもって留意する。しかしながら委員会は、条約のすべての分野を網羅し、かつ、とくに子どもたちの間に存在する不平等および格差に対応する、子どものための、権利を基盤とした包括的な国家的行動計画が存在しないことを依然として懸念する。
16．委員会は、締約国が、地方の公的機関、市民社会および子どもを含む関係パートナーと協議および協力しながら、子どものための国家的行動計画を採択しかつ実施するよう勧告する。このような行動計画は、中長期的達成目標を掲げ、条約のすべての分野を網羅し、十分な人的資源および財源を提供し、かつ、必要に応じて成果の管理および措置の修正を行なう監視機構を備えたものでなければならない。委員会はとくに、このような行動計画において、所得および生活水準の不平等、ならびに、ジェンダー、障がい、民族的出身、および、子どもが発達し、学習し、かつ責任ある生活に向けた準備を進める機会を形成するその他の要因による格差に対応するよう勧告する。委員会は、締約国が、国連子ども特別総会の成果文書「子どもにふさわしい世界」（2002年）およびその中間レビュー（2007年）を考慮するよう勧告する。

独立した監視
17．委員会は、条約の実施を国レベルで監視する独立の機構が存在しないことに懸念を表

明する。これとの関連で、委員会は、5つの自治体で子どもオンブズパーソンが任命されているという締約国の情報に留意する。しかしながら委員会は、これらのオンブズパーソンの権限、独立性および職務、効果的活動を確保するために利用可能な財源その他の資源、ならびに、(遺憾ながら2002年以来棚上げされている人権擁護法案に基づいて設置予定の) 人権委員会との関係のあり方の構想に関する情報が存在しないことを遺憾に思う。

18. 委員会は、締約国が以下の措置をとるよう勧告する。
    (a) 早期に人権擁護法案を通過させ、かつ国内機関の地位に関する原則 (パリ原則) にしたがった国家人権委員会を設置できるようにするとともに、同委員会に対し、条約の実施を監視し、苦情を受け付けてそのフォローアップを行ない、かつ子どもの権利の組織的侵害を調査する権限を与えること。
    (b) 次回の報告書において、国家人権委員会および子どもオンブズパーソンに与えられた権限、職務および資源についての情報を提供すること。
    (c) 独立した国内人権機関の役割に関する委員会の一般的意見2号 (2002年) を考慮すること。

資源配分

19. 委員会は、締約国の社会支出がOECD平均よりも低いこと、最近の経済危機以前から貧困がすでに増加しており、いまや人口の約15％に達していること、および、子どものウェルビーイングおよび発達のための補助金および諸手当がこれまで一貫したやり方で整備されてこなかったことに、深い懸念を表明する。委員会は、新しい〔子ども〕手当制度および高校無償化法を歓迎するものの、国および自治体の予算における子どものための予算配分額が明確でなく、子どもの生活への影響という観点から投資を追跡しかつ評価できなくなっていることを依然として懸念する。

20. 委員会は、締約国が以下の措置をとるよう、強く勧告する。
    (a) 子どもの権利を実現する締約国の義務を満たせる配分が行なわれるようにするため、中央および自治体レベルの予算を子どもの権利の観点から徹底的に検討すること。
    (b) 子どもの権利に関わる優先的課題を反映した戦略的予算科目を定めること。
    (c) 子どものための優先的予算科目を資源水準の変化から保護すること。
    (d) 指標システムに基づいて政策の成果をフォローアップする追跡システムを確立すること。
    (e) 市民社会および子どもがあらゆるレベルで協議の対象とされることを確保すること。

データ収集

21. 委員会は、子どもおよびその活動に関する相当量のデータが定期的に収集されかつ公表されていることを理解する。しかしながら委員会は、条約が対象としている一部の分野に関してデータが存在しないこと (貧困下で暮らしている子ども、障がいのある子どもおよび日本国

籍を有していない子どもの就学率ならびに学校における暴力およびいじめに関するものを含む)に懸念を表明する。

22．委員会は、締約国が、権利侵害を受けるおそれがある子どもについてのデータ収集の努力を強化するよう勧告する。締約国はまた、条約の実施において達成された進展を効果的に監視しかつ評価することおよび子どもの権利の分野における政策の効果を評価することを目的とした指標も開発するべきである。

広報、研修および意識啓発

23．委員会は、子どもとともにおよび子どものために活動している専門家ならびに一般公衆の間で条約に関する意識を促進するために締約国が行なってきた努力には留意するものの、これらの努力が十分ではないこと、または条約の原則および規定を普及するための計画が実行に移されていないことを依然として懸念する。とりわけ、子どもおよびその親に対して情報をより効果的に普及することが緊急に必要である。委員会はまた、子どものためにおよび子どもとともに活動している専門家の研修が不十分であることも懸念する。

24．委員会は、締約国に対し、子どもおよび親の間で条約に関する情報の普及を拡大するよう奨励する。委員会は、締約国に対し、子どものためにおよび子どもとともに活動しているすべての者(教職員、裁判官、弁護士、法執行官、メディア従事者、公務員およびあらゆるレベルの政府職員を含む)を対象とした、子どもの権利を含む人権に関する体系的かつ継続的な研修プログラムを発展させるよう促す。

市民社会との協力

25．市民社会組織と多くの会合が持たれてきたことに関する締約国の情報には留意しながらも、委員会は、子どもの権利のための政策およびプログラムの開発、実施および評価のあらゆる段階で重要である継続的協力の慣行がいまなお確立されていないことを懸念する。委員会はまた、市民社会組織が、委員会の前回の総括所見のフォローアップに関与しておらず、または締約国の第3回定期報告書の作成中に意見を述べる十分な機会を与えられなかったことも懸念する。

26．委員会は、締約国に対し、市民社会との協力を強化するとともに、条約の実施のあらゆる段階(定期報告書の作成を含む)を通じて市民社会組織のより組織的な関与を図るよう奨励する。

子どもの権利と企業セクター

27．委員会は、民間セクターが子どもおよびその家族の生活に甚大な影響を及ぼしていることに留意し、かつ、子どものウェルビーイングおよび発達に関わる企業セクターの社会的および環境的責任について締約国が規制を行なっているのであれば、当該規制に関する情報が存在しないことを遺憾に思う。

28. 委員会は、締約国に対し、企業の活動から生じるいかなる悪影響からも地域コミュニティ、とくに子どもを保護する目的で、企業セクターが企業の社会的および環境的責任に関する国内外の基準を遵守することを確保するための規制を確立しかつ実施するため、効果的措置をとるよう奨励する。

国際協力

29. 委員会は、いまなお相当額にのぼる政府開発援助（ODA）に留意するとともに、2003年の戦略的改定によって貧困削減、持続可能性、安全保障および平和維持措置が優先されるようになったことを歓迎するが、締約国が一貫してODA予算額を削減しており、国内総生産（GDP）の0.7％をODAに支出するという国際合意よりもはるかに低い、対GDP比0.2％という水準であることを懸念する。委員会はとくに、開発途上国における気候変動対策といった特定の目的のために追加的資源の配分を行なうこと、および、アフリカ諸国向けの援助が顕著に増額されること以外には一般的改革は計画されていないと締約国が表明したことを懸念する。

30. 委員会は、締約国が、とくに子どもが受益者であるプログラムおよび措置に対して提供される資源を増加させる目的で、ODAに関する国際的達成目標へのコミットメントを再検討するよう勧告する。委員会はさらに、締約国が、当該供与相手国に関する子どもの権利委員会の総括所見および勧告を考慮するよう提案する。

2．子どもの定義（条約第1条）

31. 委員会は、最低婚姻年齢の男女差（男子18歳・女子16歳）を解消するよう求めた前回の総括所見の勧告（CRC/C/15/Add.231、パラ22）にもかかわらず、格差が残っていることについて懸念を表明する。

32. 委員会は、締約国がその立場を再検討し、婚姻年齢を引き上げて両性ともに18歳にするよう勧告する。

3．一般原則（条約第2条、第3条、第6条および第12条）

差別の禁止

33. 委員会は、若干の立法措置がとられたにもかかわらず、無遺言相続を規律する法律上、婚外子がいまなお婚内子と同一の権利を享受していないことを懸念する。委員会はまた、民族的マイノリティに属する子ども、日本国籍を有していない子ども、移住労働者の子ども、難民である子どもおよび障がいのある子どもに対する社会的差別が根強く残っていることも懸念する。委員会は、男女平等の促進に言及していた教育基本法第5条が削除されたことに対する女性差別撤廃委員会の懸念（CEDAW/C/JPN/CO/6）を繰り返す。

34．委員会は、締約国が以下の措置をとるよう勧告する。
  (a) 包括的な反差別法を制定し、かつ、どのような事由であれ子どもを差別するあらゆる立法を廃止すること。
  (b) とくに女子、民族的マイノリティに属する子ども、日本人ではない子どもおよび障がいのある子どもに対して実際に行なわれている差別を削減しかつ防止するため、意識啓発キャンペーンおよび人権教育を含む必要な措置をとること。
35．委員会は、刑法で女性および女子しか強かん罪および関連の犯罪の被害者として想定されておらず、かつ、そのためこれらの規定に基づく保護が男子には及ばないことに、懸念とともに留意する。
36．委員会は、男子か女子かを問わず強かんの被害者全員が同一の保護を与えられることを確保するため、締約国が刑法改正を検討するよう勧告する。

子どもの最善の利益
37．子どもの最善の利益は児童福祉法に基づいて考慮されているという締約国の情報は認知しながらも、委員会は、1974〔1947〕年に採択された同法に、子どもの最善の利益の優越性が十分に反映されていないことに懸念とともに留意する。委員会はとくに、そのような優越性が、難民および資格外移住者である子どもを含むすべての子どもの最善の利益を統合する義務的プロセスを通じ、すべての立法に正式にかつ体系的に統合されているわけではないことを懸念する。
38．委員会は、締約国が、あらゆる法規定において、ならびに、子どもに影響を与える司法上および行政上の決定およびプロジェクト、プログラムならびにサービスにおいて、子どもの最善の利益の原則が実施されかつ遵守されることを確保するための努力を継続しかつ強化するよう勧告する。
39．委員会は、子どものケアまたは保護に責任を負う相当数の機関が、とくに職員の数および適格性ならびに監督およびサービスの質に関して適切な基準に合致していないという報告があることに、懸念とともに留意する。
40．委員会は、締約国が以下の措置をとるよう勧告する。
  (a) そのような機関が提供するサービスの質および量を対象とし、かつ公共部門および民間部門の両方に適用されるサービス基準を発展させかつ定義するための効果的措置をとること。
  (b) 公共部門および民間部門の両方において、そのような基準を一貫して遵守させること。

生命、生存および発達に対する権利
41．「自殺に関する総合対策の緊急かつ効果的な推進を求める決議」などを通じ、子ども、とくに思春期の青少年の間で発生している自殺の問題に対応しようとする締約国の努力に

は留意しながらも、委員会は、子どもおよび思春期の青少年が自殺していること、および、自殺および自殺未遂に関連したリスク要因に関する調査研究が行なわれていないことを依然として懸念する。委員会はまた、子どもの施設で起きている事故が、そのような施設で安全に関する最低基準が遵守されていないことと関連している可能性があるという情報にも懸念する。

42. 委員会は、締約国が、子どもの自殺リスク要因について調査研究を行ない、防止措置を実施し、学校にソーシャルワーカーおよび心理相談サービスを配置し、かつ、困難な状況にある子どもに児童相談所システムがさらなるストレスを課さないことを確保するよう勧告する。委員会はまた、締約国が、官民問わず、子どものための施設を備えた機関が適切な最低安全基準を遵守することを確保するようにも勧告する。

子どもの意見の尊重

43. 司法上および行政上の手続、学校、子ども施設ならびに家庭において子どもの意見は考慮されているという締約国の情報には留意しながらも、委員会は、正式な規則では年齢制限が高く定められていること、児童相談所を含む児童福祉サービスが子どもの意見をほとんど重視していないこと、学校において子どもの意見が重視される分野が限定されていること、および、政策策定プロセスにおいて子どもおよびその意見に言及されることがめったにないことを依然として懸念する。委員会は、権利を有する人間として子どもを尊重しない伝統的見解のために子どもの意見の重みが深刻に制限されていることを依然として懸念する。

44. 条約第12条および意見を聴かれる子どもの権利に関する委員会の一般的意見12号（2009年）に照らし、委員会は、締約国が、あらゆる場面（学校その他の子ども施設、家庭、地域コミュニティ、裁判所および行政機関ならびに政策策定プロセスを含む）において、自己に影響を及ぼすあらゆる事柄に関して全面的に意見を表明する子どもの権利を促進するための措置を強化するよう勧告する。

4．市民的権利および自由（条約第7条、第8条、第13～17条、第19条および第37条(a)）

出生登録

45. 委員会は、締約国の多くの規則が、一定の状況下にある親、とくに子どもの出生を登録することのできない資格外滞在移住者のもとに生まれた子どもの出生登録の可能性を制約する効果を有しているという、前回の総括所見（CRC/C/15/Add.231）に掲げられた懸念をあらためて繰り返す。これらの規則が存在する結果、多くの子どもが登録されず、このような子どもが法律上無国籍となる状況が生み出されている。

46. 委員会は、締約国が以下の措置をとるよう勧告する。
 (a) すべての子どもの登録を確保し、かつ子どもを法律上の無国籍状態から保護するた

め、条約第7条の規定にしたがい、国籍および市民権に関わる法律および規則を改正すること。
(b) 無国籍者の地位に関する条約（1954年）および無国籍の削減に関する条約（1961年）の批准を検討すること。

体罰
47. 学校における体罰が明示的に禁じられていることには留意しつつ、委員会は、その禁止規定が効果的に実施されていないという報告があることに懸念を表明する。委員会は、すべての体罰を禁ずることを差し控えた東京高等裁判所の曖昧な判決（1981年）に、懸念とともに留意する。委員会はさらに、家庭および代替的養護現場における体罰が法律で明示的に禁じられていないこと、および、とくに民法および児童虐待防止法が適切なしつけの行使を認めており、体罰の許容可能性について不明確であることを懸念する。
48. 委員会は、締約国が以下の措置をとるよう強く勧告する。
(a) 家庭および代替的養護現場を含むあらゆる場面で、子どもを対象とした体罰およびあらゆる形態の品位を傷つける取り扱いを法律により明示的に禁止すること。
(b) あらゆる場面における体罰の禁止を効果的に実施すること。
(c) 体罰等に代わる非暴力的な形態のしつけおよび規律について、家族、教職員ならびに子どもとともにおよび子どものために活動しているその他の専門家を教育するため、キャンペーンを含む広報プログラムを実施すること。

子どもに対する暴力に関する国連研究のフォローアップ
49. 子どもに対する暴力に関する国連事務総長研究（A/61/299）について、委員会は、締約国が以下の措置をとるよう勧告する。
(a) 東アジア・太平洋地域協議（バンコク、2005年6月14～16日）の成果および勧告を考慮しながら、子どもに対する暴力に関する国連研究の勧告を実施するためにあらゆる必要な措置をとること。
(b) 以下の勧告に特段の注意を払いながら、子どもに対するあらゆる形態の暴力の撤廃に関わる同研究の勧告の実施を優先させること。
　(i) 子どもに対するあらゆる形態の暴力を禁止すること。
　(ii) 子どもとともにおよび子どものために活動しているすべての者の能力を増進させること。
　(iii) 回復および社会的再統合のためのサービスを提供すること。
　(iv) アクセスしやすく、子どもにやさしい通報制度およびサービスを創設すること。
　(v) 説明責任を確保し、かつ責任が問われない状態に終止符を打つこと。
　(vi) 国レベルの体系的なデータ収集および調査研究を発展させ、かつ実施すること。
(c) すべての子どもがあらゆる形態の身体的、性的および心理的暴力から保護されるこ

とを確保し、かつ、このような暴力および虐待を防止しかつこれに対応するための具体的な（かつ適切な場合には期限を定めた）行動に弾みをつける目的で、市民社会と連携しながら、かつとくに子どもの参加を得ながら、これらの勧告を行動のためのツールとして活用すること。

(d) 次回の報告書において、締約国による同研究の勧告の実施に関わる情報を提供すること。

(e) 子どもに対する暴力に関する国連事務総長特別代表と協力し、かつ同代表を支援すること。

5．家庭環境および代替的養護（条約第5条、第18条（第1～2項）、第9～11条、第19～21条、第25条、第27条（第4項）および第39条）

家庭環境

50．日本社会で家族の価値が不朽の重要性を獲得していることは承知しつつ、委員会は、親子関係の悪化にともなって子どもの情緒的および心理的ウェルビーイングに否定的影響が生じており、子どもの施設措置という結果さえ生じていることを示す報告があることを懸念する。委員会は、これらの問題が、高齢者介護と若年層のケアとの間で生じる緊張、ならびに、貧困がとくにひとり親世帯に及ぼす影響に加え、学校における競争、仕事と家庭生活の両立不可能性等の要因から生じている可能性があることに留意する。

51．委員会は、締約国が家族を支援しかつ強化するための措置を導入するよう勧告する。そのための手段としては、子育ての責任を履行する家族の能力を確保する目的で男女双方を対象として仕事と家庭生活との適切なバランスを促進すること、親子関係を強化すること、および、子どもの権利に関する意識啓発を図ることなどがあげられる。委員会はさらに、社会サービス機関が、子どもの施設措置を防止するためにも、不利な立場に置かれた子どもおよび家族に優先的に対応し、かつ適切な金銭的、社会的および心理的支援を提供するよう勧告する。

親のケアを受けていない子ども

52．委員会は、親のケアを受けていない子どもを対象とする、家族を基盤とした代替的養護に関する政策が存在しないこと、家族から引き離されて養護の対象とされる子どもの人数が増えていること、小集団の家庭型養護を提供しようとする努力にもかかわらず多くの施設の水準が不十分であること、および、代替的養護施設において子どもの虐待が広く行なわれているという報告があることに、懸念とともに留意する。これとの関連で、委員会は、遺憾ながら広く実施はされていないものの、苦情申立て手続が設けられたことに留意する。委員会は、里親が義務的研修を受け、かつ増額された手当を受給していることを歓迎するが、一部類型の里親が金銭的支援を受けていないことを懸念する。

53. 委員会は、第18条に照らし、締約国が以下の措置をとるよう勧告する。
   (a) 子どもの養護を、里親家庭、または居住型養護における小集団編成のような家庭的環境のもとで提供すること。
   (b) 里親養護を含む代替的養護現場の質を定期的に監視し、かつ、あらゆる養護現場による適切な最低基準の遵守を確保するための措置をとること。
   (c) 代替的養護現場における児童虐待を調査し、かつその責任者を訴追するとともに、虐待の被害者が苦情申立て手続、カウンセリング、医療的ケアその他の適切な回復援助にアクセスできることを確保すること。
   (d) 金銭的支援がすべての里親に提供されるようにすること。
   (e) 「子どもの代替的養護に関する国連指針」(国連総会決議A/RES/64/142参照)を考慮すること。

養子縁組

54. 委員会は、養親またはその配偶者の直系卑属である子どもの養子縁組が司法機関による監督または家庭裁判所の許可を受けずに行なえることに、懸念とともに留意する。委員会はさらに、国外で養子とされた子どもの登録機関が存在しないことを含め、国際養子縁組が十分に監督されていないことを懸念する。
55. 委員会は、締約国が以下の措置をとるよう勧告する。
   (a) すべての養子縁組が司法機関による許可の対象とされ、かつ子どもの最善の利益にしたがって行なわれること、および、養子とされたすべての子どもの登録機関が維持されることを確保するための措置をとり、かつこれを効果的に実施すること。
   (b) 国際養子縁組についての子の保護および協力に関するハーグ第33号条約(1993年)の批准を検討すること。

児童虐待およびネグレクト

56. 委員会は、虐待防止のための機構を定めかつ執行する、児童虐待防止法および児童福祉法の改正等の措置を歓迎する。しかしながら委員会は、民法上の「親権」概念によって「包括的支配」を行なう権利が与えられていることおよび親が過大な期待をもつことにより、子どもが家庭で暴力を受けるおそれが生じていることを依然として懸念する。委員会は、児童虐待の発生件数が増え続けていることに、懸念とともに留意する。
57. 委員会は、締約国が、以下のものを含む措置をとることにより、児童虐待の問題に対応する現在の努力を強化するよう勧告する。
   (a) 虐待およびネグレクトの否定的影響に関する公衆教育プログラム、および、家族発達プログラムを含む防止プログラムを実施することにより、積極的な、非暴力的形態のしつけを促進すること。
   (b) 家庭および学校で虐待の被害を受けた子どもに十分な保護を提供すること。

6．基礎保健および福祉（条約第6条、第18条（第3項）、第23条、第24条、第26条および第27条（第1～3項））

障がいのある子ども

58．委員会は、締約国が、障がいのある子どもを支援し、学校における交流学習を含む社会参加を促進し、かつその自立を発達させることを目的として、法律の採択ならびにサービスおよび施設の設置を進めてきたことに留意する。委員会は、根深い差別がいまなお存在すること、および、障がいのある子どものための措置が注意深く監視されていないことを、依然として懸念する。委員会はまた、必要な設備および便益を用意するための政治的意思および財源が欠けていることにより、障がいのある子どもによる教育へのアクセスが引き続き制約されていることにも、懸念とともに留意する。

59．委員会は、締約国が以下の措置をとるよう勧告する。

(a) 障がいのあるすべての子どもを全面的に保護するために法律の改正および採択を行なうとともに、進展を注意深く記録し、かつ実施における欠点を明らかにする監視システムを確立すること。

(b) 障がいのある子どもの生活の質を高め、その基本的ニーズを満たし、かつそのインクルージョンおよび参加を確保することに焦点を当てた、コミュニティを基盤とするサービスを提供すること。

(c) 存在している差別的態度と闘い、かつ障がいのある子どもの権利および特別なニーズについて公衆の感受性を高めること、障がいのある子どもの社会へのインクルージョンを奨励すること、ならびに、意見を聴かれる子どもおよびその親の権利の尊重を促進することを目的とした、意識啓発キャンペーンを実施すること。

(d) 障がいのある子どものためのプログラムおよびサービスに対して十分な人的資源および財源を提供するため、あらゆる努力を行なうこと。

(e) 障がいのある子どものインクルーシブ教育のために必要な便益を学校に備えるとともに、障がいのある子どもが希望する学校を選択し、またはその最善の利益にしたがって普通学校と特別支援学校との間で移行できることを確保すること。

(f) 障がいのある子どものためにおよびそのような子どもとともに活動している非政府組織（NGO）に対し、援助を提供すること。

(g) 教職員、ソーシャルワーカーならびに保健・医療・治療・養護従事者など、障がいのある子どもとともに活動している専門的職員を対象とした研修を行なうこと。

(h) これとの関連で、障がいのある人の機会均等化に関する国連基準規則（国連総会決議48/96）および障がいのある子どもの権利に関する委員会の一般的意見9号（2006年）を考慮すること。

(i) 障がいのある人の権利に関する条約（署名済み）およびその選択議定書（2006年）を批

准すること。

メンタルヘルス

60. 委員会は、著しい数の子どもが情緒的ウェルビーイングの水準の低さを報告していること、および、親および教職員との関係の貧しさがその決定要因となっている可能性があることを示すデータに留意する。委員会はまた、発達障がい者支援センターにおける注意欠陥・多動性障がい（ADHD）の相談数が増えていることにも留意する。委員会は、ADHDの治療に関する調査研究および医療専門家の研修が開始されたことを歓迎するが、この現象が主として薬物によって治療されるべき生理的障がいと見なされていること、および、社会的決定要因が正当に考慮されていないことを懸念する。

61. **委員会は、締約国が、子どもおよび思春期の青少年の情緒的および心理的ウェルビーイングの問題に、あらゆる環境における効果的支援を確保する学際的アプローチを通じて対応するための効果的措置をとるよう勧告する。委員会はまた、締約国が、ADHDの診断数の推移を監視するとともに、この分野における調査研究が製薬産業とは独立に実施されることを確保するようにも勧告する。**

保健サービス

62. 委員会は、行動面に関わる学校の期待を満たさない子どもが児童相談所に送致されることに、懸念とともに注目する。委員会は、専門的処遇の水準（意見を聴かれる子どもの権利の実施および子どもの最善の利益の考慮を含む）に関する情報が存在しないことを懸念するとともに、成果の体系的評価が利用されていないことを遺憾に思う。

63. **委員会は、締約国が、児童相談所システムおよびその作業方法に関する独立の調査（リハビリテーションの成果に関する評価も含む）を委託し、かつ、このレビューの結果に関する情報を次回の定期報告書に含めるよう勧告する。**

HIV／AIDS

64. 委員会は、HIV／AIDSその他の性感染症の感染率が上昇していること、および、これらの健康問題に関する思春期の青少年向けの教育が限定されていることに懸念を表明する。

65. **委員会は、締約国が、学校カリキュラムにリプロダクティブ・ヘルス〔性と生殖に関わる健康〕教育が含まれることを確保し、かつ思春期の青少年に対して自己のリプロダクティブ・ライツ〔性と生殖に関わる権利〕に関する情報（10代の妊娠およびHIV／AIDSを含む性感染症の予防に関するものを含む）を全面的に提供するとともに、思春期の健康および発達に関する委員会の一般的意見4号（2003年）を考慮に入れながら、HIV／AIDSその他の性感染症の予防のためのすべてのプログラムに思春期の青少年が容易にアクセスできることを確保するよう勧告する。**

第4章　総括所見

十分な生活水準に対する権利

66. 対話の際、委員会は、すべての子どもを対象とする改善された子ども手当制度が2010年4月から施行された旨の情報を提供されたが、この新たな措置が、貧困下で暮らしている人口の割合（15%）を、生活保護法およびひとり親家庭（とくに女性が世帯主である世帯）を援助するためのその他の措置のような現在適用されている措置よりも効果的に低下させることにつながるかどうか評価するためのデータは、利用可能とされていない。委員会は、財政政策および経済政策（労働規制緩和および民営化戦略等）が、賃金削減、女性と男性の賃金格差ならびに子どものケアおよび教育のための支出の増加により、親およびとくにシングルマザーに影響を与えている可能性があることを懸念する。

67. 委員会は、締約国が子どもの貧困を根絶するために適切な資源を配分するよう勧告する。そのための手段には、貧困の複雑な決定要因、発達に対する子どもの権利およびすべての家族（ひとり親家族を含む）に対して確保されるべき生活水準を考慮に入れながら、貧困削減戦略を策定することも含まれる。委員会はまた、締約国に対し、親は子育ての責任を負っているために労働の規制緩和および流動化のような経済戦略に対処する能力が制約されていることを考慮に入れるとともに、金銭的その他の支援の提供によって、子どものウェルビーイングおよび発達にとって必要な家族生活を保障することができているかどうか、注意深く監視するよう促す。

子どもの扶養料の回復

68. 子どもの扶養料の回復を図ることを目的とした民事執行法の制定（2004年）には留意しつつ、委員会は、別居または離婚した親（出国した者を含む）の多く（ほとんどは父親）が扶養義務を果たしていないこと、および、未払いの扶養料を回復するための現行手続が十分ではないことを懸念する。

69. 委員会は、締約国が以下の措置をとるよう勧告する。

    (a) 婚姻しているか否かにかかわらず、両方の親がその子どもの扶養に公平に貢献すること、および、いずれかの親が義務を履行しない場合に扶養義務が効果的に回復されることを確保する、現行の法律および措置の実施を強化すること。

    (b) 新たな機構（すなわち、債務不履行の親の扶養義務を履行し、かつ、その後、適切な場合には民事上または刑事上の法律を通じて未払金を回収する国家基金）を設立し、扶養料の支払いがこの機構を通じて回復されることを確保すること。

    (c) 親責任および子の保護措置についての管轄権、準拠法、承認、執行および協力に関するハーグ第34号条約（1996年）を批准すること。

7. 教育、余暇および文化的活動（条約第28条、第29条および第31条）

教育（職業訓練および職業指導を含む）

70. 委員会は、日本の学校制度によって学業面で例外的なほど優秀な成果が達成されてきたことを認めるが、学校および大学への入学を求めて競争する子どもの人数が減少しているにもかかわらず過度の競争に関する苦情の声があがり続けていることに、懸念とともに留意する。委員会はまた、このような高度に競争的な学校環境が就学年齢層の子どものいじめ、精神障がい、不登校、中途退学および自殺を助長している可能性があることも、懸念する。

71. 委員会は、学業面での優秀な成果と子ども中心の能力促進とを結合させ、かつ、極端に競争的な環境によって引き起こされる悪影響を回避する目的で、締約国が学校制度および大学教育制度を再検討するよう勧告する。これとの関連で、締約国は、教育の目的に関する委員会の一般的意見1号（2001年）を考慮するよう奨励される。委員会はまた、締約国が、子ども同士のいじめと闘う努力を強化し、かつそのような措置の策定に子どもたちの意見を取り入れるよう勧告する。

72. 委員会は、中国系、北朝鮮系その他の出身の子どもを対象とした学校に対する補助金が不十分であることを懸念する。委員会はまた、このような学校の卒業生が日本の大学入学試験の受験資格を得られない場合があることも懸念する。

73. 委員会は、締約国に対し、外国人学校への補助金を増額し、かつ大学入試へのアクセスにおいて差別が行なわれないことを確保するよう奨励する。締約国は、ユネスコ・教育差別禁止条約の批准を検討するよう奨励される。

74. 委員会は、日本の歴史教科書においては歴史的出来事に対する日本側の解釈しか記述されていないため、地域の異なる国々出身の子どもの相互理解が増進されていないという情報があることを懸念する。

75. 委員会は、締約国が、検定教科書においてアジア・太平洋地域の歴史的出来事に関するバランスのとれた見方が提示されることを確保するよう勧告する。

遊び、余暇および文化的活動

76. 委員会は、締約国が休息、余暇および文化的活動に対する子どもの権利を想起するよう求めるとともに、公共の場所、学校、子ども施設および家庭における子どもの遊び時間その他の自主的活動を促進しかつ容易にする取り組みを支援するよう勧告する。

8. 特別な保護措置（条約第22条、第38条、第39条、第40条、第37条(b)および(d)、第30条ならびに第32～36条）

保護者のいない難民の子ども

77. 委員会は、犯罪活動の疑いが存在しない場合でさえ庇護希望者の子どもを収容する慣行が広く行なわれていること、および、保護者のいない庇護希望者の子どもをケアする機構が確立されていないことに懸念を表明する。
78. 委員会は、締約国が以下の措置をとるよう勧告する。
    (a) 庇護希望者の子どもの収容を防止し、このような子どもの入管収容施設からの即時放免を確保し、かつ、このような子どもに宿泊所、適切なケアおよび教育へのアクセスを提供するため、正式な機構の確立等を通じて即時的措置をとること。
    (b) 公正かつ子どもに配慮した難民認定手続のもと、子どもの最善の利益が第一次的に考慮されることを確保しながら、保護者のいない子どもの庇護申請の処理を迅速に進めるとともに、後見人および法定代理人を任命し、かつ親その他の近親者の所在を追跡すること。
    (c) 国連難民高等弁務官（UNHCR）の「子どもの最善の利益の公式な決定に関するガイドライン」および「難民の保護およびケアに関するガイドライン」を考慮しながら、難民保護の分野における国際基準を尊重すること。

人身取引

79. 委員会は、人身取引を刑法上の犯罪と定めた刑法改正（2005年7月施行）および2009年の「人身取引対策行動計画」を歓迎する。しかしながら委員会は、同行動計画のために用意された資源、調整および監視のための機関、ならびに、人身取引対策がとくに子どもに与える影響についての情報が存在しないことに留意する。
80. 委員会は、締約国が以下の措置をとるよう勧告する。
    (a) とくに子どもの人身取引に対応するための措置の効果的監視を確保すること。
    (b) 人身取引の被害者に対し、身体的および心理的回復のための援助が提供されることを確保すること。
    (c) 行動計画の実施に関する情報を提供すること。
    (d) 国際的な組織犯罪の防止に関する国際連合条約を補足する人、とくに女性および子どもの取引を防止し、抑止しおよび処罰するための議定書（2000年）を批准すること。

性的搾取

81. 委員会は、締約国の第2回定期報告書の審査後にも留意された、買春によるものも含む子どもの性的搾取件数が増えていることに対する懸念をあらためて繰り返す。
82. 委員会は、子どもの性的搾取の事件を捜査しかつ加害者を起訴するとともに、性的搾

取の被害者に対してカウンセリングその他の回復援助を提供する努力を締約国が強化するよう勧告する。

少年司法の運営

83. 委員会は、2000年の少年法改正においてむしろ懲罰的なアプローチが採用され、罪を犯した少年の権利および司法上の保障が制限されてきた旨の、締約国の第2回報告書（CRC/C/104/Add.2）の検討を受けて2004年2月に表明した前回の懸念（CRC/C/15/Add.231）をあらためて繰り返す。とりわけ、刑事責任年齢〔刑事処分年齢〕が16歳から14歳に引き下げられたことにより、教育的措置がとられる可能性が低くなり、14〜16歳の多くの子どもが矯正施設への収容の対象とされている。また、重罪を犯した16歳以上の子どもは刑事裁判所に送致される可能性があり、審判前の身体拘束〔観護措置〕期間は4週間から8週間に延長され、かつ、非職業裁判官制度である裁判員制度は、専門機関である少年〔家庭〕裁判所による、罪を犯した子どもの処遇の障害となっている。

84. 委員会はさらに、成人刑事裁判所に送致される少年の人数が顕著に増加していることを懸念するとともに、法に抵触した子どもに認められている手続的保障（弁護士にアクセスする権利を含む）が制度的に実施されていないため、とくに自白の強要および不法な捜査実務が行なわれていることを遺憾に思う。委員会はまた、少年矯正施設における被収容者への暴力が高い水準で行なわれていること、および、少年が審判前に成人とともに勾留される可能性があることも懸念する。

85. 委員会は、締約国に対し、少年司法における子どもの権利に関する委員会の一般的意見10号（2007年）を考慮に入れながら、少年司法制度を条約、とくに第37条、第40条および第39条、ならびに、少年司法の運営に関する国連最低基準規則（北京規則）、少年非行の防止のための国連指針（リャド・ガイドライン）、自由を奪われた少年の保護に関する国連規則（ハバナ規則）および刑事司法制度における子どもに関する行動についてのウィーン指針を含む少年司法分野のその他の国連基準と全面的に一致させる目的で、少年司法制度の機能を再検討するよう促す。とりわけ委員会は、締約国がとくに以下の措置をとるよう勧告する。

(a) 子どもが刑事司法制度と接触することにつながる社会的条件を解消するために家族およびコミュニティの役割を支援するなどの防止措置をとるとともに、その後のスティグマを回避するためにあらゆる可能な措置をとること。

(b) 刑事責任〔刑事処分〕に関する最低年齢との関連で法律を見直し、従前の16歳に引き上げることを検討すること。

(c) 刑事責任年齢に達していない子どもが刑法犯として扱われまたは矯正施設に送られないこと、および、法に抵触した子どもが常に少年司法制度において対応され、専門裁判所以外の裁判所で成人として審理されないことを確保するとともに、このような趣旨で裁判員制度を見直すことを検討すること。

(d) 現行の法律扶助制度の拡大等により、すべての子どもが手続のあらゆる段階で法的その他の援助を提供されることを確保すること。
(e) 可能な場合には常に、保護観察、調停、地域奉仕命令または自由剥奪刑の執行停止のような、自由の剥奪に代わる措置を実施すること。
(f) (審判前および審判後の) 自由の剥奪が最後の手段として、かつ可能なかぎり短い期間で適用されること、および、自由の剥奪がその中止の観点から定期的に再審査されることを確保すること。
(g) 自由を奪われた子どもが、審判前の身体拘束の時期も含め、成人とともに収容されず、かつ教育にアクセスできることを確保すること。
(i)〔(h)〕 少年司法制度に関わるすべての専門家が関連の国際基準に関する研修を受けることを確保すること。

マイノリティまたは先住民族の集団に属する子ども

86. アイヌ民族の状況を改善するために締約国がとった措置には留意しながらも、委員会は、アイヌ、コリアン、部落その他のマイノリティの子どもが引き続き社会的および経済的周縁化を経験していることを懸念する。
87. 委員会は、締約国に対し、民族的マイノリティに属する子どもへの差別を生活のあらゆる分野で解消し、かつ、条約に基づいて提供されるすべてのサービスおよび援助に対し、このような子どもが平等にアクセスできることを確保するため、あらゆる必要な立法上その他の措置をとるよう促す。

9. フォローアップおよび普及

フォローアップ

88. 委員会は、とくに、これらの勧告を高等〔最高〕裁判所、内閣および国会の構成員ならびに適用可能な場合には地方政府に送付して適切な検討およびさらなる行動を求めることにより、これらの勧告が全面的に実施されることを確保するためにあらゆる適切な措置をとるよう勧告する。

総括所見の普及

89. 委員会はさらに、条約、その実施および監視に関する意識を促進する目的で、第3回定期報告書、締約国が提出した文書回答およびこの総括所見を、公衆一般、市民社会組織、メディア、若者グループ、専門家グループおよび子どもたちが、インターネット等も通じ、日本の言語で広く入手できるようにすることを勧告する。

次回報告書

90. 委員会は、締約国に対し、第4回・第5回統合報告書を2016年5月21日までに提出するように求める。報告書は120ページを超えるべきではなく（CRC/C/118参照）、かつこの総括所見の実施に関する情報が記載されるべきである。
91. 委員会はまた、締約国に対し、2006年6月の第5回人権条約機関委員会間会合で承認された統一報告ガイドライン（HRI/MC/2006/3）に掲げられた共通コア・ドキュメントについての要件にしたがい、最新のコア・ドキュメントを提出するよう求める。

※　日本語仮訳：子どもの権利条約NGOレポート連絡会議。〔　〕は訳者による補足。

子どもの売買、子ども買春および子どもポルノグラフィーに関する子どもの権利条約の選択議定書第12条第1項に基づいて締約国が提出した報告書の検討

CRC/C/OPAC/JPN/CO/3
2010年6月22日
原文：英語
子どもの権利委員会第54会期
2010年5月25日〜6月11日

1. 委員会は、2010年5月28日に開かれた第1513回会合（CRC/C/SR.1513参照）において日本の第1回報告書（CRC/C/OPSC/JPN/1）を検討し、2010年6月11日に開かれた第1541回会合において以下の総括所見を採択した。

序

2. 委員会は、締約国の第1回報告書および事前質問事項（CRC/C/OPSC/JPN/Q/1/Add.1）に対する文書回答の提出を歓迎するとともに、部門を横断した代表団との建設的対話に謝意を表する。
3. 委員会は、締約国に対し、この総括所見は、2010年6月11日に採択された、条約に基づく締約国の第3回定期報告書についての総括所見（CRC/C/JPN/CO/3）および武力紛争への子どもの関与に関する子どもの権利条約の選択議定書に基づく第1回報告書についての総括所見（CRC/C/OPAC/JPN/CO/1）とあわせて読まれるべきであることを想起するよう求める。

Ⅰ．一般的所見

積極的側面

4．委員会は、以下の点に評価の意とともに留意する。
  (a) インターネット上の出会い系サイトを通じた子どもの性的搾取と闘うため、2003年6月に出会い系サイト規制法が制定されたこと。
  (b) 人身取引被害者が退去強制の対象とされないことを確保するため、2005年6月に出入国管理及び難民認定法が改正されたこと。
  (c) 「人身取引対策行動計画2009」が策定されたこと。
  (d) 国連児童基金が推進する「旅行および観光における性的搾取から子どもを保護するための行動規範」（2005年）に旅行・観光業界の代表が署名したこと。

Ⅱ．データ

データ収集

5．選択議定書違反を構成する行為に関連した検挙件数についての締約国の情報は認知しながらも、委員会は、子どもの売買、子ども買春および子どもポルノグラフィーの発生状況を被害児の人数の観点から明らかにしたデータ（年齢、性別、民族的集団および所在ごとに細分化されたもの）が存在しないこと、および、選択議定書が対象としている特定の分野に関する調査研究が行なわれていないことを懸念する。

6．委員会は、締約国が、選択議定書が対象とする犯罪に関する調査研究を実施し、かつこれらの犯罪を登録する中央データベースを設けるとともに、このようなデータが体系的に収集され、かつとくに被害者の年齢、性別、民族的集団および所在ごとに細分化されることを確保するよう勧告する。このようなデータは政策の実施状況を測定するために必要不可欠な手段だからである。また、罪種別に細分化された、訴追および有罪判決の件数に関するデータも収集されるべきである。

Ⅲ．実施に関する一般的措置

立法

7．委員会は、この分野における現行法の多さにもかかわらず、国内法と選択議定書の規定との調和が限定されたままであり、かつ子どもの売買が具体的罪名に含まれていないことを懸念する。

8．委員会は、締約国が、国内法を選択議定書と調和させるプロセスを引き続き進め、かつ完了させるよう勧告する。

9．委員会は、締約国に対し、選択議定書に掲げられた子どもの売買に関する規定を十分

に実施するためには、立法において子どもの売買(この概念は人身取引に似てはいるものの同一ではない)に関わる義務が充足されていなければならないことを想起するよう求める。

国家的行動計画
10. 2001年に「児童の商業的性的搾取に対する国内行動計画」が採択されたことおよび「人身取引対策行動計画」(2009年)が存在することには留意しながらも、委員会は、2つの行動計画の関係、その効果、および、これらの行動計画において選択議定書のすべての分野が対象とされているか否かに関する情報が存在しないことに留意する。
  (a) 委員会は、締約国が以下の措置をとるよう勧告する。
    (i) 選択議定書のあらゆる規定を考慮しながら、これらの行動計画の実施の調和を図り、かつすべての子どもの包括的保護を確保する目的で、これらの行動計画を見直し、かつ必要な場合には改訂すること。
    (ii) 子どもおよび市民社会を含む関係当事者と協議しながらこれらの行動計画を実施すること。
    (iii) 行動計画に対して十分な人的資源および財源が提供されること、および、具体的な、期限の定められたかつ測定可能な目標が行動計画に掲げられることを確保するとともに、これらの行動計画を広く普及し、かつその実施状況を監視すること。
11. これとの関連で、締約国は、それぞれ1996年、2001年および2008年にストックホルム、横浜およびリオデジャネイロで開催された第1回、第2回および第3回子どもの〔商業的〕性的搾取に反対する世界会議で採択された、宣言および行動アジェンダならびにグローバル・コミットメントを考慮に入れるよう促される。

調整および評価
12. 委員会は、選択議定書の実施および関連の活動の調整を担当する機構が存在しないことに懸念を表明する。
13. 委員会は、締約国が、選択議定書の効果的実施および国と地方の公的機関間の調整の強化を確保するための十分な財源および人的資源を備えた調整機関を設置するよう勧告する。

普及および研修
14. 委員会は、選択議定書の規定に関する意識啓発活動が不十分であることに、懸念とともに留意する。
15. 委員会は、締約国が以下の措置をとるよう勧告する。
  (a) 選択議定書の規定が、とくに学校カリキュラムおよびキャンペーンを含む長期的な意識啓発プログラムを通じ、とくに子ども、その家族およびコミュニティを対象として広く普及されることを確保すること。

(b) 選択議定書第9条第2項にしたがい、選択議定書に掲げられた犯罪の有害な影響および被害者が利用可能な救済手段についての意識を、研修および教育キャンペーンを通じ、子どもを含む公衆の間で促進すること。
　　(c) 選択議定書に関連する諸問題についての意識啓発活動および研修活動を支援するため、市民社会組織およびメディアとの協力を発展させること。
16. 委員会は、法執行機関および矯正機関を除き、選択議定書に関する専門家の研修が不十分であることを懸念する。
17. 委員会は、締約国が、選択議定書が対象とする犯罪の被害を受けた子どもとともに活動するあらゆる専門家集団を対象とした、選択議定書の規定に関する体系的なかつジェンダーに配慮した教育および研修を強化するよう勧告する。

資源配分
18. 委員会は、締約国報告書に、とくに犯罪捜査、法的援助ならびに被害者のための身体的および心理的回復措置との関係で、選択議定書を実施するための資源の配分に関する情報が記載されていないことを懸念する。
19. 委員会は、締約国に対し、調整、防止、促進、保護、ケア、捜査および選択議定書が対象とする行為の抑止のため、関連の公的機関および市民社会組織に対する十分な予算配分を確保するよう奨励する。そのための手段には、選択議定書の規定に関わるプログラムの実施、とくに犯罪捜査、法的援助ならびに被害者の身体的および心理的回復ならびに社会的再統合に使途を指定したうえで人的資源および財源を配分することも含まれる。

独立の監視
20. 委員会は、国レベルで選択議定書の実施を監視する独立機構が存在しないことに懸念を表明する。これとの関連で、委員会は、5つの自治体で子どもオンブズパーソンが任命されているという締約国の情報に留意するものである。しかしながら委員会は、これらのオンブズパーソンの権限および職務、その独立性および効果的活動を確保するために利用可能な財源その他の資源、ならびに、2002年の人権擁護法案に基づいて設置予定の人権委員会との関係のあり方の構想に関する情報が存在しないことを遺憾に思う。
21. 委員会は、締約国が以下の措置をとるよう勧告する。
　　(a) 早期に人権擁護法案を通過させ、かつ国内機関の地位に関する原則（パリ原則）にしたがった国家人権委員会を設置できるようにするとともに、同委員会に対し、条約の実施を監視し、苦情を受け付けてそのフォローアップを行ない、かつ子どもの権利の組織的侵害を調査する権限を与えること。
　　(b) 次回の報告書において、〔子ども〕オンブズパーソンに与えられた権限、職務および資源についての情報を提供すること。
　　(c) 独立した国内人権機関の役割に関する委員会の一般的意見2号（2002年）を考慮す

ること。
22. 5つの自治体で子どもオンブズパーソンが任命されているという締約国の情報に評価の意とともに留意しながらも、委員会は、選択議定書の実施を監視する国の機構が存在しないこと、および、それ以外の自治体ではオンブズパーソンが活動していないことを懸念する。
23. 委員会は、締約国が、選択議定書の実施を監視するための国レベルの機構が国内機関の地位に関する原則（パリ原則）にしたがって設置されること、および、現在オンブズパーソン事務所が活動していない自治体においてオンブズパーソンが任命されることを確保するよう勧告する。

市民社会
24. 委員会は、選択議定書の実施に関わるあらゆる分野で、締約国による市民社会との協力および連携の水準が低いことを遺憾に思う。
25. 委員会は、締約国に対し、選択議定書が対象とするあらゆる事柄について市民社会との連携を強化するよう奨励する。そのための手段には、選択議定書違反の被害を受けた子どもに十分なサービスを提供しようとしている非政府組織を支援すること、および、政策およびサービスの発展および監視における非政府組織の役割を促進することなどが含まれる。

IV．子どもの売買、子ども買春および子どもポルノグラフィーの防止
（第9条第1項および第2項）

選択議定書に掲げられた犯罪を防止するためにとられた措置
26. 委員会は、子どもポルノグラフィーおよび子ども買春と闘うために締約国が行なっている努力を歓迎する。しかしながら委員会は、これらの犯罪が蔓延していることに鑑み、防止措置が依然として不十分であることを懸念するものである。さらに委員会は、選択議定書に掲げられた犯罪をともなう組織犯罪と闘うためにとられた措置についての詳しい情報が存在しないことに留意する。
27. 委員会は、締約国が以下の措置をとるよう奨励する。
   (a) 近隣諸国との連携および2国間協定等も通じ、子どもの売買、子ども買春および子どもポルノグラフィーを防止するための努力を強化すること。
   (b) これらの犯罪を、とくに国境を越えて遂行することを容易にしている技術的進歩を考慮に入れながら、組織犯罪と闘うための行動計画の採択を検討すること。
   (c) 国連・国際組織犯罪防止条約（2000年）の批准を検討すること。
28. 子どもポルノグラフィーの所持が必然的に子どもの性的搾取の帰結であることに鑑み、委員会は、児童買春・児童ポルノ禁止法第7条第2項において児童ポルノを「特定少数の

者に提供する目的で」所持することが犯罪化されているとはいえ、子どもポルノグラフィーの所持が依然として合法であることに懸念を表明する。
29. 委員会は、締約国に対し、選択議定書第3条第1項(c)にしたがって子どもポルノグラフィーの所持を犯罪に含めるために法律を改正するよう、強く促す。

Ⅴ．子どもの売買、子ども買春および子どもポルノグラフィーならびに関連する事項の禁止
（第3条、第4条第2項および第3項、第5条、第6条および第7条）

現行刑事法令

30. 委員会は、選択議定書に掲げられた犯罪が、選択議定書第2条および第3条にしたがって締約国の刑事法で全面的に網羅されていないこと、および、とくに子どもの売買の定義が定められていないことを懸念する。
31. 委員会は、締約国が、刑法を改正して選択議定書第2条および第3条と全面的に一致するようにするとともに、刑法が実際に執行されること、および、不処罰を防止するために加害者を裁判にかけることを確保するよう勧告する。とくに、締約国は以下の行為を犯罪化するべきである。
   (a) 性的搾取、営利目的の子どもの臓器移植もしくは強制労働に子どもを従事させることを目的として、いかなる手段によるかは問わず、子どもを提供し、引き渡しまたは受け取ること、または、養子縁組に関する適用可能な国際法文書に違反し、仲介者として不適切な形で子どもの養子縁組への同意を引き出すことによる、子どもの売買。
   (b) 子ども買春の目的で子どもを提供し、入手し、周旋しまたは供給すること。
   (c) 子どもポルノグラフィーを製造し、流通させ、配布し、輸入し、輸出し、提供し、販売しまたは所持すること。
   (d) これらのいずれかの行為の未遂および共謀またはこれらのいずれかの行為への参加。
   (e) これらのいずれかの行為を広告する資料の製造および配布。
32. 委員会は、出会い系サイト規制法の目的は子ども買春を容易にする出会い系サイトの利用を根絶するところにあるとはいえ、他のタイプのウェブサイトが法律で同様の規制対象とされていないことを懸念する。
33. 委員会は、締約国が、あらゆるインターネット・サイトを通じた子ども買春の勧誘を禁止する目的で、出会い系サイト規制法を改正するよう勧告する。
34. 委員会は、選択議定書に掲げられた犯罪のさまざまな要素に対応するための措置を歓迎しながらも、子ども買春の被害者が犯罪者として扱われる可能性があることを懸念する。
35. 委員会は、締約国が、法律を適切な形で改正することにより、選択議定書違反の被害者であるすべての子どもが犯罪者ではなく被害者として扱われることを確保するよう勧告

する。

公訴時効
36. 委員会は、刑事訴訟法において、選択議定書が対象とする犯罪の一部が短い時効期間の対象とされていることに、懸念とともに留意する。これらの犯罪の性質および被害者が申告をためらうことに鑑み、委員会は、刑事訴訟法で定められた時効期間のために不処罰が生じる可能性があることを懸念する。
37. 委員会は、締約国に対し、選択議定書に基づき犯罪を構成する行為についてすべての加害者が責任を問われることを確保する目的で、この〔時効に関わる〕規定の削除を検討し、またはこれに代えて時効期間の延長を検討するよう促す。

VI. 被害を受けた子どもの権利の保護
（第8条ならびに第9条第3項および第4項）

選択議定書で禁じられた犯罪の被害を受けた子どもの権利
および利益を保護するためにとられた措置

刑事司法制度上の保護措置
38. 委員会は、事情聴取のための別室が用意されていることおよび聴聞を非公開で行なえることを含め、刑事司法手続において子どもの被害者および証人の権利および利益を保護するためにとられている措置を歓迎する。しかしながら委員会は、選択議定書に基づく犯罪の被害者であって刑事手続で証人となる者が、刑事手続および司法手続全体を通じて十分な支援および援助を受けているわけではないことを懸念する。委員会はとくに、子どもが証言を要求される回数を制限するための公式な取り決めが不十分であること、および、口頭での証言に代えて録画による証言を使用することが刑事手続において認められていないことに懸念を表明する。
39. 委員会は、締約国が以下の措置をとるよう勧告する。
　(a) 繰り返し証言するよう求められることによって子どもがさらなるトラウマを受けることがないようにするため、この分野の専門家と協議しながら、証人となる被害者の子どもに支援および援助を提供するための手続を緊急に見直すとともに、その目的のため、当該手続において口頭での証言ではなく録画による証言を活用することを検討すること。
　(b) 選択議定書第8条第1項および「子どもの犯罪被害者および証人が関わる事案における司法についての国連指針」（国連経済社会理事会決議2005/20）にしたがい、18歳未満のすべての子どもを対象として、被害を受けた子どもの権利および利益を保護するための措置を、刑事訴訟法改正等も通じて強化すること。
　(c) 裁判官、検察官、警察官、および子どもの証人とともに活動するその他の専門家が、刑事手続および司法手続のあらゆる段階における、子どもにやさしい、被害者および証

人とのやりとりに関する研修を受けることを確保すること。

回復および再統合
40. 委員会は、カウンセリング・サービスの提供など締約国がこの点に関してとってきた措置にもかかわらず、選択議定書に基づく犯罪の被害者を対象とした身体的および心理的回復ならびに社会的再統合のための措置が依然として不十分であることを懸念する。
41. 委員会は、選択議定書第9条第3項にしたがい、とくに被害を受けた子どもに分野横断型の援助を提供することにより、かつ、適切な場合には被害者の出身国との連携および2国間協定を通じて身体的および心理的回復ならびに社会的再統合のための措置を強化するため、締約国が、使途指定による資源配分が行なわれることを確保するよう勧告する。

VII. 国際的援助および協力

国際協力
42. 委員会は、選択議定書で禁じられた性的その他の形態の搾取から子どもを保護することを目的とした多国間および2国間の活動およびプログラムに対し、締約国が財政的支援(バリ・プロセスへの支援および国際移住機関への財政援助を含む) を行なってきたことを称賛する。しかしながら委員会は、捜査ならびに刑事手続および犯罪人引渡手続との関係で締約国と他の関係諸国との間で結ばれている法的共助 (手続のために必要な証拠の入手に関する援助を含む) についての取り決めが十分ではないことを懸念する。
43. 委員会は、締約国が、選択議定書の規定に反して搾取された子どもの権利に、とくに防止措置ならびに被害者の身体的および心理的回復ならびに社会的再統合を促進することによって対応する活動への財政的支援を継続するよう、勧告する。委員会はまた、締約国が、法的共助に関して定められている条約その他の取り決めにしたがい、締約国と他の国々との調整を強化するようにも勧告する。

VIII. フォローアップおよび普及

フォローアップ
44. 委員会は、とくにこれらの勧告を関連の政府省庁、国会議員その他の関連の公的機関に送付して適切な検討およびさらなる行動を求めることにより、これらの勧告が全面的に実施されることを確保するためにあらゆる適切な措置をとるよう勧告する。

総括所見の普及
45. 委員会は、選択議定書、その実施および監視に関する意識を喚起する目的で、報告書

および締約国が提出した文書回答ならびに採択された関連の勧告(総括所見)を、公衆、市民社会組織、メディア、若者グループおよび専門家グループが広く入手できるようにすることを勧告する。さらに委員会は、締約国が、とくに学校カリキュラムおよび人権教育を通じ、選択議定書を子どもたちに周知させるよう勧告する。

IX. 次回報告書

46. 第12条第2項にしたがい、委員会は、締約国に対し、選択議定書の実施に関するさらなる情報を、子どもの権利条約に基づく第4回・第5回統合報告書(提出期限は2016年5月21日)に記載するよう要請する。

※　日本語仮訳：子どもの権利条約NGOレポート連絡会議。〔　〕は訳者による補足。

武力紛争への子どもの関与に関する子どもの権利条約の選択議定書第8条に基づいて締約国が提出した報告書の検討

CRC/C/OPAC/JPN/CO/3
2010年6月22日
原文：英語
子どもの権利委員会第54会期
2010年5月25日～6月11日

1. 委員会は、2010年5月28日に開かれた第1513回会合(CRC/C/SR.1513参照)において日本の第1回報告書(CRC/C/OPAC/JPN/1)を検討し、2010年6月11日に開かれた第1541回会合において以下の総括所見を採択した。

序

2. 委員会は、締約国の第1回報告書および事前質問事項(CRC/C/OPAC/JPN/Q/1/Add.1)に対する文書回答の提出を歓迎するとともに、部門を横断した代表団との建設的対話に謝意を表する。

3. 委員会は、締約国に対し、この総括所見は、2010年6月11日に採択された、条約に基づく締約国の第3回定期報告書についての総括所見(CRC/C/ JPN/CO/3)および子どもの売買、子ども買春および子どもポルノグラフィーに関する子どもの権利条約の選択議定書に基づく第1回報告書についての総括所見(CRC/C/OPSC/JPN/CO/1)とあわせて読まれるべ

きであることを想起するよう求める。

Ⅰ．積極的側面

4．委員会は、子どもの権利、とくに武力紛争に関与しまたはその影響を受けている子どもの権利の分野で活動している国際機関に対する、締約国の財政的貢献を歓迎する。
5．委員会は、締約国がそれぞれ以下の文書に加入しまたはこれを批准したことを称賛する。
   (a) 1949年8月12日のジュネーブ諸条約の国際的な武力紛争の犠牲者の保護に関する追加議定書（議定書Ⅰ）（2004年8月31日）。
   (b) 1949年8月12日のジュネーブ諸条約の非国際的な武力紛争の犠牲者の保護に関する追加議定書（議定書Ⅱ）（2004年8月31日）。
   (c) 国際刑事裁判所ローマ規程（2007年7月17日）。

Ⅱ．実施に関する一般的措置

普及および研修
6．人権法および国際人道法の普及をともなう行事が軍隊のために開催されている旨の締約国の情報には留意しながらも、委員会は、締約国が、定期研修の一環としてまたは国際平和維持軍に参加するための準備において、自衛隊を対象として選択議定書の原則および規定に関する研修を行なっていないことに、懸念とともに留意する。委員会はまた、徴募されまたは敵対行為において使用された可能性のある子どもとともに活動する専門家のうち一部の職種に属する者が十分な研修を受けていないこと、および、選択議定書に関する公衆一般の意識が低いことも懸念する。
7．委員会は、選択議定書第6条第2項に照らし、締約国が以下の措置をとるよう勧告する。
   (a) 選択議定書の原則および規定が一般公衆および国の職員に対して広く周知されることを確保すること。
   (b) 軍の関係者全員が選択議定書の原則および規定に関する研修を受けることを確保すること。
   (c) 徴募されまたは敵対行為において使用された可能性のある子どもとともに活動するすべての関連の専門家集団、とくに教職員、医療従事者、ソーシャルワーカー、警察官、弁護士、裁判官およびジャーナリストを対象として、選択議定書の規定に関する意識啓発、教育および研修のための体系的プログラムを発展させること。

データ
8．委員会は、締約国が、子どもの難民（保護者がいるか否かを問わない）の人数、および、締約国の領域内にいるこのような子どものうち徴募されまたは敵対行為において使用された者

の人数に関するデータを収集していないことを遺憾に思う。委員会はまた、自衛隊生徒の応募者の社会経済的背景に関する情報が存在しないことにも留意する。
9. 委員会は、締約国に対し、根本的原因を明らかにしかつ防止措置を整える目的で、締約国の領域内にいる子どものうち徴募されまたは敵対行為において使用された者を特定しかつ登録するための中央データシステムを設置するよう促す。委員会はまた、締約国が、そのような慣行の被害を受けた子どもの難民および庇護希望者に関する、年齢、ジェンダーおよび出身国ごとに細分化されたデータが利用可能とされることを確保するようにも勧告する。委員会は、締約国に対し、条約に基づく次回の定期報告書において、自衛隊生徒として採用された者の社会経済的背景に関する情報を提供するよう求める。

III. 防止

人権教育および平和教育

10. 委員会は、平和教育との関連も含め、あらゆる段階のあらゆる学校のカリキュラムで締約国が提供している具体的な人権教育についての詳しい情報が存在しないことに、懸念とともに留意する。
11. 委員会は、締約国が、すべての児童・生徒を対象とする人権教育およびとくに平和教育の提供を確保するとともに、これらのテーマを子どもの教育に含めることについて教職員を研修するよう勧告する。

IV. 禁止および関連の事項

立法

12. 委員会は、選択議定書に違反する行為を訴追する目的で児童福祉法、戸籍法および労働基準法のような法律を活用できる場合があるという締約国の情報に留意する。委員会はまた、締約国から提供された、このような行為は刑法上のさまざまな罪名で告発できる旨の情報にも留意する。しかしながら委員会は、軍隊もしくは武装集団への子どもの徴募または敵対行為における子どもの使用を明示的に犯罪化した法律が存在せず、かつ敵対行為への直接参加の定義も存在しないことを依然として懸念する。
13. 子どもの徴募および敵対行為における子どもの使用を防止するための国際的措置をさらに強化するため、委員会は、締約国に対し、以下の措置をとるよう促す。
    (a) 刑法を改正し、選択議定書に違反して子どもを軍隊または武装集団に徴募すること、および敵対行為において子どもを使用することを明示的に犯罪化する規定を含めること。
    (b) 軍のすべての規則、教範その他の訓令が選択議定書の規定にしたがうことを確保すること。

裁判権
14. 委員会は、締約国の法律に、選択議定書違反の行為に関する締約国の域外裁判権の推定について定めた規定が存在しないことに留意する。
15. 委員会は、選択議定書上の犯罪を構成する行為についての域外裁判権を確立するため、締約国が国内法を再検討するよう勧告する。

V. 保護、回復および再統合

身体的および心理的回復のための援助

16. 委員会は、国外で徴募されまたは敵対行為において使用された可能性がある子ども（子どもの難民および庇護希望者を含む）を特定するためにとられた措置が不十分であること、および、そのような子どもの身体的および心理的回復ならびに社会的再統合のための措置も不十分であることを遺憾に思う。
17. 委員会は、締約国が、とくに以下の措置をとることにより、日本にやってきた子どもの庇護希望者および難民のうち国外で徴募されまたは敵対行為において使用された可能性がある者に保護を提供するよう勧告する。
    (a) 子どもの難民および庇護希望者のうち徴募され、または敵対行為において使用された可能性がある者を、可能なかぎり早期に特定すること。
    (b) このような子どもの状況のアセスメントを慎重に行なうとともに、選択議定書第6条第3項にしたがい、その身体的および心理的回復ならびに社会的再統合のための、子どもに配慮した分野横断的援助を提供すること。
    (c) 移民担当機関内に特別訓練を受けた職員が配置されることを確保するとともに、子どもの帰還に関わる意思決定プロセスにおいて子どもの最善の利益およびノン・ルフールマンの原則が第一次的に考慮されることを確保すること。これとの関連で、委員会は、締約国が、出身国外にあって保護者のいない子どもおよび養育者から分離された子どもの取り扱いに関する委員会の一般的意見6号（2005年）、とくにパラ54～60に留意するよう勧告する。

VI. フォローアップおよび普及

18. 委員会は、締約国が、とくにこれらの勧告を、防衛省をはじめとする関連の政府省庁、国会議員その他の関連の公的機関に送付して適切な検討およびさらなる行動を求めることにより、これらの勧告が全面的に実施されることを確保するためにあらゆる適切な措置をとるよう勧告する。
19. 委員会は、選択議定書、その実施および監視に関する意識を促進する目的で、締約国

が提出した第1回報告書および委員会が採択した総括所見を、公衆一般およびとくに子どもたちが広く入手できるようにすることを勧告する。

VII. 次回報告書

20. 第8条第2項にしたがい、委員会は、締約国に対し、選択議定書およびこの総括所見の実施に関するさらなる情報を、条約第44条にしたがい、子どもの権利条約に基づく第4回・第5回統合報告書(提出期限は2016年5月21日)に記載するよう要請する。

※ 日本語仮訳:子どもの権利条約NGOレポート連絡会議。〔 〕は訳者による補足。

国連・子どもの権利委員会総括所見比較表（第1回～第3回）

作成：子どもの権利条約NGOレポート連絡会議（2010年7月）

分野	項目	総括所見(勧告)内容	第1回	第2回	第3回	他の人権条約委員会の関連勧告
実施に関する一般的措置	前回の勧告	前回の勧告の実施		7	8	
	宣言・留保	留保の撤回	28	9	10	
		解釈宣言の撤回	28	9		
	立法	国内裁判所における人権条約の援用	29			
		（権利基盤アプローチによる）立法の包括的見直し・改正		11	12	
		子どもの権利に関する包括的法律の検討			12	
	条約実施の調整	調整の強化	30			
		調整機関の設置			14	
		市民社会との協力			14	
	国家的行動計画	包括的な子ども政策・行動計画	30	13a	16	
		政策に対する権利基盤アプローチ		13a	16	
		子どもや市民社会との協議・連携		13	16	
		「子どもにふさわしい世界」（2002年）の考慮		13a	16	
	独立した監視	子どもの権利に関する独立した監視機構の設置	32	15a		
		パリ原則にしたがった、子どもの権利侵害に対応できる人権委員会の設置		15ab	18a	CCPR9 CEDAW24 CESCR38 CERD12
		一般的意見2号の考慮		15	18c	
		人権委員会・子どもオンブズパーソンの詳細に関する情報提供			18b	
		地方オンブズマンの設置の促進		15c		
		人権委員会・地方オンブズマンへの人的・財政的支援		15d		
	資源配分	0～18歳の子どもに用いられている国家予算の額および割合の特定		17		
		子どもの権利保障のための予算の検討・確保			20a-c	
		政策の成果をフォローアップするシステムの確立			20d	
		予算への市民社会・子どもの協議の機会の確保			20e	
	データ収集	データ収集機構の強化、追加的なデータ収集機構の設置	31	17	22	CERD17

第1部　子どもの権利条約第3回日本報告審査と総括所見

		子どもの権利の進展・政策効果を評価する指標の開発	31		22	
	広報・研修・意識啓発	条約（とくに子どもの権利主体性）に関する意識啓発キャンペーン	33	21a	24	
		子どもに関わる専門職への体系的な教育・研修	33	21b	24	CESCR35
		マイノリティの言語への条約の翻訳	33			
		意識啓発キャンペーン・研修・教育プログラムの子どもへの影響評価		21c		
		学校カリキュラムへの人権教育・子どもの権利教育の推進	33 44	21d		
		親を対象とした意識啓発			24 51	
	市民社会との協力	市民社会との制度的協力	34	19	26	CERD10
	子どもの権利と企業セクター	企業の社会的・環境的責任に関する規制の確立・実施			28	
	国際協力	ODAに関する国際的達成目標へのコミットメントの再検討			30	
		供与相手国の総括所見・勧告の考慮			30	
子どもの定義		女子の最低婚姻年齢の引き上げ	35	23a	32	CCPR11 CEDAW18
		性的同意の最低年齢の引き上げ		23b		CCPR14・27 CEDAW18
一般原則	差別の禁止	包括的な差別禁止法の制定			34a	
		婚外子を差別する法律の改正	35		25	CCPR28 CEDAW18 CESCR41
		差別されやすい状況に置かれた子どもに対する差別の防止のための措置	35		25 34b 73 87	CCPR31・32 CEDAW22 CERD17・19・20・21
		ダーバン宣言・行動計画のフォローアップ			26	CERD28
		強かん被害者へ男女を問わず同一の保護を保障する刑法改正		52a	36	CEDAW14
	子どもの最善の利益	子どもの最善の利益の原則の全面的実施	35		38	
		子どもケア・保護機関でのサービス基準の発展と遵守			40ab	
	生命・生存・発達の権利	若者の自殺についての研究実施、国家的行動計画の策定、防止措置の実施	42	48	42	
		子ども施設の最低安全基準の遵守			42	

	子どもの意見の尊重	あらゆる場面における全面的な意見表明権の確保と参加の促進	35	28a	44	
		意見表明・参加権の子どもへの周知		28a		
		親・教育者・行政職員・司法関係者・社会一般に対する教育的情報の提供		28b		
		政策効果、子どもへの影響の定期的検討		28c		
		学校・施設において政策を決定する会議等に対する子どもの制度的参加		28d		
市民的権利・自由	名前・出生登録・国籍	出生登録の確保および無国籍の防止のための法改正		32	46a	CERD27
		無国籍者の地位に関する条約・無国籍の削減に関する条約の批准			46b	
	表現・結社の自由	学校内外での生徒の活動を規制する法令および団体加入に関する親の同意要件の見直し		30		
	プライバシーの権利	プライバシーに対する子どもの権利の全面的実施	36	34a		
		児童福祉施設最低基準の改正		34b		
	適切な情報へのアクセス	電子メディア・視聴覚メディアの有害な影響からの保護	37			
	体罰等、子どもに対する暴力	体罰・あらゆる形態の品位を傷つける取り扱いの法律による明示的な禁止	45	36a	48a	
		体罰禁止の効果的実施			48b	
		学校・施設・家庭での積極的かつ非暴力的な形態の規律・しつけの促進	45	36b	48c 57a	
		施設・学校の子どもを対象とした苦情申立てのしくみの強化		36c		
		子どもに対する暴力に関する国連研究のフォローアップ			49	
家庭環境・代替的養護	家庭環境	家族支援の強化（ワーク・ライフ・バランスの促進等）			51	CEDAW48
		不利な立場に置かれた子ども・家族への優先的な支援			51	
	児童虐待	詳しい情報・データの収集	40			
		児童虐待の防止のための分野横断的な国家戦略の策定		38a		
		容易にアクセスできる、子どもにやさしい苦情申立て制度の確立	40	38d		
		虐待を受けた子どもの保護措置を改善		38b	57b	
		児童相談所の回復サービスを提供する専門家の増員		38c		
		専門家への子どもに配慮した方法に関する研修強化		38d		CCPR14

		虐待の適切な調査、加害者に対する制裁、決定の広報	40			
		否定的影響に関する公衆プログラム・虐待防止プログラムの実施			57a	
	親のケアを受けていない子ども	家庭的な代替的養護の提供、強化	39		53a	
		代替的養護現場の適切な最低基準の遵守			53b	
		代替的養護現場での児童虐待の調査および責任者の訴追、適切な回復援助へのアクセスの確保			53c	
		里親への金銭的援助の提供			53d	
		子どもの代替的養護に関する国連指針の考慮			53e	
	養子縁組	すべての養子縁組への司法的チェック、すべての子どもの登録機関の維持（監視制度の強化）	38	40a	55a	
		養子縁組における子どもの保護・協力に関するハーグ条約の批准・実施	38	40b	55b	
	子どもの奪取	国際的な子どもの奪取の民事面に関するハーグ条約の批准・実施		42		
基礎保健・福祉	障がいのある子ども	子どもを全面的に保護するための法律改正、監視システムの確立			59a	
		政策の見直し		44a		CESCR52
		インクルージョン・参加を確保するコミュニティを基盤としたサービスの提供			59b	
		障がいに対する態度・認識、インクルージョンの奨励、意見表明権を促進する意識啓発キャンペーンの実施	41		59c	
		教育・レクリエーション活動・文化的活動へのいっそうの統合	41	44b		
		インクルーシブ教育のための学校の整備、学校選択または普通学校と特別支援学校間を移行できることの確保			59e	
		特別な教育・サービスに配分される人的・財政的資源の増加		44c	59d	
		専門的職員への研修			59g	
		NGOへの援助			59f	
		一般的意見9号、障がいのある人の機会均等化に関する国際基準規則の考慮	41	44a	59h	
		障がい者の権利条約、選択議定書の批准			59i	
	思春期の子どもの健康（メンタルヘルス）	思春期の子どもの健康に関する研究の実施		46a		
		青少年の情緒的・心理的ウェルビーイングの問題への学際的アプローチによる効果的措置			61	

第4章　総括所見

73

		ADHDの診断数推移の監視と独立した調査研究			61	
		子どもが親の同意なく医療上の相談・情報にアクセスできるよう法律改正		46b		
		思春期の精神障がい・情緒障がい予防のためのプログラム策定・実施		46c		CEDAW50
		専門家への思春期の精神的健康の問題に関する研修確保		46c		
	保健サービス	児童相談所システムと作業方法に対する独立した調査および報告			63	
	HIV／AIDS	学校におけるリプロダクティブ・ヘルス教育の確保	42		65	CEDAW50
		性感染症予防プログラムへの青少年のアクセスの確保			65	CEDAW50
	十分な生活水準に対する権利	貧困根絶のための適切な資源配分			67	
		子どもの権利等を考慮に入れた貧困削減戦略の策定			67	
		家族に対する金銭的その他の支援の効果の監視			67	
	子どもの扶養料の回復	扶養義務が効果的に回復されることを確保する法律・措置実施の強化			69a	
		扶養料回復のための新たな機構の設置			69b	
		ハーグ34号条約の批准			69c	
教育、余暇および文化的活動	教育	競争的性質を緩和する目的での学校制度・大学教育制度の見直し	43	50a	71	CESCR58
		一般的意見1号の考慮			71	
		いじめを含む暴力に効果的に対応するための措置の発展	45	50b	71	
		代替的形態の教育の拡大		50c		
		マイノリティの子どもの文化の享受、宗教の実践、言語の使用機会の拡大		50d		CESCR60 CERD22・25
		外国人学校への補助金増額、大学入試へのアクセスにおける差別是正			73	
		ユネスコ・教育差別禁止条約の批准			73	
		検定教科書の歴史的出来事に関するバランスのとれた見方の確保		50e	75	CESCR59
	遊び・余暇・文化的活動	子どもの遊び時間その他の自主活動を促進するための取り組みの支援			76	
	保護者のいない難民の子ども	庇護希望者の子どもの収容防止・ケア等のための即時的措置			78a	
		子どもの権利を第一次的に考慮した庇護申請処理、後見人・法定代理人の任命、親の所在の追跡			78b	
		難民保護の分野における国際基準の尊重			78c	

特別な保護措置	人身取引	人身取引に対応する措置の効果的監視			80a	CEDAW40
		被害者の回復支援の提供			80b	CEDAW40
		行動計画の実施に関する情報提供			80c	
		国際組織犯罪防止条約・人身取引議定書の批准			80d	CEDAW40
	性的搾取	性的搾取・性的虐待に関する法律の改正		52a		CEDAW34・36 CESCR43
		包括的な行動計画の策定・実施	46			
		回復援助のサービス提供の強化		52b	82	CEDAW40
		専門家への子どもに配慮した方法に関する研修強化		52c		CCPR14
		性的サービスの勧誘・提供を行なう者を対象とした防止措置の発展		52d		
		性的同意に関する最低年齢の引き上げ		52e		CCPR14・27 CEDAW18
	薬物・有害物質からの保護	薬物・有害物質の濫用の防止の努力強化	47			
		犠牲となった子どもへの社会復帰プログラムの支援	47			
	少年司法	37条、40条、39条、一般的意見10号、北京規則、リヤド・ガイドライン、ハバナ規則等の国際基準と一致させるよう少年司法制度の再検討	48	54a	85	
		少年に対する終身刑の廃止（注：日本には「終身刑」は存在しない）		54b		CCPR16
		非行防止措置とスティグマ回避措置			85a	
		問題行動を抱えた子どもが犯罪者として取り扱われないことの確保		54f		
		刑事手続適用の最低年齢の引き上げ			85b	
		身体拘束に代わる手段の利用の増強	48	54c	85ef	CCPR18
		自由を奪われた子どもの成人と区別された収容、教育へのアクセス確保			85g	
		16歳以上の子どもの事件を成人刑事裁判所に移送できる実務の廃止		54d		
		子どもが専門裁判所のみで対応されることの確保（裁判員制度の見直し）			85c	
		法律に触れた子どもに対する法的援助の提供		54e	85d	
		リハビリテーション・再統合のためのプログラム強化		54g		
		専門家への国際基準に関する研修の確保			85i	

	マイノリティ・先住民族の集団に属する子ども	差別の解消、平等にサービスへのアクセスを保障する立法上措置	35	25	34b 87	CCPR32 CERD20・21・22・25
議定書	選択	２つの選択議定書の批准		56		
フォローアップ		勧告の全面的実施の確保			88	
普及	文書	定期報告書・文書回答・関連の議事要録・総括所見を含む報告書の刊行	49	57	89	

※ CCPR：自由権規約委員会（2008年10月）／CESCR：社会権規約委員会（2001年8月）／CEDAW：女性差別撤廃委員会（2009年8月）／CERD：人種差別撤廃委員会（2010年4月）

※ 数字は該当するパラグラフを示す。

第2部
子どもの権利条約
総括所見の実施

第1章

子どもの権利条約
第3回総括所見の実施

I　差別の禁止

1　婚外子差別の撤廃

土橋博子（「婚外子」差別に謝罪と賠償を求める裁判を支援する会）

(1)　条約遵守を怠り続ける日本国政府

　日本では批准した国際人権条約（自由権規約、女性差別撤廃条約、子どもの権利条約等）は、国内法に優位した拘束力をもち、自動執行力があるとされている。日本政府代表は、1998年の子どもの権利条約第1回政府報告書審査において、日本では条約が国内法に優位するという趣旨のことを表明している。そして、国連・子どもの権利委員会は第1回総括所見（1998年6月）に引き続いて、第2回総括所見（2004年2月）においても、日本の法制度等における婚外子差別は条約違反であることを明らかにしている。

　第1回報告書審査においては、「委員会は、法律が、とくに出生、言語および障がいとの関わりで、条約が掲げるすべての事由に基づく差別から子どもを保護していないことを懸念する。委員会は、婚外子の相続権が婚内子の半分となると規定した民法第900条4号のような法律の規定が差別を明示的に容認していること、および、公的文書において婚外子としての出生が記載されることを、とりわけ懸念するものである」（パラ14）とし、日本の法制度に条約が許さない婚外子差別が規定されていることを明らかにしている。

　第2回報告書審査では、「委員会は、条約の原則と規定が国内法に全面的に反映されていないこと（たとえばこの総括所見のパラ22・24および31参照）、および、条約は裁判所で直接援用可能であるものの実際には援用されていないことを懸念する」とし（パラ10）、再び日本の法制度が条約に不適合であることを示した。そのうえで、「委員会は、法律で婚外子が差別されていること」への懸念を表明し（パラ24）、「締約国が、とくに相続ならびに市民権および出生登録に関わるいかなる婚外子差別も解消するために法律を改正するとともに、法令から『嫡出でない』といった差別

的用語を根絶するよう」勧告した(パラ25)。

　これらの総括所見にもかかわらず、日本政府は第3回報告書(2008年4月)において、「この規定(民法における相続分差別規定)は不合理な差別を設けたものではなく、本条約に違反するものとは考えていない」と述べている。

　しかし、国際人権条約は非差別原則をとり、「合理的差別」という概念は排斥されている。すでに、社会権規約委員会は第2回総括所見(2001年)において、「締約国が、差別禁止の原則は漸進的実現および『合理的な』または『合理的に正当化しうる』例外の対象となると解釈していることに懸念を表明する」(パラ12)としている。

　女性差別撤廃委員会は第6回総括所見(2009年)において、「婚外子とその母親に対する民法および戸籍法の差別的規定を撤廃するよう締約国に要請する」(パラ18)としたうえで、2年間の期限を設けてフォローアップの対象としている。フォローアップについての日本報告者であるシモノビッチ女性差別撤廃委員会委員は、期限まで1年となった2010年8月に来日し、各地で講演するとともに、玄葉男女共同参画大臣ら政府要人と面談した。講演では、条約には合理的な差別という概念はなく非差別原則をとることがあらためて強調された。また、嫡出概念の廃棄をめざすことは、女性差別撤廃委員会のめざすところと合致すると言明された。

　条約締結時に国内法を条約に適合させるという政府としての義務を怠り、条約委員会に否定された主張を繰り返すのは、不誠実でありかつ怠慢でしかない。

　婚外子を差別する法制度が条約違反であることは、自由権規約委員会が1993年に勧告して以来、自由権規約委員会が3度、子どもの権利委員会が2度、社会権規約委員会が1度、女性差別撤廃委員会が2度、すでに8度も勧告されている。

　日本政府は、今回の報告書審査においては、相続分差別は合理的であると繰り返す一方、現在開会中の国会においては、(相続分差別を撤廃するための)民法改正が予定法案とされていると発言した。当会は審査の休憩時間に、国会の会期末が半月後の6月半ばに迫るなか、閣内が不一致で法案上程のめどすら立っていないという国会情勢を伝えた。委員は一様に驚いた様子で、「われわれに何度婚外子差別の撤廃を勧告させるつもりなのか」、「よく教えてくれた。実にトリッキーだ」、「不誠実きわまりない」等の声を頂戴した。実際に、民法改正案は国会に上程されなかった。

　第3回総括所見においては、第2回総括所見における懸念および勧告の「多くが十分に実施されておらず、またはまったく対応されていないことを遺憾に思う。委員会は、この総括所見において、これらの懸念および勧告をあらためて繰り返す」(パラ7)、懸念と勧告に「包括的に対応するため、あらゆる努力を行なうよう促

す」(パラ8)とし、婚外子差別の撤廃を求める勧告が出された(パラ33・34)。国際社会からは、婚外子を差別する法制度等について、日本に対して、9度目の「ノー!」が突きつけられたことになる。

(2) 婚外子差別の撤廃

　1995年の最高裁大法廷決定は相続分差別規定について、「いまだ立法府に与えられた合理的な裁量判断の限界を超えていない」とするだけで、主文は条約について沈黙した。そもそも、1946年の民法改正時に、相続分差別は違憲であるとする主張があり、「本法は、可及的速やかに、将来において更に改正する必要があることを認める」という衆議院の附帯決議がなされている。その後、日本は、自由権規約・社会権規約を1979年、女性差別撤廃条約を1985年、子どもの権利条約を1994年に、それぞれ批准している。1993年には、自由権規約委員会は第3回総括所見で、「婚外子に関する差別的な法規定に対して、特に懸念を有するものである。特に、出生届及び戸籍に関する法規定と実務慣行は、規約第17条及び第24条に違反するものである。婚外子の相続権上の差別は、規約第26条と矛盾するものである」(パラ11)との勧告を下している。批准した国際条約が自動執行されるのであれば、1995年の時点においては、日本の裁判所は、婚外子に対する法制度上の差別について、条約違反を問わなければならなかったのである。

　国連・子どもの権利委員会は第1回総括所見において、「子どもの権利に関する条約が国内法に優位しかつ国内の裁判所で援用できるとはいえ、実際には、裁判所が国際人権条約一般およびとくに子どもの権利条約を判決の中で直接適用しないのが通例であることに、懸念とともに留意する」(パラ7)としている。

　最高裁は、2010年7月7日付けで、相続分差別規定を争う裁判を大法廷に回付した。違憲判断が下される可能性があるとの観測が報道されているが、最高裁の判断を待つまでもない。婚外子を差別する法制度の撤廃を条約批准時に遡って実施し、日本は条約を遵守することを国際社会に明らかにしなければならない。民法の規定は平等相続を妨げるものではないのに、条約に違反する差別を強行したことを肯定してはならない。第三者に影響を与えないようにするには、価額のみによる支払いなどの工夫をすれば解決できる。

　なによりも、婚外子当事者の人権条約上の権利回復が最優先事項である。その責任は日本政府にあり、政府はNGOなどと連携をとり、最低限として以下にあげることを効果的に実施しなければならない。

① 民法における相続分差別規定を直ちに撤廃する。
② 婚外子であることが特定できない戸籍編制・戸籍記載にする。

③　親の婚姻状況で、子どもを「嫡出」か否かの弁別をしない法制度とする。
④　婚外子に対するあらゆる形態の差別を根絶するための人権啓発を行なう。

　自由権規約第3回日本報告書審査における、サディ自由権規約委員の「われわれ（規約委員）は婚外子には（平等の保護のみではなく）付加的な保護を必要とするということにみな同意することができると思う」という発言は、国際人権標準をよく表している。しかし、日本においては、付加的な保護どころか、平等の保護すらなく、婚外子を差別する法制度を維持し続けている。もはや、相続分差別を法に定めているのは、日本とフィリピンの2か国のみといわれている。「人権の世紀」といわれる21世紀において、日本は世界の一員として、責任ある立場であることを放棄することは許されない。

（つちはし・ひろこ）

2　朝鮮学校に通う子どもたちの権利

宋 恵淑（在日本朝鮮人人権協会）

(1) 朝鮮学校に対する差別的処遇

　1945年の終戦直後、植民地時代に奪われた母国語と民族の文化を取り戻し子どもたちに継承したいという思いからスタートした朝鮮学校は、日本政府によるたび重なる朝鮮学校弾圧や閉鎖の危機を乗り越え、現在にいたる。しかし、いまもなお、朝鮮学校は料理学校や自動車教習所などと同じ学校教育法上の「各種学校」（学校教育法134条）にすぎないとして、日本政府は国庫による補助をしていない。一方、地方自治体においては1970年代頃から助成をするところが徐々に増えてきているが、その金額は自治体ごとに差はあるものの、全体として低い水準にとどまっている。その結果、朝鮮学校への助成額は、その保護者に対するものまで含めても日本の公立学校のおよそ10分の1、一般の私立学校と比べても3分の1から4分の1のレベルにすぎない。また教育施設への寄付に対する税制上の優遇措置も、日本の学校とは違って適用されないままとなっている。
　このような状況を打開すべく、朝鮮学校の保護者や教職員たちは1998年と2004年に続いて2010年の子どもの権利条約日本政府報告書審査においても、在日朝鮮人の子どもたちが自己の言語を学び、文化を享受する機会を奪われている状況について委員会にNGOレポートで報告するとともに、ジュネーブに赴き委員たちに問題提起した。

(2) ジュネーブで問われた朝鮮学校「高校無償化」除外問題

　朝鮮学校に通う子どもたちに関する問題は、前述した助成金の問題をはじめ朝

鮮学校の児童・生徒たちに対する嫌がらせ事件などがあるが、このたび委員会で俎上に乗せられたのは、2010年4月1日から施行されている「公立高等学校に係る授業料の不徴収及び高等学校等就学支援金の支給に関する法律」（以下、「高校無償化」）の対象から朝鮮学校が除外されている問題であった。

「高校無償化」には、「日本の社会全体で広く学びを支える」という理念から、高校段階に該当する外国人学校の生徒についても私立高と同額を支給する考えで予算も組まれていたものの、中井洽拉致担当大臣（当時）が2009年12月、拉致問題が進展しないことから朝鮮学校を除外するよう文部科学省側に要請するなどの動きがあり、2010年4月30日に文部科学省が告示した「高校無償化」が適用される外国人学校のリストから朝鮮学校は除外された。

このような差別的処遇を国連・子どもの権利委員会は見過ごさなかった。条約に対する報告書の審議時間は計6時間と限られていたが、朝鮮学校「無償化」除外問題はそのうち30分もの間取り上げられるなど、委員たちの関心を集めた。まずバルマー委員が、「高校無償化」の対象は原則的にすべての高等学校ではないのかと発言し、続いてフィラーリ委員が、「高校無償化」はすべての子どもたちが対象となっているのか、朝鮮学校は除外されているのかといった質問を投げかけ、クラップマン委員も、朝鮮学校のようなマイノリティの教育は子どもの権利条約に基づいて尊重されなければならないと発言した。

これに対する日本政府の回答は、「高校無償化」法の説明をただ繰り返し、外国人学校に関しては本国大使館を通じて日本の高校の課程に相当すると確認できた学校および国際評価機関の認定を受けた学校が「無償化」の適用を受け、それ以外の学校については別途「検討の場」を設け、2010年夏頃までに結論を得る予定である、というものであった。また、日本政府は最後まで朝鮮学校が除外されているとは認めず、除外の理由が朝鮮民主主義人民共和国と日本との間の政治的関係に基づくものであることにまったく言及しなかった。さらに日本政府は、「無償化」の適用対象である公立学校には朝鮮・韓国籍の学生も含まれている、韓国学校は「無償化」の適用対象であるなどと的外れな答弁を繰り返し、どうにかしてこの問題から逃れようとしていたように思われる。それは、子どもの権利条約の審査に先立って同年2月に行なわれた人種差別撤廃委員会から日本政府に出された総括所見において、その当時はまだ施行されていなかった「高校無償化」から朝鮮学校が除外されようとしていたことに対し、強く懸念が表されたことと無縁ではないだろう（第3〜6回総括所見パラ22(e)）。人権機関から再度の是正勧告が出されるのを避けたかった日本政府の必死さが答弁からにじみ出ていたように思われる。

(3) 総括所見で勧告された朝鮮学校に対する差別的施策の是正

　それでは、今回の総括所見では何が指摘されたのであろうか。

　総括所見では、「高校無償化」適用除外問題についての直接の言及はなされなかった。しかし、総括所見のパラグラフ87に書かれている、「条約に基づいて提供されるすべてのサービスおよび援助」にマイノリティの子どもが「平等にアクセスできることを確保」しなければならないとした勧告は、今回の日本政府による「高校

---

column

セクシュアル・マイノリティの子どもの権利

明智カイト（アクエリアス運営委員）

　今回のNGOレポートには、セクシュアル・マイノリティ（同性愛、性同一性障がい等の性的少数者）の子どもたちの状況を初めて書き込むことができた。

　同性指向や性別違和のある人たちは、人口の約3～5％ほど存在するといわれている。この統計からは、1つの教室に1人、セクシュアル・マイノリティの子どもが存在する可能性があるといえる。その多くは思春期にかけて性別違和や、まわりと違う性的指向を自覚し、おとなたちの知識不足や間違った思い込みから適切に受け止められないまま、否定的情報に晒されるため、自らの性を受け入れがたく感じ、苦悩することになる。教職員や同級生による無自覚なからかいやいじめも多く、また家庭においても多くの親が偏見をもったままであることから、どこにも相談できず、不登校、抑うつ、自傷、家出、自殺念慮、自殺企図へと深刻化していく。このようにセクシュアル・マイノリティの子どもたちは数多くのリスクを抱えている。

　わたしは当事者のひとりとして10代の頃から学校、家庭、社会の中でさまざまなリスクと向き合いながら生きてきた。NGOレポートの追加情報には、わたしの体験談も一緒に提出している。

　しかし残念ながら、総括所見でセクシュアル・マイノリティのことについての具体的な言及はなかった。今回、結果を出せなかった原因は、審査直前に追加情報を提出したこともあり、準備不足であったことが大きい。

　今の学校教育の中で、差別やいじめの被害に遭うリスクはどの子どもにも存在している。さまざまなリスクや困難を抱えているセクシュアル・マイノリティの目線から問題提起をしていくことは、他の子どもたちの安全を充実させていくことにもつながってくる。いじめ、不登校、自殺未遂などをどのように予防していくのか、被害に遭った子どものケアをどうするのか、そして「性」とどのように向き合っていくのかが問われている。次回の政府報告書作成が2016年にあるので、これからもわたしはひとつの課題として取り組んでいきたいと思う。

（あけち・かいと）

無償化」施策も当然含まれ、このような「サービスおよび援助」すなわち、「高校無償化」から朝鮮学校を除外しようとしている問題についての批判を暗に含んでいると考えられるであろう。

　朝鮮学校に対する公的補助における差別是正に関する問題は、過去2度の日本政府報告書審査において言及されたものの、その後発表された総括所見では触れられなかった。しかし今回の総括所見では、パラグラフ72において朝鮮学校や中華学校などに対する補助金が不十分であること、また、そのような学校の卒業生が日本の大学の入学試験を受けられない場合があることが懸念された。続くパラグラフ73では、日本政府に対し、外国人学校への補助金を増額し、かつ大学入試へのアクセスにおいて差別が行なわれないことを確保するよう奨励された。

　これまでさまざまな人権条約委員会から朝鮮学校への助成金の増額などを勧告した総括所見が繰り返し出されており、2008年には自由権規約委員会が「朝鮮語で教育を行う学校(朝鮮学校)に対して国の助成金を増額し、また朝鮮学校への寄付者に対しても他の私立学校への寄付者と同様の財政的利益を与えることにより適切な財源を保証し、また朝鮮学校の卒業証書を直接の大学入学資格として認めるべきである」と勧告した(第5回総括所見パラ31)。そして今回、国連・子どもの権利委員会からも補助金アップを求める勧告が出されたのである。微々たる公的補助しか受けられず、学校運営の費用を保護者からの負担という形に頼らざるをえない外国人学校の教育費は決して安いものではない。しかし、補助金が増額されることによって保護者の経済的負担の軽減が図られれば、経済的な足かせが取り除かれ、より多くのマイノリティ集団に属する子どもたちが外国人学校で自己の言語、文化、歴史を学ぶ機会を得られることになる。このことを鑑みると、国連・子どもの権利委員会は補助金の増額を単にお金の問題ではなく、マイノリティの子どもたちが自己の言語、文化を学ぶための「学習権」の問題として捉え、その差別是正を勧告したと考えられる。このことは非常に大きな意味をもつ。

(4)　差別是正に向けて

　在日朝鮮人の子どもたちへの差別を是正するよう委員会で話され、具体的な差別是正勧告が総括所見に盛り込まれたが、現況はどうか。「高校無償化」対象に朝鮮学校を含ませるのかどうかという問題は、先送りされたまま(2011年2月末現在)であり、朝鮮学校への補助金も、増額どころか減額を検討する動きも出てきている。この先、万一「高校無償化」からの除外が決定的になれば、これはいよいよ深刻な民族差別であり、マイノリティの子どもたちに対する明らかな人権侵害である。そうなれば、日本政府としてもさらなる国際社会からの非難は到底免れえないであ

ろう。このようなことを鑑み、日本政府は一日も早く「高校無償化」の対象に朝鮮学校を含め、国庫補助金問題、大学入学資格問題、寄付金税制問題など、朝鮮学校に対するあらゆる差別問題を即刻解決するべきである。

　人権条約委員会からの勧告は、差別を直ちに根絶させる魔法でもなんでもない。日本政府が総括所見を即時履行することを望むばかりでは、差別的状況はいつまで経っても是正されない。総括所見を日本国内に周知させ、いかに活用し差別是正運動につなげていくか、今後の活動がより重要となってくる。

　マイノリティの子どもたちの教育問題は、外国人人口が年々増加し多民族共生がますます叫ばれる趨勢にある日本社会に突きつけられている問題であり、マイノリティ当事者のみの力では到底解決できるものではない。これまでの人権条約委員会からの勧告やこれから開催される委員会を活用しながら、朝鮮学校をはじめとする民族学校、外国人学校の権利が保障され、それらの学校に通う子どもたちの人権が真に尊重される社会づくりのために、日本の人たちと手を携え、連帯し、民族教育の制度的保障に向けた運動の輪を広げていきたい。

（ソン・ヘスク）

II　子どもに対する暴力の禁止

柳本祐加子（サバイバーズ・ジャスティス共同代表、中京大学）

1　子どもに対する性暴力

　子どもに対する性暴力は、さまざまな形態に分類できる。現在の法律にしたがえば、親など保護者による性暴力は「（児童虐待防止法上の）性的虐待」、子どもと性交や性交類似行為を行ない、その対価をその子どもなどに与えた場合は「（児童買春・ポルノ禁止法上の）子ども買春」、また、学校の教員が担当する児童や生徒に対し性的な行為をした場合は「セクシュアル・ハラスメント」といわれる。それぞれのケースに対応する法律には、刑法、児童買春・ポルノ禁止法、児童虐待防止法、児童福祉法などがあり、それに応じて呼称が変わる。しかしながらこれらのケースはすべて「子どもに対する性暴力」という概念に一括して捉えられる。すなわち、本人の意思に基づかない性的な行為[*1]ということである。ここでは、この意味において「性暴力」という言葉を用いる[*2]。

　上に記したさまざまな法律のうち、児童買春・ポルノ禁止法と児童虐待防止法は、制定後に改正が実施されるなど、事案への取り組みの充実が図られてきている。しかし、これら法律の対象とならない性暴力（例：学校の教員による性暴力）への対応や、たとえこれら法律の対象となるケースであっても、被害に遭った子どもた

ちへの聴き取りをはじめとする対応、その加害者の起訴、損害賠償請求の訴えを起こす場合の訴訟手続における子ども被害者への対応について、特別な配慮はほとんど払われていないのが実情である。これらの点について今回の審査では、とても多くの質問や指摘が委員から出された。総括所見においても、それらすべてが記されているわけではないが[*3]、審査における質問や指摘に基づく法律の改正が勧告されるなど、改善課題が示された。

2　第3回総括所見における性暴力に関する勧告

性暴力に関連する勧告項目は以下のとおりである。

① 　強かん罪規定を改正し、被害者から男子が除外されている点を改善すること。これは「子どもの差別」の文脈における指摘である(パラ36)。

② 　子どもに対する暴力に関する国連研究のフォローアップとして、性的暴力も含むあらゆる暴力や虐待の防止策を立てること(パラ49)。

③ 　子ども性的搾取被害者への回復援助を強化させること(パラ82)。

④ 　刑事訴訟法を改正し、公訴時効を廃止するか、時効期間を延長すること(子ども売買等選択議定書総括所見パラ37)。

⑤ 　刑事訴訟法を改正し、刑事司法制度上、子ども性暴力被害者への保護措置をとること(子ども売買等選択議定書総括所見パラ39)。この「保護措置」の具体的内容は、子ども被害者の負担を軽減するため、子どもの証言回数を制限すること、法廷において口頭による証言に代え、録画による証言を活用すること[*4]、司法関係者の子ども被害者への聞き取り訓練などの研修を実施することなど、「子どもの犯罪被害者および証人が関わる事案における司法についての国連指針」(国連経済社会理事会決議2005/20)に沿った内容で現在の日本の刑事訴訟法を改正すべきであるという勧告である。

以上の勧告は子ども性暴力被害者への対応や支援を充実させるものとしてきわめて重要なものである。このなかには過去2回の総括所見や他の人権条約委員会からの勧告と重複するものも含まれている。過去2回の総括所見で指摘されたこととしては、子どもに対する性虐待への対応改善(第1回パラ40)、性的同意年齢の引き上げ(第2回パラ23・52)、虐待被害者への対応の改善(苦情処理、調査、訴追方法、回復支援、関係者への研修の実施。第2回パラ38)、男子強かん被害者も保護の対象とする法改正(第2回パラ52)などがある。他の人権条約委員会による勧告は、性交同意年齢の引き上げ(女性差別撤廃委員会)、強かん罪の改正(同委員会と拷問禁止委員会)、近親かん罪を犯罪として規定すること(女性差別撤廃委員会)等である。

つまり今回の勧告は、多くの改善課題が解決されないまま放置され続けている

ことを示している。各種の人権条約委員会からの勧告は条約そのものとは異なり、締約国に対しその履行を法的に拘束するものではないとされる。しかし、これらを放置し続け、さまざまな折に触れ、さまざまな委員会から同様の勧告が出され続けているという状況は、国際的な信用の問題となりうる。これらの勧告の実現に向け、政府や国会との粘り強い対話を重ねるなどしながら、市民もさらなる努力を重ねる必要があるといえる。

3　勧告の実現に向けて

　勧告の実現に向けて、具体的には以下のような点を政府は実施すべきである。

(1)　第3次男女共同参画基本計画の充実
(i)　子どもに対する性暴力への取り組みのいっそうの充実
　子どもに対する性暴力への取り組みは基本計画の答申では課題とされている。しかし現段階では啓発や防止研修の実施にとどまる。勧告をふまえ、子どもに対する性暴力の実態調査の実施、加害者処分・処罰や、被害者への支援のしくみの充実も、取り組むべき課題とする。なお第2回総括所見が、被害者が加害者として扱われている報告に対し懸念を示した点（パラ51）への対応にも留意が必要である。
(ii)　刑法改正
　強かん罪の加害者、被害者性別規定の撤廃、強かん行為類型の拡大など、早期に刑法規定の改正を実施する。

(2)　第2次犯罪被害者等基本計画の充実
(i)　子ども性暴力被害者保護の充実
　計画策定の視点に、子ども性暴力被害者保護の充実を取り入れる。
(ii)　子ども性暴力被害者支援の視点
　本計画策定会議は、性暴力被害者支援のひとつとして、性暴力被害者のためのワンストップ・サービス・センター設置に関心をもっているようである。このセンター設置に関し、子ども性暴力被害者支援の視点を取り入れる。

(3)　刑事訴訟法の改正
(i)　公訴時効の撤廃または延長
　子どもに対する強かんの公訴時効は強かん発生時から10年である。これは子ども被害者の実態からすると短すぎる。時効の撤廃、期間の延長、子どもが成人す

るまで時効を進行させないなどの改正を実施する。
(ii)　子ども性暴力被害者の司法手続上の対応の改善

　子どもへの被害の聴き取りに関し司法面接という手法をとり入れ、訴訟において必要とされる聴き取りをすべて行ない、それをビデオに収録し、証拠として採用できるよう改正を実施する。子ども被害者のための弁護士制度を創設する。

(4)　民法の改正

　加害者への損害賠償等の請求は、強かん等の発生時から3年を超えると不可能となる。これは公訴時効の3分の1の長さでしかなく、あまりに短い。最近の裁判では、被害者が訴えることが実際に可能となったときを時効期間の起算点とする工夫がとられることもある。その点を明確にするためにも3(1)と同様、時効の撤廃、期間の延長、起算点を成人となったときとするなどの改正を実施する。現在債権法改正が法制審議会で検討されているところなので、時効に関する議論において、この問題を取り上げ、子ども被害者の実態に即した規定とする。

*1　性的行為同意年齢に達している子どもが同意すれば、いかなる場合もその性的行為は違法な行為とならないかは、検討が必要である。一定の場合には、子どもの同意があっても性的行為が禁じられるべき場合があるのではないかと筆者は考えている。

*2　したがって性暴力という概念は、性犯罪とされているものはもちろんのこと、犯罪とはされていないが、その被害者の性的安全を損ねるあらゆる言動を含む、幅の広い概念として理解される。なおここでは紙幅の関係上、子どもポルノと（いわゆる「わいせつ」目的）人身売買の問題には触れない。

*3　本審査で質問されながら、総括所見に入らなかったもののひとつに、「子ども性虐待・性暴力保護に関する欧州評議会条約」への批准問題がある。この条約は、刑罰規定、訴訟手続、加害者対応、予防対策などが規定された、子どもに対する性虐待・性暴力に関する包括的な条約である。第3回子どもに対する性的搾取に反対する世界会議で採択されたリオ協定は、この条約への批准を勧告する。委員会は本条約への批准予定の有無を質問した。それに対し日本政府は、その予定はいまのところないが、勉強はしていると回答した。

*4　こうした刑事訴訟手続における子ども被害者への対応に関する、国連・子どもの権利委員会と日本政府代表団との建設的対話は非常に興味深かった。それは、委員会が子ども被害者への対応として当然のことと認識していること（例：子ども被害者への聴き取り回数および時間が制限される、子ども被害者のための弁護士制度がある）と、日本政府代表団のこれらに関する認識との間に大きなギャップがあることが明らかとなったからである。

（やなぎもと・ゆかこ）

III　子どもの貧困問題

津田知子（セーブ・ザ・チルドレン・ジャパン）

1　日本の子どもの貧困

　2009年10月の日本政府の発表[5]によると、18歳未満のすべての子どもの貧困率は14.2％であり、7人に1人の子どもが相対的貧困[6]下にある。これは、国際的に見ても高い値であり、比較可能なデータのあるOECD22か国中8番めの高さである[7]。また、2009年11月の発表[8]によると、子どもがいる現役世帯のうちひとり親家庭の子どもの貧困率は54.3％であり、ひとり親家庭にいたっては、半分以上が相対的貧困下にあることが明らかになった。再分配前所得における貧困率と再分配後の貧困率の差が、政府による「貧困削減」の効果を表す[9]が、日本の再分配後の子ども貧困率はOECD諸国の中で唯一、再分配前のそれを上回り、政府の政策が子どもの貧困を悪化させていることは明らかである。

　子どもの貧困は、経済・健康・教育などの格差、虐待、社会からの孤立など子どもに多くの影響を及ぼす。また、世代を超えた連鎖が危惧され、子どもの生きる希望や夢、あらゆる機会を奪っていく。まさしく子どもの生存・成長・保護・参加のすべてを奪う、子どもの権利侵害である。

　政府によって、子どもの貧困に対する実態把握がなされていないために、さまざまな問題が生じている。たとえば、高校の教育課程を修了したにもかかわらず、学費滞納によって高校卒業資格を得られない生徒の問題が顕在化してきた。これに対し、政府は2010年2月9日に急遽生活福祉資金での対応を行なったが、都道府県によってその受益者数には偏りがみられた。事前に貧困下の子どもの実態を把握していれば、より迅速な対応と徹底した情報周知が可能であったと思われる。さらに、2010年6月より子ども手当の支給が開始されたが、この施策実施により、貧困下の子どもの生活を支えてきた自治体の就学援助や乳幼児医療制度が一部縮小される動きもみえている。

　このような問題は日本の子どもの貧困に関する課題の氷山の一角である。これらは日本政府が医療サービスを受けられない、定時制高校にすら進学できない、学費滞納によって高校を卒業できないなどの具体的な子どもの貧困の実態把握をしていないこと、また、実態に基づき、子どもの貧困解決のための包括的および具体的な政策を打ち出していないことに起因する。

2　子どもの貧困に強く言及した第3回総括所見

今回の総括所見では、過去2回の所見と比べ、"子どもの貧困"に関して、より踏み込んだ表現で、日本の子どもたちについての懸念や日本政府への勧告が行なわれている。

- 子どもたちの間に存在する不平等や格差に対応する、子どものための、権利を基盤とした包括的な国家行動計画が存在しないことを依然として懸念。子どものための国家行動計画の採択および実施を勧告 (パラ15・16)。
- 日本における貧困がすでに増加し、人口の約15%に達していることに懸念。子どもの権利の観点から国および自治体の予算を検討し、それに基づき予算配分をすることを勧告 (パラ19・20)。
- 貧困下の子どもを含め、権利侵害を受けるおそれがある子どもについてのデータが一部ないことを懸念。データ収集の努力を強化するように勧告 (パラ21・22)。
- 日本の貧困率に言及しながら、財政政策および経済政策が、賃金削減、男女の賃金格差、子どものケアおよび教育のための支出の増加により、親およびシングルマザーに影響を与えている可能性があることを懸念。国が子どもの貧困を根絶するために適切な資源を配分するよう勧告し、その中には貧困削減戦略の策定も含むとする (パラ66・67)。

国連・子どもの権利委員会による第3回日本政府報告書審査にあたって、子どもの権利条約NGOレポート連絡会議では事前に子どもの貧困解決に向けて下記の提言を行ない、報告書審査内でも国連・子どもの権利委員が日本の子どもの貧困についてしばしば質問や発言する姿が見られた。

① 子どもの貧困の実態把握調査を実施すること
② 子どもの貧困削減のための具体的目標を設定すること
③ 子どもの貧困削減のための行動計画を設定し、実施すること
④ 上記に際し、当事者である子どもの参加を保障すること

今回の総括所見で、このように子どもの貧困に対し直接的に強く言及する箇所がいくつも見られたことは、前回の審査から6年経った2010年段階で、市民社会としても子どもの貧困を大きな問題として捉え、積極的にNGOレポートでの記載や子どもの権利委員への働きかけとロビー活動を行なうことにより、子どもの貧困解決を願う私たち市民社会の声を国連・子どもの権利委員会に届けることができたひとつの成果といえるだろう。

さらに今回の勧告内容は、前述の政府による子どもの貧困率の発表後、大きな

社会問題としてクローズアップされたものの、政府による取り組みが十分とはいえない現状において、政府の包括的かつ具体的な取り組みを促し、強く後押しするものであるといえる。

3　総括所見後の政府・市民社会の動き

　日本政府は2010年1月に少子化社会対策基本大綱である「子ども・子育てビジョン」[*10]の中で子どもの貧困の解消を謳ったが、その取り組みに関しては、「子どもの貧困率について、継続的な調査を行い把握するなど、必要な対応を進めます」と明記しただけにとどまった。他の事項に比べ、子どもの貧困への取り組みは、具体的内容が不十分であり、数値目標も記載されていない。

　その後、2010年7月に子ども・若者支援育成支援推進大綱として発表された「子ども・若者ビジョン」[*11]では、子ども・若者等に対する施策の基本的方向のひとつの項目として「子どもの貧困問題への対応」を取り上げ、「経済的困難を抱える家庭への支援、ひとり親家庭への支援、世代を超えた貧困の連鎖の防止、状況把握」と、子どもの貧困問題への取り組み内容がより具体的に示された。前述の記載を受け、2011年1月現在、内閣府が2011年度予算案に子どもの貧困に関する意識調査の実施を計上している。しかしながら、一方で実態調査が行なわれていないために、各論的対応が多いという課題も残されている。

　2011年夏には厚生労働省が、2010年の国民生活基礎調査に基づき再度子どもの貧困率を発表する予定であるが、政府のさらなる取り組みが期待されている。

　市民社会では、今回の総括所見を政策提言に活かす動きが見られた。日本の子どもの貧困解決を目的とする市民参加のネットワーク組織「なくそう！子どもの貧困」全国ネットワークは、2010年7月の参議院議員選挙をふまえた政党アンケートの結果について記者報告会を通じて発表したが、その際も今回の総括所見を活用し、国際的な視点を埋め込んだ政策提言をした。また、セーブ・ザ・チルドレンでは、今回の総括所見内容を積極的に発信した結果、今回の総括所見が参議院事務局発行の国会議員向け調査情報誌で紹介される結果となった[*12]。

　また、政策提言のみならず、調査、貧困下の子どもへの支援、啓発といった活動もされている。

　セーブ・ザ・チルドレンでは、子どもの貧困問題の解決に向けて、子どもの権利の視点から、当事者である子どもたちの意見表明を保障するために、2010年7月から京阪神の子どもたち約100名を対象にした子どもの貧困観のヒアリング調査を実施した。その結果、子どもたちからは「他の子よりも違う感じやから、学校行ったとしても不安やと思うその子が。仲良くできるんかなとか」、「まわりは自分よりは

お金持ってるし、欲しいものも持ってるけど、自分は貧乏で、欲しいとは思うけど、そういう自分が嫌になる」、「どうしても自分じゃどうしようもできへんくて、でもお母さんに言ったら困らせるだけやなって思ったら余計に何もできへんかな」、「金がなかったら、病院とかちょっと控えよかって感じするかも」といった声があがった。貧困下の子どもたちにスティグマを生じさせないために、あえて自分の体験は話さないというルールのもと調査を実施したが、子どもたちの貧困観には自分自身や身近な友だちの体験が反映されていた。おとなを対象としたアンケート調査も教職員組合やNGO等により実施され、各地から「一日の主な栄養源が学校の給食」、「費用が出せず、修学旅行に行けない」、「学費を負担できずに高校を中退する」といった子どもの貧困の実態が寄せられている。

このような実態を受け、貧困下の子どもに対する支援も進みつつある。とくに教育分野において、自治体では生活保護やひとり親家庭の子どもを対象とした無料の学習教室を実施したり、NPOが生活保護世帯の子どもたちを対象に塾や予備校で使えるクーポンを提供したりと、進学支援の取り組みがなされている。これらは貧困下の子どもたちが低学歴に陥りやすい現状を改善するのに寄与し、貧困の連鎖の防止にもつながっていくといえるだろう。

さらに、子どもの貧困問題の解決には、この問題を社会全体の問題と認識する世論形成が不可欠であるが、そのための啓発活動も実施されている。日本弁護士連合会は全国各地で学校関係者、子ども支援関係者、専門家などと連携しながらプレシンポジウムを実施し、2010年10月の人権擁護大会にて「貧困の連鎖を断ち切り、すべての子どもの生きる権利、成長し発達する権利の実現を求める決議」[13]を採択した。また、11月20日「世界子どもの日」に合わせ、セーブ・ザ・チルドレンによる子どもの貧困解決に向けたイベント[14]の実施、「なくそう！子どもの貧困」ネットワークによる子どもの貧困解決スタートキャンペーン[15]などが行なわれている。これらを通じて「貧困という問題を自分にひきつけて考えることが大切だと思えた」、「私自身がもっと子どもの声に耳を傾け、子どもの貧困について考え、それを発信していきたいと思う」といった市民の声が高まり、日本の子どもの貧困の存在だけでなく、子どもの貧困解決に向け、市民一人ひとりが行動していくことの重要性が認識されつつある。

4 子どもの貧困解決に向けて

今回の総括所見にもあるように、まずは政府が子どもの貧困を子どもの権利侵害と認め、①実態把握、②削減目標の設定、③削減計画の設定と実行を行なうことが早急に求められている。市民社会でも議論を重ね、方向を模索している段階

ではあるが、子どもの貧困対策法の制定もそのひとつの方策であろう。

またその際に、子ども参加の保障も忘れてはならない。いみじくも今回の第3回総括所見において、本審査で十分な審議の時間がとれなかったものの、下記のようにその重要性について言及されている。

- 政策策定プロセスにおいて、子どもおよび子どもの意見に言及されることがめったにないことを懸念。あらゆる場面において、自己に影響を及ぼすあらゆる事柄に関して、全面的に意見を表明する子どもの権利を促進するための措置を強化するよう勧告(パラ43・44)。

前述の「子ども・若者ビジョン」では、子ども・若者をおとなと共に生きるパートナーと位置づけ、施策に意見表明機会の確保が盛り込まれ、「各種審議会や懇親会等における委員の公募制活用、インターネット等を活用した意見の公募」といった方法が記載されている。しかしながら、それらにアクセスできないような子ども、"声なき声"も含め、すべての子どもの参加を保障できるよう考慮する必要があるだろう。

子どもの貧困という問題を風化させないためにも、子どもの権利基盤アプローチに基づき、政府、自治体、NGO／NPO、地域などが連携し、当事者である子どもたちともに、子どもの貧困解決に向けて声をあげ、行動を起こしていかなければならない。

* 5　厚生労働省報道発表資料「相対的貧困率の公表について」(2009年10月20日) <http://www.mhlw.go.jp/houdou/2009/10/h1020-3.html>。
* 6　人間が生きていくために必要な最低限の衣食住、医療などを欠いている状態を「絶対的貧困」というのに対し、「相対的貧困」は所属する社会の一般的な生活レベルと比べて一定以下の生活レベルである状態を意味する。
* 7　子どもの貧困白書編集委員会編『子どもの貧困白書』(明石書店、2009年)。
* 8　厚生労働省報道発表資料「子どもがいる現役世帯の世帯員の相対的貧困率の公表について」(2009年11月13日) <http://www.mhlw.go.jp/stf/houdou/2r98520000002icn.html>。
* 9　子どもの貧困白書編集委員会編・前掲注7書。
* 10　<http://www8.cao.go.jp/shoushi/vision/index.html>。
* 11　<http://www8.cao.go.jp/youth/data/vision.pdf>。
* 12　鳶咲子「子ども・若者の貧困と教育の機会均等」経済のプリズム83号 (2010年) <http://www.sangiin.go.jp/japanese/annai/chousa/keizai_prism/backnumber/h22pdf/20108301.pdf>。
* 13　<http://www.nichibenren.or.jp/ja/opinion/hr_res/2010_1.html>。
* 14　SOAP DAYS 2010 "声をあげよう！一緒に話そう！日本の子どもの貧困のこと" <http://www.savechildren.or.jp/sc_activity/japan/101201soap.html>。
* 15　<http://end-childpoverty.jp/?page_id=191>。

(つだ・ともこ)

Ⅳ 子どもの家庭環境

1 子どもの家庭環境と養育費

森田明美(東洋大学)

(1) 子どもの家庭環境や養育費をめぐる問題状況

家庭環境による影響は、家族の数、経済、健康、暮らし方などの形をとって、子どもの暮らしにさまざまな形で現れる。

(ⅰ) 家族の変化

日本の離婚率は2002年まで増加傾向であったが、2003年からやや減少に転じ、2008年の離婚件数は251,000組となった。離婚の増加とともに、母子世帯同様、父子世帯も増加し、2006年度母子世帯等調査に基づく推計では、母子世帯が約120万世帯、父子世帯は約20万世帯とされている。母子世帯の増加により、児童扶養手当の受給者数も増加し、1998年度末625,127人であったものが、2008年度末には966,266人となっている。

第1子を出生前後の妻の就業経歴を見ると、1985～1990年では無職は35.7%だったが、2000～2004年の出産では41.3%に増加している。もちろん、育児休業制度の整備によって、育児休業を使いながら就業継続をしている女性は5.1%から13.8%と増えているが、育児休業なしで就業継続している女性は19.9%から11.5%と減少し、双方合わせて就業継続している割合は、約25%からほとんど変化がない。出産でいったん就労を中断し、子どもが成長した段階で再就職しかもパートや派遣で働きたいと希望する女性が多く、その結果、低賃金不安定就労の女性が増えることになる。

出産で無職になった女性は離婚によって再就職を余儀なくされることになるが、子どもを抱えて保育所にも入れず[*16]、再出発ができなかったり、低賃金不安定就労のなかで暮らしが不安定な状態で営まれている。

(ⅱ) 経済的貧困

2009年10月に厚生労働省が、国際比較が可能な数字であるOECD(経済協力開発機構)に提出しているものと同様の計算方法で算出された相対的貧困率(対象とする世帯所得の中央値の半分を下回る者の割合)の公表を初めて行なったことにより、貧困が国家的課題として語られるようになった。そこで公表された貧困率は2007年のものであり、おとな15.7%、子ども14.2%、子どものいる現役世帯の相対的貧困率は12.2%、おとなが1人の世帯の相対的貧困率は54.3%、おとなが2人以上いる世帯の相対的貧困率は10.2%であり、全体の貧困率は上がってきていることが

示された。OECDが公表している2000年代半ばのOECD加盟30か国の国際比較では、日本は2004年の数値であるが相対的貧困率は14.9%で27位、おとなが1人の子どもがいる現役世帯に限ると58.7%で最下位となっている。子どもの貧困率は13.7%で19位である。

(2) 第3回総括所見における子どもの家庭環境と養育費支払いへの勧告

　子どもの年齢が低いほど、その暮らしを支援する支援者や環境が大きく影響する。そうした意味で、国連・子どもの権利委員会は子ども自身の権利を実現するために、子育て支援の課題を問題にしている。

　第3回審査では、ワーク・ライフ・バランスの推進の重要性とそれを進めるためのケアの質の確保やひとり親の貧困化に関する有効な経済支援について質問が出された。

　また総括所見でも、子どもの家庭環境や養育費については、子どもの育つ場としての家族が大切であるということに同意をしつつも、その役割を果たすことができない状況に置かれている家族が多いこと、その家族が社会的な支援を受けることができずに孤立させられていることに強い懸念を示した（パラ50）。また、別れて暮らす親の多くが扶養義務を果たしていないことと養育費の調達が不十分であることに懸念が示された（パラ68）。

　そのための手段としては、子育ての責任を履行する家族の能力を確保する目的で男女双方を対象として仕事と家庭生活との適切なバランスを促進すること、親子関係を強化すること、子どもの権利に関する意識啓発を図ることなどがあげられ、社会サービス機関が子どもの施設措置を防止するためにも、不利な立場に置かれた子どもおよび家族に優先的に対応し、かつ適切な金銭的、社会的および心理的支援を提供するよう勧告された（パラ51）。また、養育費については、扶養義務の確保と履行の実施のための組織の設置、ハーグ第34号条約（1996年）の批准が勧告された（パラ69(c)）。

　子どもの育つ環境としての家庭の状態や親の働き方が子どもの保育条件を規定することと関連しては、ワーク・ライフ・バランス、あるいは保育を希望する人の急増を受けて、ニーズの増加に対して予算を増やすことなく単に保育施設数を増やせば、そのケアの質を確保することが困難になる。その実施主体として、近年企業セクターが子どもとその家族の生活に甚大な影響を及ぼしていることに留意し、社会的、環境的責任に関する内外の基準を順守することを確保するための規制を確立し、実施することを要請している（パラ27・28）。

⑶　総括所見の実現

　家庭環境の問題は、男女平等や労働など他の人権条約と深く連動させた取り組みでなければならない。また、それだけでも解決がつかない問題もある。

　家庭責任とりわけ子育て責任、税や社会保障制度がつくり出す差別、保育制度の未整備などが複雑に関連する働き続けにくさや低賃金、その結果が子育て家庭の貧困につながり、そうした状況の延長線上で、離婚し、子育てと労働による収入の確保を1人で担うひとり親の暮らしのスタートを切ることになる。低賃金の根底には、まず就労の中断、次に再就職の低賃金不安定就労がある。第3回審査における貧困のひとり親への特別な支援に関する質問に対して、厚生労働省の代表は「子ども手当のほかに、ひとり親世帯に対しましては、私どもは違うアロアンス、手当を設けております。そしてそれ以外に、ひとり親家庭対策ということで、4つの大きな柱、これに基づき、総合的に対策を講じています」と答えた。だが現実のひとり親の暮らしは、①子育て・生活支援、②就業支援、③養育費の確保、③福祉貸付金などを含んだ経済的支援ではほとんど解決がつかない。そこには、男女平等に基づく税や社会保障がなく、それがつくり出す出産退職と不安定・低賃金な再就職、保育の未整備が一体となって子育て家庭やひとり親家庭を取り巻いている。

　少子化を食い止めるための妊娠・出産支援は、少子化対策としての不妊治療をはじめ、妊娠検診などの無料化として行なわれるが、結婚という国の定める形をとらない妊娠・出産をする場合の差別は厳しい。また出産後のケアについても、出産後の親子への子育て支援ではなく、虐待の発見のための支援にとどまっている状況である。

　このような考え方にあっては、子育てへの支援が必要な10代親や、障がいや貧困などさまざまな課題を抱えた家庭への支援は、子育てや子どもの育ちへの支援においては不十分なままである。まして、離婚といった出来事を乗り越えるための社会的支援などはほとんどなされておらず、適切な準備などができる状況をつくれないでいる。

　こうしたなかで、養育費の実際をみると、養育費の支払い割合が低いのは、養育費を支払いたくないのではなく、支払えない状況にある別れた親（多くは父親）たちが多いことも原因となっている。日本の場合、離婚により多くの子どもたちは、母親と育つことになる。その結果が、母子世帯数の割合の多さとなる。そこで別れて暮らす父親に養育費を支払わせるという発想となる。だが、その実態は、別れる段階ですでに借金などがあるがゆえに別れるという母親も多いし、別れた父親には生活費を稼ぐ力もないという場合も多い。母親の職業訓練だけでなく、別れて暮らす父親にも就労支援が求められている場合も多い。このように、日本が抱える子

どもの家庭環境・養育費問題の根底には男女差別や貧困があり、それが子どもの権利を侵害するという、重層的な問題となっているのである。

　早期からの継続的・総合的相談支援が、複雑な家族問題からの早い自立を促すのである。

> *16 保育所へ入所したいができなくて待機している子どもは、都市部を中心に年々増加している。2009年4月現在では25,384人あり、この82%は0〜2歳児である。

（もりた・あけみ）

2　代替的養護と子どもの権利

井上 仁（日本大学）

　国連・子どもの権利委員会からの勧告が3回目を迎え、進まない小規模児童養護施設や里親制度への指摘は第1回総括所見から引き続きのもので、国の取り組みが条約批准国の責任を果たしていない状況にあることを示している。

　条約批准国である日本が、子どものセーフティネットとして機能する要保護児童の分野でどのように取り組もうとするのか、子どもの権利の基盤である安心と安全をどう守ろうとしているのかという視点から検証をしてみた。

　今回の勧告で子どもの最善の利益を守るためのケアの専門性やその水準の不足が指摘をされている（パラ39）。児童福祉施設職員が改善されない最低基準の下で合理化（コスト対策）として非常勤化が進み、生活集団の小規模化が進んでいない状況など、NGOレポートで指摘した内容が勧告に反映されていることは歓迎できることである。

　一方、児童相談所の措置権に関する勧告（パラ42・43・62・63）に関しては、審査における政府代表の不十分な回答がその背景にある。委員からの質問に対して、児童相談所の役割などを十分に答えられなかった政府代表団の構成（責任ある者を派遣すべきである）に問題を感じた。委員会でのやりとりが勧告に反映され、その結果、（現状と異なる勧告によって）委員会の権威をおとしめる結果の責任は、審査で子どもの制度施策の説明責任を果たせない日本政府代表団のあり方にも問題があることを指摘しておきたい。

(1)　措置権の問題（児童相談所の問題）

　児童養護施設や児童自立支援施設など子どもの安全確保に関して唯一残る措置権について、児童相談所の専門性や子どもの最善利益に関わる勧告が出ている

(パラ42・43・62・63)。

　措置における児童相談所の権限は、行政処分として市民権の制限を行なうという意味では重いものである。そのため措置に関しては保護者の同意を前提としており、むしろ児童虐待や非行などでは児童相談所が保護者の同意をとることに手間どり、子どもの安全確保において迅速性に欠けるとの意見があることが現状でもある。子どもの意見聴取についても、児童相談所運営指針において意見聴取をして措置に関する協議で反映することが求められているが、よりいっそう子どもの意見表明権や参加権、最善の利益を擁護するしくみとして制度化する必要がある。

　むしろ児童相談所の問題として、このような制度を活かす専門性に問題を有していることが勧告されていること(パラ39・40)を受け止めるべきである。児童福祉司の専門性については、公務員の任用問題(専門職採用をしている自治体が少ない)とも重なり、専門的ソーシャルワーカーの配置となっていない現状がある。その結果、勧告が示すように、子どもの最善の利益を確保するための子どもの意見表明を受け止めることができていないという現状があり、政策・制度に問題を見出すことができる。

⑵　施設内体罰

　児童虐待防止法・児童福祉法改正では、施設内体罰に対する取り組みは強化され、児童福祉審議会等で検証が行なわれるしくみがつくられてきた。しかし、子どもの権利を子ども自身に伝えるなどの児童虐待・体罰防止の取り組みの不十分さは(「子どもの権利ノート」の取り組みなど)勧告が示すとおりである(パラ47・53・78)。

　委員会が評価した苦情処理に関するしくみにしても、措置に関しては児童福祉審議会への申立てができることになっているが(それも子どもや保護者からではなく児童相談所からではある)、施設ケアにおける苦情処理のしくみは、第三者性などが確保されないなどとして子どもがアクセスしても実効性が確保されていない現状がある。

　施設における体罰への対応についても、子どもが第三者機関へ通報するしくみや、専門的調査などの対応をすべき第三者機関(子どもの権利擁護専門機関)の設置は、行政(認可指導権限からの調査で子どもの権利擁護の対応になりにくい)や児童相談所(措置権者であるので第三者といいがたい)以外にほとんどの自治体ではできていない。

　施設虐待の対応をする児童福祉審議会にしても、専門的調査までの権限がなく行政や児童相談所からの報告に基づく審議にとどまり、子どもからの意見聴取や施設調査など行なえていない現状がある。

　勧告に応えるには、オンブズパーソンのような子どもの権利擁護に関する条例や

法令に基づく子どもの権利擁護機関（第三者機関）の設置を進め、意見表明の力の弱い子どもという特殊性に対応できる専門機関を設けるべきである。

(3) 要保護児童対策（家庭環境）

　代替的家庭環境（施設措置）を避けるために、家庭支援を強化するように勧告したことは歓迎できる（パラ50・51）。保護から社会内支援への転換は、日本がめざすべき方向であり、そのことを勧告が示したことを受け止め、社会のあり方の議論の中心に子どもの権利の基盤である家族と社会（ワーク・ライフ・バランス）を据えていくことの重要性を、今後の次世代育成支援や少子化対策、さらには要保護児童対策に活かすことが求められている。

　要保護児童対策の施策として、社会的ネットワーク（要保護児童対策地域協議会）が制度化されているが、自治体格差が大きく十分に機能していない現状があるだけに、保護を前提とするのではなく家庭を大切にして子どもの最善の利益を確保する社会的取り組みの必要性が勧告された意味は大きい。

　そのなかでセーフティネットとしての児童養護施設や里親の基準・専門性についての指摘をしっかり受け止める必要がある。家庭環境をサポートすることは、本来ならば地域社会（基礎自治体）の中で問題を解決できるようにすべきことで、里親や児童養護施設が社会のセーフティネットとして補完的専門的役割（ショートステイやトワイライトステイなど）を果たすように、社会システムとしての位置づけが求められよう。

(4) 親のケアを受けられない子ども

　第1回勧告から指摘をされている、親のケアが受けられない子どもの代替家庭の提供に関する勧告（パラ52・53）では、里親制度活用の遅れだけでなく児童養護施設などのケア集団の小規模化の問題が指摘をされた。地域小規模児童養護施設の制度の創設が歓迎される一方で、大舎制・中舎制が数多く残る日本の児童養護施設などの現状をしっかり捉えた勧告であった（NGOレポートが反映されている）。

　生活環境の問題にしても、最低基準へ対応が施設改築時まで猶予されている現状をNGOレポートで指摘したところ、勧告で最低基準の遵守が明記された。日本政府は、子どもの最善の利益を確保するためにも、施設の子どもの生活環境を早急に改善すべきである。児童虐待等対策による都市部での入所の増加などの理由で、定員を超える施設入所が行なわれている現状もあるので、里親制度の促進や地域小規模児童養護施設（グループホーム）の促進を図るべきである。

　国際養子縁組が、行政等により把握できていない現状の指摘は重く受け止め

べきである(パラ54・55)。国際養子縁組にかぎらず人知れず命や存在を否定されるような状況にいる子どもの存在についても、勧告のフォローアップの中で問題にすべきことである。

　戸籍制度の整備が行なわれている日本において、制度外の子どもの存在を政府の責任でフォローしないということは、社会の中で権利を認められない子どもを容認するということにもなる(存在を認めない＝権利を認めない)。移民や難民の子どもへの支援でも同様のことがいえるので、今後の課題として重く受け止めなくてはならない。

(5) 児童虐待

　虐待防止法・児童福祉法などの改正による児童虐待防止の取り組みが評価された(パラ56)。社会保障審議会の専門部会が、親権問題についての協議を進めており、虐待からの保護などにおける親権問題については一定の回答は示せるのではないかと思う。

　しかしながら、第2回政府報告書にあるように(委員会の懸念もそこにあるように感じるが)、しつけ・教育と虐待(体罰)の区別のあいまいさについては、裁判所の判例も親権が優先し子どもの権利擁護を第一義的にするという考え方に沿っていない現状があることは認めざるをえない(パラ47・48・56)。委員会は、家庭や学校における児童虐待という表記を用いており、児童虐待を子どもへの暴力と明確にしている。その点に関しては、日本の児童虐待についての認識と大きなずれを生じさせており、冒頭の児童虐待への評価も必ずしも的を射ていないようにも思えるのが現状である。

　児童虐待防止法における児童虐待の範疇が親子関係(同居者を含む)に限定をされ、いじめや体罰などが児童虐待として取り上げられず、児童虐待防止法の対応の対象となっていない現状については、今後のフォローアップでも指摘していかなくてはならない。

　児童虐待対策として、児童相談所や自治体の対策が強化をされる一方で(48時間以内の現認など)、家庭内の虐待防止に関する施策は、制度としては妊娠期から支援が打ち出されているが、自治体における取り組みの差異が大きく十分でない現状がある。また、学校や施設における体罰などへの対応などが十分でないということはあらためて述べる必要がないが、これらへ対応する機関などの不在は、今後のフォローアップでも指摘していくことが必要である。

(いのうえ・じん)

Ⅴ　教育

1　障害のある子どものインクルーシブ教育への権利

　　　　　　　　　　　　　　　　　　　　　　　　　一木玲子（筑波技術大学）

　今回の総括所見の特徴として、第1回、第2回に比べて障害児の教育への権利に関して質量ともに充実した具体的かつ詳細なものが出されたことがあげられる。勧告は実に9項目にわたり、その内容はインクルーシブ教育のために必要な便益を学校に備えること、障害のある子どもが希望する学校を選択できることなど、実に明快である。

　子どもの権利条約において、障害児の教育は適切な配慮および個別の支援を備えた普通学校におけるインクルーシブ教育を目標とされるべきであり、「インクルージョンに向けたプログラムを開始していない締約国に対し、この目標を達成するために必要な措置を導入するよう奨励する」と国連・子どもの権利委員会一般的意見9号で表明されている。

　対して日本は分離教育制度である。「『うれしくて眠れなかった』車いすの明花さん初登校」。奈良県の中学校で障害のため入学が許可されなかった女児の両親が裁判を起こし、3か月遅れでようやく入学できたという記事の見出しである（2009年7月3日朝日新聞）。明花さんは手足が不自由で車いすを利用している。小学校は校区の学校に通い、中学校も当然校区の学校に進学するつもりでいたが、町教育委員会は特別支援学校中等部が適正であるとする判定を出した。日本の障害児教育制度は障害の種類と程度で規定された就学基準により就学先を決定する分離教育制度であるため、このように本人や両親の意に反して就学先を決められることは決して特異な例ではない。2007年から特別支援教育が施行されたが、この就学基準の変更はなされておらず、日本は子どもの権利条約が規定しているインクルーシブ教育制度ではないことがわかる。

(1)　第3回日本政府報告書のインクルーシブ教育に関わる部分

　第3回日本政府報告書では、インクルーシブ教育に関わるものとして交流および共同学習と認定就学者制度、そして2007年から施行されている特別支援教育について紙幅の大半が使われて報告されている。以下、抜粋する。

> 353．障害のある児童生徒と障害のない児童生徒や地域社会の人々が活動をともにする交流および共同学習を実施しているが、これは全ての児童生徒の豊

かな人間性を育成する上で大きな教育効果が期待される。また、地域社会の人々においても、障害のある児童生徒とその教育に対する正しい理解と認識を促進するためにも重要な活動となっている。このような教育活動を推進するため、2004年3月に、ハンドブックを作成・配布した。また障害のある児童生徒に対する理解認識の推進のため、全国における会議の開催や冊子の作成・配布を実施している。

354.「21世紀の特殊教育の在り方について（最終報告）」（2001年1月）を受け、盲・聾・養護学校への就学基準について医学や科学技術の進歩等をふまえて見直すとともに、市町村教育委員会が行う就学事務について国が定める手続きの弾力化を図るため、2002年4月に学校教育法施行令の一部改正を行った。この改正により、盲・聾・養護学校への就学基準に該当する者であっても、市町村教育委員会が障害の状態に照らして、小学校又は中学校において適切な教育を受けることができる特別な事情があると認められる者（認定就学者）については、小学校又は中学校に就学させることが可能となった。

⑵　審査での質疑応答

　2010年5月27・28日の第3回審査において、文部科学省関係者が国際教育課の女性1人のみであったことは非常に残念である。子どもの権利委員からは以下のような質問が出され応答が行なわれた。その概要を紹介する。

　　バルマー委員　障害のある子どもの教育について、特別なニーズのある子どもが普通学校への就学を希望した場合、その希望はかなえられるのか。学校のバリアフリー化などを行なっているのか。
　　フィラーリ委員　普通学級におけるインクルーシブ教育を希望する障害児が障害を理由にして特別支援学級に行くことを求められると、フラストレーションを感じることがある。物理的環境の不備など、普通学校側の対応能力が十分ではないと、単純な解決策として、特別支援学級・学校に行くことを求められてしまう。これは子どものフラストレーションを増加させているのではないか。
　　文部科学省　障害のある子どもの教育について、特別支援学校のみならず、小中学校においても、受け入れを可能とするためにバリアフリー化、一人ひとりの障害の状況等に応じたカリキュラムの弾力化、教材の選定、教員の研修といったことを進めているところである。障害をもつ子どもの就学先を決めるのは、地方公共団体の教育委員会になる。この決定を行なう際には、保護者の

意見を聴くことが義務づけられており、教育的見地、医学的見地、心理学的見地といった専門的、総合的観点から決定することとなっている。

バルマー委員やフィラーリ委員が「子どもが普通学校を希望した場合」について質問しているのにかかわらず、文部科学省の回答は、障害があると判定された子どもは特別支援学校に就学することなどを規定している学校教育法5条や学校教育法施行令22条の3には触れていない。バリアフリー化については各自治体に任されており、また、保護者の意見聴取について答えているが、これはあくまでも意見聴取であり、就学先を子ども・保護者の希望に沿って決められるわけではない点を明確に答えていない。

また、今回の特徴として、発達障害児に関して以下のような質問が出されているが、これに対しても直接質問に答えておらず、当たり障りのない回答に終始している。

> クラップマン委員　ADHD（注意欠陥・多動性障害）の発症率は比較的低いものの、急増しているという報告がある。これは生活の中で子どもの基本的ニーズが満たされていないことの反映ではないか。投薬などの医学的対応だけでは十分ではないという認識が国際的に広がっているが、ADHDの子どもに対応している医学的・心理学的サービスではこのような問題を認識しているか。ADHDは障害として扱われているのか。障害として認定することに対しては抑制的アプローチをとらなければならないと考えているが、日本ではどうなっているか。
>
> 文部科学省　ADHDについては、その発達障害のある子どもというのも、そういった特別なニーズがあるということを認知して、その障害に配慮した指導等を行なって、たとえば支援員による支援というのも広がっているし、そういったところに取り組んでいる。

(3) 具体的かつ詳細な第3回総括所見と勧告

上記のような日本政府の姿勢に対して、国連・子どもの権利委員会は、質量ともに非常に重い勧告を出した。

まず、パラグラフ21（データ収集）で、第1回総括所見と同様の指摘が行なわれている。障害のある子どもの普通学級における就学率のデータが日本には存在しないのではないかという懸念である。パラグラフ33・34（差別の禁止）についても、第1回・第2回総括所見と同様に、引き続き障害児に対する社会的差別が根深く残

column

障害を理由に差別されることのない教育を

向井裕子（地域生活サポートネットほうぶ）

　娘の望は高校2年生。重度の障害をもち、全介助が必要である。定時制高校に通学しているが、保護者の待機がなければ高校生活を送ることができない状況に置かれてきた。小中学校は、地域の学校の普通学級で大勢の友だちと共に過ごしてきたが、全国的にみれば数少ないケースなのかもしれない。日本では、「すべての子どもが地域の学校に行く権利」が保障されていないために、障害のある子どもが地域の学校から排除されたり、保護者の付き添いや待機を強要されたりする事態が起こっている。

　そこで、国連・子どもの権利委員会で、日本の障害児教育の現状を伝えるロビー活動をすることになった。ジュネーブに行くにあたり、全国の障害児の家族や当事者や支援者の方々、関係団体からたくさんのカンパをいただいた。わが家の近所に住む知的障害のある青年が、高校を卒業して初めてもらったお給料から3,000円を握りしめ、「よろしくお願いします！」と持ってきてくれた。「障害」を理由に、地域の学校で学びたいという願いを拒否されている子どもたちの悔しく悲しい思いを携えて、大学教員、障害児の母親2人、当事者・望の4人でジュネーブに向かった。

　望は言葉の理解はできないが、2日間各会合3時間、審査を熱心に傍聴した。休憩時間には、「あっ、あっ！」（早く、行くよ！）と、わたしたちを急かせて、臆することなく委員のところへ行き、電動車イスの前に置いたチラシを右腕でポンポン指しながら、「あ〜！」（コレ見てください！）と訴えていた。伝えたい思いがいっぱいなのが見て取れた。どの委員もしっかりと向き合ってくださった。「言語」は関係ない。委員に真剣に聴いてもらっていることが伝わるのか、望は積極的に、そして礼儀正しくロビー活動を行なった。

　委員からの「条約3条（子どもの最善の利益の保障）が具体的にどうなされているのか？　学校や教育制度における子どもの権利は？」、「条約12条（子どもの意見の尊重）について、子どものニーズに合わない教育を受けさせられるとき、子どもの改善してほしいという声がどう反映されるのか？　子どもの権利を守るために、データをどう集め、どのような対応がなされているのか？」という質問に、日本政府代表団からは納得のいく回答を聞くことができなかった。日本における障害児の就学先の決定は、「子どもの権利」がないがしろにされてきた。識者といわれる人たちによって障害児教育のあり方が決められ、そこに子どもの声（思い）が反映されるしくみはない。「子どもの最善の利益」が、おとなからみた利益にすり替えられ、子どもたちの「思い」は受け止められてこなかった。

> 「ADHDの子ども数は、以前、日本の数値は低かったが、伸び率が恐ろしくはやい。子どもの基本的ニーズが満たされていないのでは？」と、委員からの指摘があった。事実、特別支援教育に制度が変わってから、子どもたちが医学的診断によりラベリングをされる傾向にあり、特別支援学校の生徒数増加にも拍車をかけている。「子どもの権利」に対する認識が希薄なために、一方的に、個人の能力に着目した支援が子どものニーズに応えることだとされているのではなかろうか。望は、思いを言葉で伝えることはできないが、行動や表情から受け取ることができる。「友だちと一緒に遊び学びたい」という彼女の思いは、就学時から分けられてしまっていたならわからなかった。共に学んだ小中学校では、教師も親も、子どもたちのさまざまな思いを受け止めて、多くのことを学んできた。さまざまな子どもをあるがままに受け入れる学校、共に育ちあう教育の中でこそ、子どもの権利は保障されていくのだと思う。
>
> 　審査の最初にクラップマン氏から「日本の報告には、『条約の理念』という言葉がよく使われているが、『前向きな態度』だけのこととして捉えられており、メカニズムがないのではないか。『子ども自身が権利をもっている』という考えをもつ必要がある」という発言があった。研究している、努力したいという報告が繰り返されてはならない。今回の総括所見には、障害のある子どもについて、具体的な項目が多く並んだ。わたしたちの思いが伝わったと感じた。次は、それをどう形にしていくかが課題である。
>
> 　障害のあるなしにかかわらず、すべての子どもが人権を尊重され、自ら、自身の存在に胸を張って生きていくことができる社会であるための法や制度を確立してほしいと強く願っている。
>
> 　　　　　　　　　　　　　　　　　　　　　　　　　　　（むかい・ひろこ）

っているのではないかと懸念されている。さらに、新たな勧告として包括的な差別禁止法を制定することが要請されている。現在、内閣府障がい者制度改革推進会議において、2013（平成25）年までに差別禁止法を策定する動きがあり、これを後押しするものである。意識啓発キャンペーンや人権教育など、従来よりも強力な対応が求められている。パラグラフ58・59（障がいのある子ども）は1回目、2回目より詳細でしかも具体的な内容になっている。パラグラフ58で、障害のある子どものための措置が注意深く監視されていないこと、そして必要な設備、便益を用意するための政治的意思と財源が欠けていることにより、障害者の教育へのアクセスが制限されていることが懸念されている。ここでいう教育とは、国連・子どもの権利委員会一般的意見9号にあるようにインクルーシブ教育を指している。ここには、日本政府にインクルーシブな教育を進めていこうという政治的意思が欠けているのではないかという委員会の鋭い指摘がみられる。

その後、9項目にわたる勧告が行なわれている。

(a) 障害のある子どもを全面的に保護するための法改正とその実施を監視するための監視システムをつくること。これは、日本政府からは養護学校・養護学級への就学数のデータは提出されているのに普通学級に就学している障害のある子どものデータがないことから、きちんとフォローアップをしていないのではという懸念が背景にある。

(b) インクルージョンと参加を確保することに視点を当てたコミュニティを基盤としたサービスを提供すること。

(c) 差別をなくす取り組み、子どもの権利等に関する公衆の感受性を高めること、社会へのインクルージョンを奨励すること。意見を聞かれる子どもと保護者の権利を促進する意識啓発キャンペーンの実施。これについては差別の解消という観点からいままでも勧告が行なわれていた。子どもの意見表明権は条約12条に規定されており、意見を聴くだけではなく表明した意見を正当に尊重しなさいという義務を課している。子どもと親が表明した意見を正当に尊重される権利も含まれると理解される。

(d) 人的資源と財源を提供するためのあらゆる努力をすること。

(e) 教育に関する勧告は1回目、2回目よりもいっそう具体的なものになっており、インクルーシブ教育のために必要な便益を学校に備えて少なくとも物理的な整備が整っていないという理由で障害児を受け入れないということは基本的には認められない、障害児が希望する学校を確保すること、インクルーシブ教育を前提としながら子どもの最善の利益に応じて普通学校と特別支援学校との間の行き来を容易にできるようにしなさいとしている。

さらに、(f)NGOに対する支援、研修、(g)研修の強化、(h)障害のある子どもの権利に関わる国際文書、基準規則と一般的意見9号を考慮すること、(i)障害者権利条約を批准することも求められている。

パラ60と61でメンタルヘルスの問題についても勧告がなされている。ADHDについて、親および教職員との関係の貧しさがその決定要因になっている可能性があることを示すデータが留意されている。また、主として薬物によって治療されるが、薬物によって治療される病気という側面と同時に社会的な決定要因が正当に考慮されていないのではないかと懸念されている。勧告は、あらゆる環境における効果的支援を確保する学際的アプローチを通じて対応するための効果的措置をとること、ADHDの診断数の推移を監視するとともに、この分野における調査研究が製薬産業とは独立に実施されることを確保するよう求めている。

(4) おわりに

　筆者は今回初めて子どもの権利条約の報告書審査を傍聴した。障害児教育の分野からは、障害当事者である高校2年生の女の子とその母親、人工呼吸器をつけて小・中・高を地域の学校に通い現在親元から離れて自立生活をしている男性の母親と4名での参加であった。日本の分離教育制度の下、制度に縛られ苦しめられている当事者たちである。委員がインクルーシブ教育は障害のある子どもの権利であるという立場から質問されているのを聞き、制度だけではなく日本政府の「感覚」がいかに権利ベースから離れているのかを実感した。

　今回非常に重要な総括所見を得ることができた。この宝物をどのようにして広め、日本の実態を変えていくか、人とのつながりを大事に地道に取り組んでいきたい。

(いちき・れいこ)

2　教育分野における子どもの権利

原ひとみ（日本教職員組合）

(1)　競争主義的な教育制度の見直し

　教育に関しては、第1回総括所見から一貫して「競争主義的な教育制度の見直し」が勧告されている。ところが、第3回政府報告書では「高等学校入学者選抜においては、……推薦入学の実施、受験機会の複数化、面接・小論文・実技検査の実施などの取組が行われるなど、改善が進められ……15歳人口が減少してきており、高等学校入学者選抜における過度の受験競争は緩和されつつある」(パラ423)、「……(学習指導要領の検討の中で)今後、国語教育や理数教育において教育内容を充実・増加することが考えられるが、これは子どもたちが社会において十分にその個性や能力を伸ばすために必要不可欠の基礎を培うものであって、競争的な性格により悪影響が生じるとの指摘は当たらない」(パラ424)としており、学校現場の状況を認識したものとなっていない。

　NGOレポートでは、中高一貫校の出現や不況による教育不安などで競争主義が激化・低年齢化していること、「全国学力・学習状況調査」が「結果を今後の条件整備にいかす」という本来の意義からはずれ点数競争を煽る結果になっていること、新学習指導要領の内容が基礎的・基本的な知識・技能を確実に習得させるという「教え込み」と学習態度をことさら重視する態度主義へと転換していることなどを指摘し、学習指導要領の抜本的見直し、悉皆型「全国学力・学習状況調査」の廃止、子どもを含む当事者参加によるカリキュラムの見直しなどを指摘した。

　2009年の政権交代を機に、2010年度から全国学力・学習状況調査が、抽出

調査となった。しかし、全体の抽出率が30％と高く、また希望方式により多くの自治体が調査を行なっており、結果として悉皆調査となっている都道府県もみられる。競争主義的な状況が改善されたとはいえず、抜本的見直しが必要である。

---

column

ゼロトレランスと校則

永田裕之（神奈川教育法研究会）

　1990年代、社会全体が若者の変化を理解しがたいものと見るようになり、厳罰主義の風潮が社会、さらには学校をも覆うようになった。そのなかで歓迎されるようになったのが「ゼロトレランス」と呼ばれる生活指導の方式である。校則に合わない行動をとった生徒に対して機械的に処罰を加え、累積していけば、停学・退学といった措置を加える。ゼロトレランスを方針として宣言する学校も生まれている。教員は、生徒に対し「毅然とした態度」をとらなければならないという風潮も強まっている。

　日本の校則はきわめてあいまいな点に特徴がある。1つは規定自体があいまいな場合である。「学生の本分」、「高校生らしい」といった表現で、読む者によって解釈が変わってしまう内容が多い。もう1つは校則に書かれてはいるが、学校が本気で守らせようとしていない場合がある。「アルバイトの禁止」を規定している高校があるが、教員が学校外に出て、生徒がアルバイトしているかどうか調査するわけではない。校則として書いてはあるが、適用はルーズである。日本の校則は大きく網を被せて具体的なことは運用で考えるというやり方をすることが多い。具体的で細かい校則は、仮にあっても文書にして生徒に配布されることがあまりない。何らかの懲戒が加えられる場合でも、文書で通知されることはさらに稀である。

　あいまいなままで厳罰が加えられた場合、異議申立てをすることも難しく、救済の対象にもなりにくい。学校は自らが行なった措置をどのようにでも説明することが可能だからである。生徒が校則を批判することも、公的な場に参加して意見を述べることも困難である。そこで、日本の学校で厳罰化が進むと、恣意的な措置で権利侵害が多くなること、また、教師が「毅然とした」態度をとらなければならないと考え、「体罰」が起こりやすくなることが懸念される。今回の総括所見においても「（体罰の）禁止規定が効果的に実施されていないという報告があることに懸念」が表明されている（パラ47）。

　恣意的な懲戒や体罰を防ぎ、「学校懲戒が子どもの人間の尊厳と一致する方法で」（条約28条）行なわれるためには、適正手続を日本の校則に含めることを法令で義務づけることがぜひとも必要である。

（ながた・ひろゆき）

第3回総括所見では、「学校および大学への入学を求めて競争する子どもの人数が減少しているにもかかわらず過度の競争に関する苦情の声があがり続けていること」に懸念と留意が示され、再検討が勧告された（パラ70・71）。国連・子どもの権利委員会一般的意見1号（2001年）は、「子どもの権利条約第29条1項は、教育の目的についてさまざまな側面を強調する役割を果たしている」とし、そのひとつに包括的なアプローチとして「知識を蓄積することに主たる焦点を当て、競争を煽り、かつ子どもへの過度な負担につながるようなタイプの教育は、子どもがその能力および才能の可能性を最大限にかつ調和のとれた形で発達させることを深刻に阻害する可能性があることが強調されなければならない。教育は、個人としての子どもにきっかけおよび動機を与えるような、子どもにやさしいものであるべきである。学校は、人間的な雰囲気を醸成し、かつ子どもがその育ちつつある能力にしたがって成長できるようにすることが求められる」と明記されている。そして、今回の総括所見では再度、一般的意見1号の考慮が奨励された。

(2) 教育予算の拡充
　第3回政府報告書では、「2006年度の政府の一般会計予算の7.1％を占める約3兆3098億円が青少年関係予算に割り当てられており、この条約に掲げられている児童の権利の実現に必要な資源が適正に配分されていると考えている」と述べられている(パラ51)。
　NGOレポートでは、経済不況に対抗するため子ども関連部門も厳しい財政管理の対象となっていることや「経済的理由」で高校を中退する生徒が増加していることなどについて政府報告書で触れられていないこと、教育や福祉などの分野においてニーズに十分に応えうるだけの財政的・人的資源は確保されていないことを指摘した。
　子どもの貧困が社会問題として深刻さを増している。家庭の経済格差が教育格差につながり、私費負担割合の大きい日本では、負の連鎖を断ち切ることがなかなかできていない。日本の教育への公的支出の対GDP比は3.3％（2007年）と、OECD加盟国のなかで最も低い水準である。平均学級規模についても公立小学校で28.0人、中学校で33.0人（2008年）であり、OECD各国平均（小学校21.6人、中学校23.7人）を大きく上回っている。
　2010年度から高校授業料が公立で不徴収、私立でも相当額を学校設置者が代理受領することとなった。新政府によって「子どもは社会全体で育てる」という理念・施策へ転換したが、授業料以外の私費負担軽減、朝鮮学校生徒への支給など課題も残っている。「子どもの貧困」を解決するために、給付型奨学金の創設

などが求められる。

　いま学校現場では、「子どもと向き合う時間」がほとんどない状態になっている。文科省が40年ぶりに行なった「教員勤務実態調査」(2006年)では、1日の休憩時間は10分未満という教職員、超過勤務をする教員は40年前の5倍以上という結果が出ている。厳しい労働条件と管理強化の下でストレスによって精神的健康を損なう教職員が増加している。

　2011年度から小学1年生で35人以下学級が実現した。30年ぶりの学級編制基準の引き下げであり、現場の声が反映されたものといえる。今回の法改正では、附則に財源の確保が明記されたこと、附帯決議にも、義務教育国庫負担金について予算の確保に努めることが明記されたことがポイントである。すでに小学1年生以外でも少人数学級を拡充している都道府県があるが、子どもたちに豊かな学びを保障するためにも、今後、国段階での中学3年生までの35人以下学級の早期実施が求められる。

　第3回総括所見では、「子どもの権利を実現する締約国の義務を満たせる配分が行なわれるようにするため、中央および自治体レベルの予算を子どもの権利の観点から徹底的に検討すること」、「子どもの権利に関わる優先的課題を反映した戦略的予算科目を定めること」などが強く勧告されている(パラ20)。また、「外国人学校への補助金を増額し、かつ大学入試へのアクセスにおいて差別が行なわれないこと」を奨励している(パラ73)。今後、教育への公的支出をOECD水準に引き上げることが大きな課題である。

(3)　人権教育の推進

　第3回政府報告書では、「2003年に一部改正した学習指導要領においても、学校の教育活動全体を通じた人権に配慮した教育を行うことを一層推進することとしている」とし、文科省の「人権教育の指導方法等に関する調査研究会議」において、人権教育の指導方法等の在り方について［第一次とりまとめ］(2003年)、［第二次とりまとめ］(2006年)をとりまとめたことを述べている(パラ419)。文科省はまた、2008年に「人権教育の指導方法等の在り方について［第三次とりまとめ］」を発表し、推進体制の確立と人権教育の全体計画の策定を求めている。

　しかし、2009年度の「児童生徒の問題行動等生徒指導上の諸問題に関する調査」(文科省)では、小・中・高における暴力行為の発生件数は約6万1000件、小・中・高・特別支援学校におけるいじめの認知件数は約7万3000件、高校における不登校生徒数は約5万2000人、中退者数は約5万7000人、自殺した児童・生徒は165人(小0、中44、高121)という結果が出ており、依然として子どもたちの厳

しい現状がある。

　NGOレポートでは、「人権教育を学校カリキュラムに体系的に導入するための措置はとられていない。むしろ少年犯罪の原因は『人権・自由偏重の教育にある』などの主張を背景として、人権教育、とくに子どもの権利教育は後退している」ことを指摘し、「学校教育において道徳教育を強化する政策を改め、子どもの権利および子どもの権利条約に関するものを含む人権教育を充実させるべきである」と提起した。

　「ゆとり教育の見直し」が叫ばれて以降、各教育委員会の指導により、学校では教科の授業時間の確保に躍起で、学校行事や「選択」等の時間が削られていっている。そうしたなか、多様な価値観を認め合い、互いの権利を尊重するという人権教育ではなく、決まった価値観を教え込む「道徳教育」が強化されているのが現状である。

　第3回総括所見では、「高度に競争的な学校環境が就学年齢層の子どものいじめ、精神障がい、不登校、中途退学および自殺を助長している可能性があること」が懸念され（パラ70）、「子ども同士のいじめと闘う努力を強化し、かつそのような措置の策定に子どもたちの意見を取り入れる」という勧告にとどまっているが（パラ71）、第2回総括所見では「人権教育、およびとくに子どもの権利教育を学校のカリキュラムに含めること」が勧告されていた（パラ21(d)）。引き続き、学校における人権教育・子どもの権利学習の有効性・重要性を再確認し、推進する必要がある。

(4)　学校における子どもの意見表明・参加

　政府報告書では、「学習指導要領で、小・中・高等学校段階において、学級活動・ホームルーム活動や児童会活動・生徒会活動を実施することを定めており、各学校において児童生徒が意思決定に参加している」（第2回パラ130）、「学校においては、校則の制定、カリキュラムの編成等は、児童個人に関する事項とは言えず、第12条1項でいう意見を表明する権利の対象となる事項ではない」（第3回パラ205）と述べている。

　NGOレポートでは、学校における子どもの意見表明・参加の問題として、「政府は、『校則の制定、カリキュラムの編成等は、児童個人に関することとは言えず、第12条1項でいう意見を表明する権利の対象となる事項ではない』とする一方で、プライバシーを侵害する規則や学校外の生活まで規制する校則が制定されている」ことを指摘し、懲戒処分や出席停止命令において事前の告知や弁明の機会の保障、学校運営に参加する子どもの権利の保障、とくに校則の制定・改正および教育内容の決定にあたって子どもの積極的な参加の保障を提起した。

学校でようやくGID（「性同一性障害」）など性的マイノリティの子どもたちへの配慮が考えられるようになり、文科省も通知（「児童生徒が抱える問題に対しての教育相談の徹底について」2010年4月23日）を出した。学校のルールやシステムが子どもたちの意見を無視し、人権を侵害していないかを見直す必要がある。

　第3回政府報告書では、「障害がある子どもについては、その能力や可能性を最大限に伸ばし、自立し社会参加するために必要な力を培うため、一人ひとりの障害の程度や生き方に応じ、きめ細かな教育を行う必要がある」（パラ352）と述べられている。能力や可能性を最大限に伸ばすことは大切なことではあるが、これはあくまでも障がいを「医学モデル」で捉えたものであり、障がい者権利条約に謳われている「社会モデル」の観点ではない。「社会モデル」の観点から言えば、「できなさ」があっても自立し、社会参画できる教育が求められる。そのような教育とは、より多くの「関係」を保障することである。そのためにインクルーシブ教育は不可欠であり、今回の勧告にある「障がいのある子どものインクルーシブ教育のために必要な便益を学校に備えるとともに、障がいのある子どもが希望する学校を選択し、またはその最善の利益にしたがって普通学校と特別支援学校との間で移行できることを確保すること」（パラ59(e)）の速やかな実現が必要である。

　今の学校現場に「子どもの権利条約」が根づいているとはいえず、具体化が重要な課題である。今回の総括所見をもとに、「子どもの権利条約」をどう広げていくか。子どもを権利の主体として、条約の理念が日常に生かされるために、さまざまな条件整備を行なっていくとともに、おとなの意識改革が重要となってくる。そのための広報・研修等フォローアップに力を入れていかなければならない。

（はら・ひとみ）

3　多様な教育への権利保障——不登校と子どもの権利条約

佐藤信一／奥地圭子（NPO法人東京シューレ）

(1)　不登校の子どもの現状と背景

　文部科学省の2010年度学校基本調査によると、2009年に病気や経済的な理由以外で、学校を年間30日以上欠席した「不登校」の子どもの数は、約122,000人にのぼっている。この数は、前年度からは約4,000人の減少があったものの、1998年より連続して10万人以上で推移している。子どもたちが不登校になるきっかけは、いじめ、体罰、教師による管理的な対応、学力を中心とした過度に競争的な雰囲気などさまざまある。そのような環境の中で、多くの子どもたちの自己肯定感は著しく損なわれ、大変高いストレスを強いられながら、それでもなお学校復

帰を前提とした不登校政策によって学校に通わざるをえない状況にある。2006年度に多くのいじめ自殺を生んだ背景には、以上のような状況がひとつの大きな要因になっていると思われる。また、不登校となって、ようやく学校と一定の距離をとることが可能になったあとも、「学校に行くことは当然である」という社会通念によって、子どもたちは「自分が悪いのではないか」、「自分は怠け者なのではないか」、「自分は弱い人間なのか」といった思いに苛まれ、より苦しい状況に追い込まれることもある。

東京シューレは、1985年に学校外の居場所・学び場としてスタートし、これまでに1,200人以上の子どもたちに出会ってきたが、彼ら・彼女らが、そういった自己否定から解放され、再び自己肯定感を取り戻していく過程は決して生やさしいことではないことを痛感してきた。それと同時に、子どもの権利条約の掲げる理念は、「子どもがつくる・子どもとつくる」という東京シューレが大切にしている思いと共通するものであり、子どもが自己肯定感を育んでいくうえで欠かすことのできないことであることも実感している。

(2) 政府報告書から見えるもの

第1回から第3回の政府報告書とそれに対する国連・子どもの権利委員会の審査に関して、本来ならば、そのつど子どもの権利に根ざしたポジティブな進展がみられるべきであり、そうであってこそ報告制度の存在価値が認められるわけだが、「不登校」に関する部分については、政府の取り組みに子どもの権利に根ざした進展がみられず、不登校をとりまく状況はなかなか改善されないのが現状であることを一言付してから始めたい。

第1回および第2回政府報告書の不登校の部分に関して、政府は不登校の児童・生徒数が年々増加しているなかで、対応策として「(イ)分かる授業を行い、児童生徒に達成感を味わわせ、楽しい学校の実現や、(ロ)スクールカウンセラーの配置の拡充など教育相談体制の充実、(ハ)学校外の場所において不登校の児童生徒の学校復帰を支援する適応指導教室の充実、(ニ)中学校卒業程度認定試験や大学入学資格検定の受験資格の拡大や高等学校入学試験における配慮などの施策を推進しているところである」(第2回パラ268)と述べたが、以上の取り組みはいずれも不登校の要因を子ども自身の資質に求めるものであったり、あくまでも学校復帰を前提としたりするものであり、子どもの最善の利益に立ったものとはなっていないのが現状である。とりわけ2002年に国の不登校に関する調査研究協力者会議が出した学校復帰への働きかけを強める政策は、不登校ゼロ作戦や半減など数字目標優先の登校圧力を生み出し、多くの不登校の親子を苦しめた。

column

取り上げられなかった食の安全・食教育と子どもの権利

加藤千鶴子（東京・生活者ネットワーク）

　第3回政府報告書によると、児童の健康確保のための施策のうち、新たな取り組みとして進展をみたのが"食育"の推進である。児童を含め国民一人ひとりが食についての意識を高め、健全な食生活を実践することのできるよう2005年6月『食育基本法』を制定。今後家庭、学校、地域等を中心に国民運動として"食育"を推進するとしている（概要Ⅵ）。法は"食育"を「知育・徳育・体育の基礎」と位置づけ、「生涯にわたり健全な食生活の実現に努め、"食育"の推進に寄与するよう努める」と国民の責務に至るまでを定めているが、そもそも私生活における食事というきわめて日常的な個人の領域に法律が踏み込むことへの疑義は拭えず、賛否の分かれる問題をはらんでいる法律であることをふまえなくてはならない。

　法の施行に伴い2008年6月、とくに学校給食を食育推進の要と位置づけた「学校給食法」改正が行なわれた。しかし、全国3万を超える小中学校現場への栄養教諭配置はわずか2,648人（09年4月文科省調べ）と不十分であるうえ、食教育の時間・予算ともに削減方向にあり、NPOなどの力を借りることも困難なのが実情である。問題は、食教育をしなければ子どもが健康に成長する権利が脅かされている現状なのであり、命を育む食環境整備をこそ政府は推進すべきである。情報が限られ、おとなから与えられるものを食べる子どもたちの成長発達する権利を守るためには、かつて発生した、乳児の粉末乳にヒ素が混入し多くの幼い犠牲者を出した事件などからの教訓を徹底的に活かす食の安全行政が優先されなければならない。

　輸入に頼る現状で懸念されるのは、ポストハーベスト農薬と遺伝子組み換え作物である。ポストハーベスト農薬は残留性が高く、基準が定められているとはいえ、子どもたちの継続的な摂取には問題がある。大豆やトウモロコシなどの遺伝子組み換え作物が市場化されたのは1996年と歴史が浅く、催奇形性は不明であり、その多くが表示義務の及ばない飼料や加工食品に使われているため選択することができない。また、放射線照射食品が生協組織やNPOなどの監視下で恒常的に発見されていることも見逃せず、成長期にある子どもの健康に与える影響が懸念される。

　国内においても、食品製造に農薬・抗生物質・食品添加物などが多使用されており、気づかないうちに摂取している化学物質の子どもたちに与える影響は測りしれない。すでに8450万種を超えて存在する化学物質の、その多くは体内で分解されずに脂肪に蓄積する性質をもち、食物連鎖の結果、とくに子どもに蓄積してアトピー性皮膚炎やアレルギーを引き起こすほか、自閉的で社会性が育ちに

くい、突発的に怒る、学習障がいなども化学物質の関与が疑われている。化学物質の感受性や解毒性、曝露経過や曝露量などが成人と極端に異なる子どもや胎児の調査研究を急ぎ、さまざまな意思決定の際に「子どもや胎児に対する健康リスク評価」が一定基準値のもとに行なわれるよう、法整備が図られなければならない。

　世界の飢餓状況が悪化している。森林・緑地の人為的減少が干ばつや水不足をもたらし、砂漠化を進め、食糧を作れない土地が増えるといった食糧危機は、国を超えて次世代の子どもたちに影響を与えるだろう。日本は、食糧を世界中から輸入することによって、飢餓に苦しむ国々の食糧を搾取していると同時に、自らの将来にわたる食の確保を危うくしている。国内自給を高める政策に転換しなければ、将来にわたり子どもたちに必要な食を保障することはできない。政府がなすべきは、安全な食物を子どもに平等に届けられる政策の実施であり、それは持続可能な命を育む食糧生産があってこそ確保できる。身近に食糧の生産現場があることが、子どもたちにとってなによりの食教育である。その視点が食育基本法および実施計画である推進計画自体に欠如している。

　しかしながら、今回の審査においても、総括所見においても、この問題は取り上げられなかった。

（かとう・ちずこ）

　また上記の政府報告書に対して国連・子どもの権利委員会の総括所見では、「競争が激しい教育制度のストレスにさらされ、かつその結果として余暇、運動および休息の時間が得られないために子どもたちの間で発達障がいが生じていること」(第1回パラ22)、「教育制度の過度に競争的な性質によって、子どもの身体的および精神的健康に悪影響が生じ、かつ子どもが最大限可能なまで発達することが阻害されていること」(第2回パラ49(a)) に懸念が示されている。2度にわたって同様の懸念が示されたことを政府は重く受け止め、子どもの権利条約に根ざした取り組みを行なっていくことが急務とされたが、依然としてそのような教育制度から生じるストレスは、子どもたちが不登校になる大きな要因となっていることを現場では感じざるをえない。この点について、政府は第3回政府報告書で、「学校制度の競争的な性格を軽減するためのカリキュラムの再検証」という項目を立て、「文部科学省では、学校教育において、すべての子どもたちに社会において自立的に生きる基礎を培い、国家及び社会の形成者として必要とされる基本的な資質を養うため……学習指導要領の見直しについて検討している。このような検討の中で、今後国語教育や理数教育において教育内容を充実・増加することが考えられるが、これらは子どもたちが社会において十分にその個性や能力を伸ばすために必要不可欠の基礎を養うものであって、競争的な性格により悪影響が生じるとの指摘は

当たらない」(パラ424)という見解を示しているが、過去2度にわたって同様の指摘をされたことに対する回答としては正直なところ不十分であり、的外れであるといわざるをえない。子どもたちが社会で生きていくために必要なスキルを養うことは、教育への権利を保障するうえで欠かせないことである。また、その内容は、急速に高度化・複雑化する社会を見ながら検証し、見直していく作業は大切である。しかしながら、それは「過度に競争的な学校環境」でなければ成立しないものでない。そもそも、文部科学省は、再三指摘されている「過度に競争的な学校環境」がいったい何を示すものであるのか、それは何から生じるものであるのか、再度真剣に考える必要があるだろう。ちなみに、不登校に関して、第3回政府報告書に示された見解は、第1・2回報告書とほとんど同様のものであることも付け加えておく。

(3) 今後の取り組み

第3回審査では、教育に関して以下の懸念と勧告が示された。

「日本の教育制度……過度の競争に関する苦情の声があがり続けていることに、懸念とともに留意する。委員会はまた、このような高度に競争的な学校環境が就学年齢層の子どものいじめ、精神障がい、不登校、中途退学および自殺を助長している可能性があることも、懸念する」(パラ70)。「委員会は、学業面での優秀な成果と子ども中心の能力促進とを結合させ、かつ、極端に競争的な環境によって引き起こされる悪影響を回避する目的で、締約国が学校制度および大学教育制度を再検討するよう勧告する」(パラ71)。

不登校とは、まさに子どもたちが日本の教育制度に対して、命がけで異議申立てをしているともいえる。政府は、子どもの権利条約を批准した国として、真摯に上記の懸念と勧告を受け止め、早急に学校および教育制度の見直しを行なうことが求められる(その際の参考資料として、今回のNGOレポートに追加資料として添付した2人の不登校の子どもの「子どもの権利委員会への手紙」と2009年8月に不登校の子どもたちが集まる全国大会で採択された「不登校の子どもの権利宣言」を参照していただきたい〔東京シューレのホームページに掲載〕)。子どもたち自身の生の声に耳を傾けることから、見直しを始めていくことが重要である。また、教育制度の見直しについては、総括所見には反映されなかったものの、審査の中でバルマー委員が「多様な教育のあり方を保障していくことが必要である」という見解を示していることも注目しておきたい。現在、NPO法人フリースクール全国ネットワークを中心に「(仮称) オルタナティブ教育法」が検討されており、フリースクールやフリースペースのほか、家庭を学びの場とするホームエデュケーションといった学校外の場が、正規の教育として認められ、それらを利用する子どもたちの教育への権利が学校と同様に認められることを

目的としている。今後、法案実現に向けて、広く社会で議論し、運動のうねりを高めていきたいと考えている。

(さとう・しんいち／おくち・けいこ)

Ⅵ　少年司法

石井小夜子(弁護士、子どもと法・21)

1　少年法「改正」に対する国連・子どもの権利委員会の勧告

　2000年の少年法「改正」について、国連・子どもの権利委員会は2004年の第2回総括所見で、刑事処分年齢の引き下げ、刑事裁判に付される子どもの増加、観護措置期間の延長などに懸念を表明し(パラ53)、自由の剥奪を最後の手段として確保するため身体拘束に代わる代替手段の増強をすること(パラ54(c))、「16歳以上の子どもの事件を成人刑事裁判所に移送できることについて、このような実務を廃止する方向で見直しを行なうこと」(パラ54(d))などを勧告した。しかし、日本政府はこれに従わず、さらに2007年、2008年と「改正」したのである。2000年「改正」も含め、これらは、条約や少年司法に関する国際基準から大きく後退するものである。

　こうした日本政府の態度に対し、委員会は第3回総括所見において、「立法」のパラグラフで、「委員会はまた、少年司法分野におけるものも含め、国内法の一部の側面が条約の原則および規定にいまなお一致していないことにも留意する」(パラ11)と少年司法を特別に取り上げ、「委員会は、締約国が、子どもの権利に関する包括的法律の採択を検討し、かつ、国内法を条約の原則および規定と完全に調和させるための措置をとるよう、強く勧告する」(パラ12)とした。そのうえで、「少年司法の運営」のパラグラフ83・84で懸念を表明し、パラグラフ85で勧告をしたのである。

　以下、この総括所見をどう活かし、どうフォローアップすべきかを検討する。

2　法律の制定改正が必要なもの

　「立法」のパラグラフにも触れられたように、今回の総括所見を活かすには法律の制定改正が必要なものが多数ある。

(1)　少年法等の改正

　まずは、以下の点について、少年法等の改正が必要である。

　①　刑事処分対象年齢を2000年「改正」前のように審判(処分)時16歳以上に

戻す少年法改正(パラ85(b))
②　原則逆送制度の廃止をする少年法改正(パラ85(c)後半)
③　観護措置に関する特別更新制度の廃止をする少年法改正(パラ85(f))
④　触法少年に関し少年院送致をなくすための少年法改正と少年院法の改正(パラ85(c)前半)
⑤　全件付添人を実現するための少年法改正(パラ85(d))

(2) **子どもの刑事裁判の整備**
(i) 子どもの刑事裁判の問題性

　本来、子どもには刑事罰はふさわしくないし、成人と同じ刑事裁判所で刑事裁判を受ける制度はふさわしくない。前記第2回の勧告からわかるように、委員会はそもそも子どもが刑事裁判を受ける制度を廃止する方向で見直すことを政府に求めている(パラ54(d))。今回の勧告では、少なくとも2000年「改正」前までに戻すべきとした(パラ85(b)・85(c)後半)。

　ただ、この勧告が実現されても、子どもが家庭裁判所から逆送され、刑事裁判に付されるケースは出る。しかし、現在の子どもの刑事裁判には問題が山積している。

(ii) 裁判員制度の見直し(パラ85(c))

　2009年から開始された裁判員裁判の対象には少年事件も含まれる。

　委員会は「刑事責任年齢に達していない子どもが刑法犯として扱われまたは矯正施設に送られないこと、および、法に抵触した子どもが常に少年司法制度において対応され、専門裁判所以外の裁判所で成人として審理されないことを確保するとともに、このような趣旨で裁判員制度を見直すことを検討すること」を勧告した(パラ85(c))。

　委員会へ情報提供した裁判員裁判下の少年事件の問題点には次のようなことがある。

ⓐ 「社会記録」の使用

　子どもの刑事裁判にあっても、家庭裁判所調査官による少年調査票や少年鑑別所の鑑別結果通知書(「社会記録」という)を調べる規定になっている(少年法50条、刑事訴訟規則277条)。ただし、これらは子どもや家族の高度なプライバシーが集められているので、裁判員裁判が開始されるまでは、裁判官は法廷外の場で読み込んでいた。

ⓑ 少年法55条による家庭裁判所への移送

　子どもは刑事裁判に付されても、「事実審理の結果、少年の被告人を保護処分

に付するのが相当であると認めるときは、決定をもって、事件を家庭裁判所に移送しなければならない」(少年法55条)という制度がある(「55条移送」「家裁移送」と称されている)。これは少年法1条の趣旨を活かし、いったん家庭裁判所から刑事処分相当とされて刑事裁判に付されてもなお、「子どもの最善の利益」のために再度保護処分の道を探るための重要な規定である。ⓐで述べた社会記録を刑事裁判でも取り調べられるのは、こういう選択肢もあるからである。実際、社会記録を読み込んで「55条移送」にするか否かを判断する。2000年「改正」により刑事処分対象年齢が引き下げられ、原則逆送制度ができ刑事裁判に付される子どもが増えたが、「55条移送」ケースも増えた。逆にいえば、社会記録の読み込みが十分になされないと「55条移送」は限りなくなくなっていくのである。

ⓒ 少年事件における裁判員裁判の問題点

裁判員裁判の開始にあたって「子どもだから」と特別なことは検討されず、開始直前になってプライバシーの扱いや裁判員の負担等の問題が表面化した。

裁判員制度の開始にあたってこの問題の指摘を受けた最高裁司法研修所は「司法研究骨子」を発表し、まず「55条移送をするには通常と違う特別な事情があることが必要」であると、法律の規定からはどこからも出てこない、実質的に少年法を「改正」するような見解を示して55条移送を制限した。そのうえで、裁判員裁判では社会記録を活用することは必要とせず、「少年調査票」にある「調査官の意見」という結論のみでよいとした。「司法研究骨子」には拘束力はないが、最高裁司法研修所が出した見解が実務に与える影響は大きい。この見解どおりに運用されれば、「55条移送」になるケースはほぼなくなる。実際に始まった子どもが被告人の裁判員裁判では、少年調査票のうち、「結果は重大で刑事処分が相当だ」などとする調査官意見の結論部分だけが読み上げられたという報告が続いている。このままでは、裁判員裁判に付された子どもの場合「55条移送」になるケースはなくなる。

また、委員会は総括所見で「広報、研修および意識啓発」に関する懸念および勧告をしているが(パラ23・24)、「少年司法の運営」分野でもそれを特記し、「少年司法制度に関わるすべての専門家が関連の国際基準に関する研修を受けることを確保すること」を勧告している(パラ85(h))。

少年法は誤解が多い法律である。裁判員が研修を受けないまま少年事件を担当するのは誤解したまま意見が出され、あるいは裁判官に引きずられる危険性が大きい。裁判員は、候補者として公判当日に呼ばれ当日の抽選で裁判員に選任されるので、委員会がいうような研修を行なえる制度ではない。

上記の状況を考えると「裁判員制度3年後の見直し」において、少年事件は裁判員裁判の対象から外すべきである。

(ⅲ) 子どもが成人として取り扱われないことを確保すること

委員会の事前質問票 (list of issues) では、「少年司法に関して、とくに子どもが成人として取り扱われないことを確保する目的で、条約の規定の全面的実施を保障するためにどのような措置がとられてきたか、具体的に明らかにされたい」ことが問われ (パラ16)、総括所見でも「専門裁判所以外の裁判所で成人として審理されないことを確保する」ことが勧告されていることからも (パラ85(c))、委員会が、子どもが成人同様に取り扱われないことを確保することを少年司法運営に強く求めていることが見てとれる。

また、今回の勧告にはあげられなかったが、子どもの権利条約など国際文書では、プライバシー保護が重要課題になっている (条約16条)。少年審判は非公開が原則であるが、日本国憲法上、裁判になれば公開 (少なくとも判決は公開が絶対) である。したがって、子どもであっても刑事裁判に付されれば、公開が原則となる。ただし、対審の部分は非公開も可能なので、これを法令で規定したり運用でまかなったりすることなどを検討すべきである。

(ⅳ) 刑事裁判中の身体拘束

刑事裁判に付される子どもは、保釈されないかぎり、延々と勾留される。身体拘束の制限は次の(3)で述べるが、刑事裁判中の拘束問題はもっとも深刻である。

(3) 身体拘束の制限とこの期間の教育へのアクセス

(ⅰ) 勧告 (パラ85(f)・85(g)) の実施

身体拘束の制限は国際文書で重要視され、委員会も日本に対し繰り返し勧告しているところである (第1回パラ27、第2回パラ54(c))。今回も、「(審判前および審判後の) 自由の剥奪が最後の手段として、かつ可能なかぎり短い期間で適用されること、および、自由の剥奪がその中止の観点から定期的に再審査されることを確保すること」 (パラ85(f))、「自由を奪われた子どもが、審判前の身体拘束の時期も含め、成人とともに収容されず、かつ教育にアクセスできることを確保すること」 (パラ85(g)) と勧告された。

(ⅱ) 少年法48条 (勾留の制限) を遵守する法改正 (パラ85(f))

刑事裁判に付されると、保釈がないかぎり裁判終了まで延々と身体拘束される。しかも、その多くは少年審判時期と異なって拘置所である。少年法48条 (勾留の制限) は起訴後も適用されるはずであるが、空文化している。実際、東京地裁2005年9月13日決定では「起訴後は原則拘置所」と判断した。そのうえ、接見禁止などになれば、さらに問題が拡大するが、その制限もない。

そこで、少年法48条を起訴後も遵守し、かつ起訴後の機械的にしている勾留延

長チェックを厳重にすること、そして、これを遵守するよう法改正が実施されることが望ましい。また、「やむをえなく勾留する場合」でも、現行法で認められる少年鑑別所（ここでは、ついたてのない部屋で面会もできるし、学習支援も少しは行なわれる）での勾留を原則にするという法改正がなされれば実効性がある。さらに、子どもについては保釈をしやすくする法制度にし、子どもに対する接見禁止を制限する法改正も必要だろう。

(iii) 身体拘束期間中（捜査・審判段階・刑事裁判段階）の教育アクセス（パラ85(g)）

身体拘束期間中の子どもの教育アクセスも重大な課題である。ことに義務教育中の子どもにそれがないというのは憲法違反状態である。刑事裁判に付され身体拘束されている子どもについてだけではなく、捜査段階・審判段階からの課題でもある。審判段階は少年鑑別所なのでまだ学習の機会はあるが、捜査段階（1回の逮捕・勾留の場合、子どもでも最高23日間拘束される。しかも留置場に、である）や刑事裁判段階ではまったくない。法整備をして教育機会を確保する必要がある。

3　運用での改善

2にあげたように法改正が必要な部分が多数あるが、運用で改善できる部分も相当ある。

(1)　身体拘束の制限および身体拘束の場所・教育へのアクセス（パラ85(f)・(g)）

まず、空文に近い少年法43条・48条に規定されている捜査段階および刑事裁判段階における勾留の制限規定を徹底し、勾留を制限することが必須である。捜査段階の規定である少年法43条1項では、身体拘束が必要な場合でも勾留に代わる観護措置（通常「観護令状」と称されているもので請求）が原則とされている。観護令状では10日しか拘束できないので、これを徹底することが第一である。

また、中学生のけんか事案でも簡単に逮捕するような逮捕増大という運用を見直す必要がある。逮捕がなければ続く勾留問題は生じない。さらに、観護措置の増大も運用を見直し、再逮捕・再勾留・再度の観護措置増大の運用も見直す必要がある。2000年「改正」による観護措置の特別更新を廃止する法改正の必要性は2(1)に述べたが、現在は再逮捕（再勾留）を経ての再観護措置が目立っており、これは運用で制限すべきである。とくに観護措置は、少年鑑別所送致という収容措置をしなくても調査官観護という在宅制度に徹すれば身体拘束問題が生じない。調査官観護にシフトしていくべきである。

現在、捜査段階では子どもも含め警察の留置場（「代用監獄」）で留置・勾留、刑事裁判段階では拘置所に勾留されている。教育へのアクセスの確保という改善も

あるが、勾留を制限すること、「やむをえず」勾留を必要とする場合でも、少年法48条2項により勾留場所を少年鑑別所に徹底することがこの問題の根本的な改善につながる。

(2) 試験観察の積極的活用 (パラ85(e))

家庭裁判所の中間処分に試験観察がある。多くは少年院送致が必要かもしれないと思われるケースで行なわれるので、これを使えば施設収容が相当減る。現在の運用は試験観察が減少しており、早めに施設収容がなされ、その結果施設収容割合が増えている。この試験観察制度の中身はバリエーションがあり、実質処遇までしている。まさに委員会がいう「可能な場合には常に、保護観察、調停、地域奉仕命令または自由剥奪刑の執行停止のような、自由の剥奪に代わる措置を実施すること」(パラ85(e))にあたる。ただしそのためには、家裁調査官の増員および調査官の独自性・専門性の確保が必須である。

(3) 研修 (パラ85(i))

先に述べたとおり、今回の総括所見は、研修一般のところだけでなく、少年司法の運営分野でも「少年司法制度に関わるすべての専門家が関連の国際基準に関する研修を受けることを確保すること」を特記している(パラ85(i))。これは、たび重なる「改正」によって国際文書からどんどん乖離する日本の少年司法に危機感を抱いて出されたものと推測される。

日本の場合は少年法に対する誤解が多く、その誤解から生じる「世論」をもって厳罰法制に進んでいる。本来これを正すのが政府や国会議員、専門職であるが、肝心の国際基準を説明することはほとんど見られない。そもそも国際基準に関する研修が「少年司法制度に関わるすべての専門家」にまったくなされていないのが現状だろう。研修を徹底しなければならない。

4 刑事司法制度と接触することにつながる社会的条件を解消するための防止措置の実現 (パラ85(a))

(1) 少年非行防止のための施策をリャド・ガイドライン型に

委員会は、「子どもが刑事司法制度と接触することにつながる社会的条件を解消するために家族およびコミュニティの役割を支援するなどの防止措置をとる」ことを勧告した(パラ85(a))。「少年非行の防止に関する国際連合指針」(リャド・ガイドライン)では、非行防止のために幼児期からの人格の尊重を柱にしており、子どもの権利保障、子どもが育つ環境の整備・支援に重点を置いている。しかし、日本

の非行防止策はリャド・ガイドラインとはまったく逆方向であり、警察主導型で統制型である。

　少年非行の背後にはさまざまな社会的要因があるが、なかでも大きく指摘されているのは貧困と被虐待である。さらに貧困と虐待の連関も指摘されている。だが、現在、少年非行とこれらの問題の関係はあまり論じられず、少年非行の問題が個別の子どもや家庭の問題に集約される傾向にある。次々と厳罰化法制をとる状態が、この傾向に拍車をかけている。子どもや親が置かれている社会の問題を見ようとせず、「本人の心構え」や「規範意識」の問題にすり替えた防止対策が実施されているため、ピント外れなものばかりの傾向になっている。

　国連・子どもの権利委員会一般的意見10号(少年司法における子どもの権利)では、政府の役割として、「少年非行の根本的原因および社会問題に対する権利基盤アプローチに関して理解を深めるための積極的環境をつくり出すことを目的として、……キャンペーンを実施し、促進」(パラ96)としている。リャド・ガイドラインなど国際文書をきちんと把握したうえで、上記キャンペーンをすべきである。

(2)　家庭支援・コミュニティ支援
　非行を生み出す環境を整備するための施策を充実させなければならない。まずは、家庭支援として貧困問題等を解消し、親などの養育者への効果的支援を含む子ども保護措置が行なわれるべきである。この場合、とくに福祉的アプローチの重要性を認識し、その充実が図れるように予算措置等をとるべきである。

5　非行をおかした後のスティグマの回避 (パラ85(a))

　4(1)で述べたように、厳罰化の流れのなかで、スティグマが強化される事態になっている。
　一般的意見10号では、「罪を犯した子どもはメディアで否定的な取り上げ方をされることが多く、これがこうした子どもたちに対する、かつしばしば子どもたち一般に対する、差別的および否定的なステレオタイプの形式を助長している。罪を犯した子どもを否定的に取り上げ、または犯罪者扱いすることは、しばしば少年非行の原因に関する誤った提示のしかたおよび(または)誤解に基づいており、かつ、より厳しいアプローチを求める声に帰結するのが常である」(パラ96)ことが指摘されているが、日本でもまったく同様の事態が起きている。メディアで否定的な取り上げ方をされたことが少年法「改正」の世論を支え、政府は対症療法的に3度の「改正」を行ない、「改正」したことによって子どもたちへのネガティブなイメージをさらに拡大させるという連動をみせたのである。このような政府による対症療法的「改

正」とメディアによるネガティブ・キャンペーンによって、少年犯罪は深刻な社会問題であるという認識が社会に定着し、その対策として子どもに対する「より厳しいアプローチを求める声」が広がり、子どもの立ち直りを大切にするという従来の日本社会にあった視点が劇的に後退していった。これらは個々の少年事件の裁判において「子どもであろうと死刑を」という世論の大合唱を引き出し、世論に沿った死刑判決が出されるに至った。また、少年法で禁止されているにもかかわらず、実名報道も後を絶たない。

　一般的意見10号は、前記の指摘に続き、政府に対し、「少年非行の根本的原因およびこの社会問題に対する権利基盤アプローチに関して理解を深めるための積極的環境をつくり出す」ように求め(パラ96)、非行をおかした子どもは国際準則に沿って対応されるべき存在であるというようなキャンペーンを実施することを求めている。

　この具体化として、まず政府は、国際準則およびそれにしたがって少年法の意味・位置づけを正確に社会に知らせることや、少年司法に関する立法・施策が社会にどう影響を及ぼしているのかを科学的に検証し、検証をもとにした事実を社会に情報提供していくことが必要である。さらに、子どもの頃から、少年法の意義を学ぶ機会を教育の中に入れることなども有効だろう。これら具体的なキャンペーンを着実に実施することこそが、いま政府に求められているのである。

(いしい・さよこ)

第2章

子どもの権利条約第1選択議定書第1回総括所見の実施

森田明彦（尚絅学院大学）

I　審査に至る経緯

　2010年5月28日、国連・子どもの権利委員会による、子どもの売買、子ども買春および子どもポルノグラフィーに関する子どもの権利条約の選択議定書の第1回政府報告書審査が行なわれた。

　子どもの権利条約には、子どもの売買、子ども買春および子どもポルノグラフィーに関する選択議定書（以下、第1選択議定書）および武力紛争への子どもの関与に関する子どもの権利条約の選択議定書（以下、第2選択議定書）がある[*1]。両議定書は2000年5月25日、第54回国連総会で採択され、第1選択議定書は2002年1月8日、第2選択議定書は同年2月12日に発効した。日本は両議定書に2002年5月10日、「国連子ども特別総会」の機会にニューヨークの国連本部で署名し、2004年8月2日に第2選択議定書を（75番め）、2005年1月24日に第1選択議定書を（90番め）批准した。

　両議定書は、議定書が自国について効力を生じた後2年以内に、この議定書の規定の実施のためにとった措置に関する包括的な情報を提供する報告を国連・子どもの権利委員会に提出することと定めており[*2]、日本政府は同規定に基づき、2008年4月に子どもの権利条約の第3回政府報告書とともに、両議定書に関する第1回政府報告書を国連・子どもの権利委員会に提出した。

　ここでは、第1選択議定書の政府報告審査について述べる。

　第1選択議定書は子どもの売買、子ども買春、子どもポルノグラフィーについて定めた条約である。2006年11月1日に国連総会で発表された「子どもに対する暴力に関する調査研究」によると、世界中で180万人の子どもが性産業やポルノ、120万人が人身売買の被害に遭い（2000年推計）、先進21か国の調査では女性の最大36％、男性の最大29％が子どもの頃に性被害を受け、女子は男子の1.5〜3倍の割合で虐待を受け、これらのケースの多くは「身内」の手によって行なわれた虐待であったとされる[*3]。

日本でも、近年、児童虐待、DV、セクハラ、レイプなど従来は周縁化、不可視化されていた女性や子どもに対する暴力が顕在化している。児童虐待に関する児童相談所への相談件数は、1990年の1,101件から、児童虐待防止法が制定された2000年には17,725件、2006年には37,323件に増加している。性的暴力である子どもポルノ事犯の検挙件数（人数）も2006年が616件（350人）、2007年が567件（377人）、2008年が676件（412人）、2009年が935件（650人）と増加している[*4]。ただし、これらの統計から性的暴力を含む子どもへの暴力が1990年以前にはほとんど存在せず、近年になって増加していると即断すべきではない。森田ゆり氏が指摘するように、1990年以前には児童虐待の統計は存在せず、統計的には過去30年間、子どもが被害者となった殺人事件数は減少している。森田ゆり氏は「わたしの推測では虐待の被害児童の実数は50年前、100年前のほうがずっと多かっただろうと思います」と述べている[*5]。つまり、近年の日本社会における子どもに対する暴力への関心の高まりは必ずしも国内における客観的事態の深刻化をそのまま反映しているのでなく、暴力に対する私たちの認識の変容をも表しているのである[*6]。

　とくに国際社会における子どもへの性的暴力問題への取り組みの進展は、グローバル化を背景にして日本社会における同問題に関する認識を変えるうえで大きなインパクトをもってきた。たとえば、1996年9月にストックホルムで開催された子どもの商業的性的搾取に反対する世界会議は、子どもに対する性的暴力、とくに子どもの商業的性的搾取問題に対する日本社会の関心を高めるうえで大きな役割を果たした。当時、日本はこれらの犯罪を実効的に取り締まる法律を持たず、同会議において日本政府代表は途上国における子ども買春の加害者および子どもポルノの主要輸出国として世界から批判を浴びた[*7]。その後日本は、国会議員、市民団体、政府が一体となってこの問題に取り組み、その結果、1999年には「児童買春、児童ポルノに係る行為等の処罰および児童の保護に関する法律」（以下、児童買春・児童ポルノ法）が制定された。さらに、日本政府は2001年2月には「児童の商業的性的搾取に反対する国内行動計画」を策定し、同年12月には共催者として「第2回子どもの商業的性的搾取に反対する世界会議」の日本（横浜）開催を実現し、2002年5月の「国連子ども特別総会」においてもこの問題に関するシンポジウムをユニセフなどと共催で実施するなど、積極的な取り組みを進めてきた。また、2003年6月には「インターネット異性紹介事業を利用して児童を誘引する行為の規制等に関する法律」（出会い系サイト規制法）を制定し、2005年6月には人身取引被害者の保護を目的とする出入国管理及び難民認定法、児童福祉法の改正を行い、さらに2004年12月および2009年12月には人身取引対策行動計画を策定している。これらの点は、人身売買および性的搾取からの子どもの保護に関する日本

政府の取り組みとして高く評価すべきである。

　また、市民社会においても、財団法人日本ユニセフ協会の主導により、2005年に「旅行および観光における性的搾取から子どもを保護するための行動規範」プロジェクトが開始され、観光業界を中心に子どもの性的搾取問題への取り組みが大きく前進した[*8]。ちなみに、2008年11月にリオデジャネイロで開催された「第3回子どもと青少年の性的搾取に反対する世界会議」の分科会のひとつで、東郷良尚日本ユニセフ協会副会長が行動規範プロジェクトを含む子どもの性的搾取問題に関する日本ユニセフ協会の取り組みと今後の課題について報告したが、そのあとの質疑応答で米国務省人身売買対策室職員が「米国ではセックス・ツーリズムを規制する行動綱領（code of conduct）は観光業界で普及していないが、どのように普及活動を進めたらよいか」と質問したのに対して、東郷氏は日本での体験に基づき熱心にアドバイスをされていた。日本における子どもの商業的性的搾取問題に対する取り組みは世界的に高く評価される水準に達しているが、これは、日本政府、国会議員、そして日本ユニセフ協会をはじめとする市民団体の努力に負うところが大きい。

II　第1回政府報告書と総括所見に関する評価

　以上のような実績をふまえて、日本政府は第1選択議定書に関する第1回政府報告書を作成した。したがって、その内容も上記の日本の取り組みが中心となっている。報告書は、たとえば、児童買春・児童ポルノ法改正（2004年）に言及したパラグラフ2を含め、30か所のパラグラフにおいて、同法に言及している。しかし、これまでも指摘されたとおり、第1選択議定書の政府報告書も大半が法的・制度的規定の単なる記述に終始しており、実際の運用に関する情報はほとんど含まれていない。

　また、NGOレポートにおける第1選択議定書関係の情報提供が不十分であったせいもあり、国連・子どもの権利委員会の総括所見は必ずしも必要な課題を網羅していない点も散見される。本議定書に関するNGOレポートの作成に参加した者として、自己反省も含めて、それらの点を取り上げてみることとしたい。

　まず、児童買春・児童ポルノ法は2004年改正の5年後をめどに見直しを行なうことになっており、2009年6月26日には同法改正案が衆議院法務委員会において審議された。同法改正の焦点は子どもポルノの単純所持ないし自己鑑賞目的の所持であった。ところが、政府報告書および2010年4月に国連・子どもの権利委員会に提出された「第1回報告審査に関する児童の権利委員会からの質問事項に対

column

第1選択議定書に関するNGOレポートを作成して

甲斐田万智子（認定NPO法人 国際子ども権利センター）

　2009年1年間に検挙された子どもポルノの件数は、935件。被害に遭った子どもの数は411人。2010年上半期に摘発された子どもポルノの事件（製造・提供など）は、前年同期比で27.3％増の382件、被害に遭った子どもの数は同51.4％増の218人で、子ども買春・子どもポルノ禁止法が施行された2000年以降で最多となった。

　子どもポルノの被害がこれだけ増加しているにもかかわらず、日本でいまだに子どもポルノの所持が禁止されていない問題点をNGOレポートで指摘した。現在、子どもポルノの所持が禁止されていない国はG8の中では日本とロシアだけであり、すでに世界で58か国が法律で禁止している。筆者が参加した「第3回子どもの性的搾取に反対する世界会議」（ブラジル会議）においても、日本など一部の国による子どもを性的搾取から保護する法規制の遅れが、この問題を解決する大きな障害となっていることが議論されていた。

　これに関し、国連・子どもの権利委員会は、子どもの売買、子ども買春および子どもポルノグラフィーに関する選択議定書の総括所見において、選択議定書にしたがって子どもポルノの所持を犯罪とする法改正を日本政府に強く勧告している。しかし、日本では、子どもポルノを所持する法案が何度も国会に提出されては成立しないままとなっている。それには政治情勢を含め、さまざまな理由があるが、本来「子どもの保護」が社会で最優先されなければならないときに、冤罪のおそれや表現の自由などのほうが優先されてしまっているといえるだろう。

　このような状況は、子どもを守ることを最優先している諸外国から見ると信じがたいことである。規制に向けて法改正が進まない状況に対して、わたしたち市民は議員や政府へ働きかけることが求められているが、子どもたちがどれほどひどい子どもポルノの被害に遭っているのかという実態について、マスコミはもっと頻繁に報道していくことが必要である。子どもポルノが性的虐待の記録であるということを社会全体により認識してもらうためにメディアの果たす役割は大きい。

　そして、数年前に比べ、子どもがポルノの被害に遭うリスクが非常に高くなり、被害児童が急増しており、しかも低年齢化していること、IT技術の進歩により一瞬にして数百枚の子どもポルノの画像が国境を越えていることなど、この問題の深刻さや急速に変化している状況についてマスコミ、教師、親、市民グループたちは情報を交換し合い、子どもたちにその危険性を伝えていくことが必要だろう。

　また、筆者はNGOレポートで、日本から子どもを性的に搾取するために海外に出かける旅行者が後を絶たないことも指摘した。今回の総括所見では、選択議定

> 書に掲げられた犯罪が刑事法で網羅されていないこと、とくに子どもの売買の定義が定められていないことが懸念され、刑法を改正し、選択議定書と全面的な一致を図るとともに、刑法の執行と加害者処罰の強化が勧告されている。
> 　さらにフォローアップに関する所見では、選択議定書の実施や監視に関する意識を高めるために、報告書や所見を一般市民、NGO、メディア、若者や専門家のグループが広く入手できるようにすることと、学校カリキュラムや人権教育を通じて子どもたちに知らせることが勧告されている。
> 　これらすべての勧告を活かすために市民社会のさまざまなグループが連携し、法改正だけでなく、啓発活動や研修を行なうNGOに対する支援を政府に対して働きかけることが必要ではないだろうか。子どもたちに対して、「あなたたちが買春やポルノの被害から守られ、安心して暮らせるようにすることを最優先しているよ」と胸を張って言えるような社会を実現したい。
>
> 　　　　　　　　　　　　　　　　　　　　　　　　　　　（かいだ・まちこ）

する日本政府回答」は、児童買春・児童ポルノ法改正をめぐる国会審議の状況およびその主要論点についてはまったく言及していない。これは、児童買春・児童ポルノ法が議員立法であり、さらに行政府は立法府が決定したことを誠実に実施することが役割であることから、立法府が審議中の議員立法改正案について行政府が作成する報告書で言及することは適当ではないという判断によるものであろう。しかし、国連・子どもの権利委員会の勧告は、締約国（state party）に対して行なわれるものであり、行政府だけを対象としているわけではない。

今回の総括所見において、委員会は、「締約国に対し、選択議定書第3条第1項(c)にしたがって子どもポルノグラフィーの所持を犯罪に含めるために法律を改正するよう、強く促す」(パラ29)との勧告を出したが、「子どもポルノグラフィーを製造し、流通させ、配布し、輸入し、輸出し、提供し、販売し、または上記の目的で所持すること」[9]を刑法の対象とすることは、すでに2004年の児童買春・児童ポルノ法改正で実現されている。一方、国連・子どもの権利委員会は、子どもポルノの単純所持も禁止することを求めている。したがって、今後の国会審議において国際的動向を考慮してもらうためにも、今回の政府報告審査を通じて子どもポルノの単純所持に関する国連・子どもの権利委員会の見解を求めるべきであったと考えられる。とくに市民社会側がより戦略的な情報提供と国連・子どもの権利委員会に対する働きかけを行なうべきであった。

第2に、1996年、2001年、2008年にそれぞれストックホルム、横浜、リオデジャネイロで開催された「子どもの(商業的)性的搾取に反対する世界会議」の宣言、行動計画およびグローバル・コミットメントにおいて明記されているとおり、子ども

の売買や子どもに対する性的暴力根絶に向けた取り組みの主体には子どもが含まれなければならないにもかかわらず、今回の総括所見には子ども参加（子どもの意見の尊重）に関する言及がほとんどなかった。この点は第1選択議定書だけでなく、条約の第3回総括所見にも当てはまるが、子どもの性的搾取・虐待に対する監視的・保護主義的な対策が先行している日本社会の現状に鑑みれば、子どもを権利の主体とみる子どもの権利条約の基本的精神を今回の総括所見で強調することは大きな意義を有していたと思われる。

　第3に、第1選択議定書の審査の際に、国連・子どもの権利委員会の3名の委員から日本政府代表団に対して「性的搾取および性的虐待からの子どもの保護に関する欧州評議会条約」の署名・批准の意思について質問されたにもかかわらず、総括所見ではこの点が抜け落ちている。同条約は欧州評議会加盟国以外にも開放されており、リオデジャネイロで開催された「第3回子どもと青少年の性的搾取に反対する世界会議」で採択された宣言および行動計画も、各国政府に対して同条約の批准を求めている。同条約は、性的虐待と性的搾取の予防と被害者の権利擁護をその目的として掲げ（1条）、予防措置として子どもと接触する職業人の意識啓発、訓練、採用（5条）、初等・中等教育課程における子どもを対象とした予防教育の実施（6条）、性的虐待と性的搾取に関する国家政策・計画の策定・実施に対する子ども参加の促進（9条）を定めるなど、きわめて包括的かつ先進的な内容を持っている。加害者処罰に議論が集中している日本社会をより適切な方向に向けるためにも、日本政府による早期署名・批准が望まれる。実際にセーブ・ザ・チルドレン・ジャパンなど国内関係団体は、日本政府による同条約の早期署名・批准を求めるキャンペーンの実施を計画しており、同条約への署名・批准への勧告が今回の総括所見に含まれていれば、大きなインパクトをもったと思われる。

　第4に、今回の審査においては、第1選択議定書が対象とする犯罪の被害者となった子どもが犯罪者として扱われる可能性について日本政府との間で相当な質疑が行なわれたにもかかわらず、日本政府側が必ずしも委員会の問題意識を理解しておらず、十分な回答が行なわれなかったこともあり、関連する勧告（パラ35）がやや具体性に欠けたものとなった。

　一方、2001年に策定された子どもの商業的性的搾取に対する国内行動計画の見直しと必要に応じた改訂、その際に子どもおよび市民社会と協議すること、同計画に必要な人的・財政的資源の割り当て、具体的・期限付き・測定可能な目標の設定の確保を勧告している点（パラ11）は、同行動計画のフォローアップを促進するうえで有意義な勧告であり、高く評価できる。

Ⅲ　今後の課題

　条約の報告制度については、政府報告書提出および審査の遅延、勧告と実施の間のギャップなどがこれまで問題点として指摘されている[*10]。今回の総括所見を含む、委員会の政府報告書審査および総括所見がより有効なものとなるために、以下の点を提案したい。
① 委員会の自主的調査権や総括所見(勧告)のフォローアップ調査権限を強化すること
② 委員会の政府報告書審査能力を強化するために、特別手続を含む個人に委員会のための情報収集業務を委託できる権限を委員会に付与すること
③ 1993年に国連総会で採択された「国家機関(国内人権機関)の地位に関する原則」(パリ原則)に基づく国内人権委員会を設立すること

　また、子どもの売買、子ども買春、子どもポルノグラフィー問題については、全国的な被害状況調査を実施し、その結果をふまえて、広く子どもからも意見を聴取したうえで、必要な法・制度改正を早急に進めるべきである。その際、「性的搾取および性的虐待からの子どもの保護に関する欧州評議会条約」の署名・批准をめざして必要な政策を検討・実施することは、子どもを権利の主体と見る子どもの権利条約の精神に即した対策を実現するうえできわめて有効であろう。

* 1　現在、国連・子どもの権利委員会に対する通報制度を創設するための選択議定書の策定作業が国連人権理事会において進められており、この議定書が国連総会で採択・発効すれば、子どもの権利条約の第3選択議定書となる。第3選択議定書の詳細については、森田明彦「国連子どもの権利委員会に対する個人通報制度を巡る国内外の動きとその課題」子どもの権利研究17号(子どもの権利条約総合研究所、2010年)を参照。
* 2　第1選択議定書8条1項および第2選択議定書12条1項。
* 3　同報告書は、国連事務総長が2002年2月15日に行なわれた国連総会決議56/138(子どもの権利)に基づき、2003年3月にパウロ・セルジオ・ピニェイロ教授に委嘱したもの。また、2009年5月4日、同報告書の勧告に基づいて設立された子どもの暴力に関する国連特別報告者に日本の子どもの権利活動にも深い理解を示してきたマルタ・サントス・パイスUNICEFイノセンティ研究所長が任命された。
* 4　第1選択議定書に関する第1回報告審査に関する国連・子どもの権利委員会からの質問事項に対する日本政府回答。
* 5　森田ゆり『子どもが出会う犯罪と暴力――防犯対策の幻想』(生活人新書)(日本放送出版協会、2006年)16～18頁および38頁。
* 6　私は、日本社会において子どもに対する暴力という課題が顕在化しつつある背景には、経済的、社会的、政治的、文化的要因があると考えている。経済要因とは、グローバル化、サービス経済化の急速な進展にともなう貧困の深化・拡大である。社会的要因とは、ユビキタス社会の台頭が生

み出すバーチャルな世界の影響力の拡大である。政治的要因とは、冷戦の終結や北東アジア情勢の変化が引き起こした国際社会における日本の地位の変動である。そして、文化的要因とは日本社会における「近代的精神」の成熟である。森田明彦「子どもへの暴力と国際人権レジーム」国際幼児教育研究30周年記念特別号（国際幼児教育学会、2009年）。

*7 当時の日本の法律面の課題については、平湯真人「34条解説」喜多明人・森田明美・平沢明・荒牧重人編『[逐条解説]子どもの権利条約』（日本評論社、2009年）199～203頁を参照。

*8 本行動規範に調印した大手旅行会社は2008年4月時点で67社。第1選択議定書第1回政府報告パラ77。

*9 第1選択議定書3条第1項(c)。

*10 阿部浩己・今井直・藤本俊明『テキストブック国際人権法〔第3版〕』（日本評論社、2009年）127～132頁。

（もりた・あきひこ）

第3部

子どもの権利条約
日本報告審査の記録

第**1**章

子どもの権利条約
日本報告審査の概要

1　各報告審査の日程

(1)　第1回報告審査
1996年5月30日　　　児童の権利に関する条約第1回政府報告書提出
1998年5月27・28日　審査
1998年6月5日　　　　第1回総括所見採択

(2)　第2回報告審査
2001年11月15日　　　児童の権利に関する条約第2回政府報告書提出
2004年1月28日　　　本審査
2004年1月30日　　　第2回総括所見採択

(3)　第3回報告審査
2008年4月28日　　　児童の権利に関する条約第3回政府報告書、武力紛争における児童の関与に関する児童の権利に関する条約の選択議定書第1回政府報告書、児童の売買、児童買春及び児童ポルノに関する児童の権利に関する条約の選択議定書第1回政府報告書提出
2009年11月　　　　連絡会議・NGOレポート提出
2010年1月　　　　　連絡会議・NGOレポート（追加修正版）提出
2010年2月3日　　　予備審査
2010年3月2日　　　日本政府に対するList of Issues公表
2010年4月　　　　　List of Issuesに対する日本政府回答提出
2010年5月　　　　　連絡会議・List of Issues等に関する追加情報提出
2010年5月27・28日　本審査
　　　　　　　　　　27日10〜13時1509会合－条約
　　　　　　　　　　27日15〜18時1511会合－条約
　　　　　　　　　　28日10〜13時1513会合－選択議定書
2010年6月　　　　　連絡会議・審査のフォローアップ文書提出
2010年6月11日　　　条約第3回総括所見採択、選択議定書第1回総括所見採択
※　2016年5月21日　条約第4回・第5回政府報告書提出期限（2つの選択議定書報告書も含む）
※　連絡会議のNGOレポートおよび総括所見については子どもの権利条約総合研究所のホームページを参照。

2　第3回日本報告審査の参加メンバー

⑴　国連・子どもの権利委員会（Chamber B）
Ms. Azza El-ASHMAWY (Egypt)
Mr. Kamel FILALI (Algeria)
Ms. Maria HERCZOG (Hungary)
Mr. Sanphasit KOOMPRAPHANT (OPSC Rapporteur) (Thailand)
Mr. Lothar Friedrich KRAPPMANN (CRC Rapporteur) (Germany)
Ms. Marta MAURAS PEREZ (Chile)
Mr. Awich POLLAR (OPAC Rapporteur) (Uganda)
Ms. Kamla Devi VARMAH (Mauritius)
Mr. Jean ZERMATTEN (Chairperson) (Switzerland)

⑵　政府報告審査代表団

上田　秀明	外務省人権人道担当大使
西澤　立志	内閣府政策統括官（共生社会政策担当）付参事官（青少年支援担当）
青木　勇司	内閣府政策統括官（共生社会政策担当）付参事官（青少年環境整備担当）補佐
久保田　崇	内閣府政策統括官（共生社会政策担当）付参事官（国際担当）補佐
篠崎　真佐子	警察庁生活安全局少年課付
山口　修一郎	法務省大臣官房秘書課付兼官房付
大谷　潤一郎	法務省刑事局付
杉原　隆之	法務省人権擁護局付
木村　敦	法務省矯正局少年矯正課企画官
中山　昌秋	法務省入国管理局審判課補佐官
広田　奈保美	法務省大臣官房秘書課国際室係長
篠崎　まどか	法務省刑事局国際課法務事務官
田淵　エルガ	文部科学省大臣官房国際課長補佐
堀井　奈津子	厚生労働省雇用均等・児童家庭局総務課調査官
星田　淳也	厚生労働省大臣官房国際課長補佐
谷　俊輔	厚生労働省雇用均等・児童家庭局保育課主査
森　佳美	防衛省人事教育局人事計画・補任課長
中西　礎之	防衛省人事教育局人事計画・補任課総括班長
岩田　健司	防衛省人事教育局人事計画・補任課防衛部員
志野　光子	外務省総合外交政策局人権人道課長
入江　淳子	外務省総合外交政策局付検事
増田　智恵子	外務省総合外交政策局人権人道課事務官

3　児童の権利に関する条約第3回日本政府報告（目次）

2008年4月

● 概要

● 本文
Ⅰ．条約の諸規定の実施のための一般的措置
  A．留保の見直し
  B．国内法及び国内実施を条約の諸規定と調和させるためにとられた措置（第4条）
  C．条約の国内法体系の中での地位
  D．条約と国内法及び他の国際法との関係（第41条）
  E．条約の原則及び規定が司法決定の際に適用された例
  F．条約で認められた児童の権利が侵害された場合の救済措置
  G．児童の権利実現のための国内行動計画等、条約の枠組みの下での児童に係る包括的な国家戦略の策定
  H．条約実施等のための国内機構
  I．進捗状況を評価するためにNGO等の市民社会と協力してとられたイニシアティブ
  J．利用可能な手段の最大限の範囲内でとられた児童の経済的、社会的、文化的権利を実現するための措置
  K．条約の実施を確保するための国際協力
  L．条約の広報（第42条）
  M．報告の公開・広報措置（第44条6）

Ⅱ．第1条（児童の定義）
  A．児童の定義に係る条約と国内法との間の差異
  B．国内法における最低法定年齢

Ⅲ．一般原則
  A．第2条（差別の禁止）
  B．第3条（児童の最善の利益）
  C．第6条（生命、生存及び発達に対する権利）
  D．第12条（児童の意見の尊重）

Ⅳ．市民的権利及び自由（第7条、8条、13～17条及び37条(a)）
  A．氏名及び国籍（第7条）
  B．身元関係事項の保持（第8条）
  C．表現の自由（第13条）
  D．思想、良心及び宗教の自由（第14条）

E．結社及び平和的集会の自由（第15条）
  F．私生活の保護（第16条）
  G．適切な情報の利用（第17条）
  H．拷問又は他の残虐な、非人道的な若しくは品位を傷つける取扱い若しくは刑罰を受けない権利（第37条(a)）

Ⅴ．家庭環境及び代替的な監護
  A．父母の指導（第5条）
  B．父母の責任（第18条1、2）
  C．父母からの分離（第9条）
  D．家族の再統合（第10条）
  E．不法な国外移送及び国外からの不帰還（第11条）
  F．児童の扶養料の回収（第27条4）
  G．家庭環境を奪われた児童（第20条）
  H．養子縁組（第21条）
  I．収容に対する定期的な審査（第25条）
  J．虐待及び放置（含む身体的及び心理的な回復及び社会復帰）（第19条及び第39条）

Ⅵ．基礎的な保健及び福祉（第6条、第18条3項、第23条、第24条、第26条、第27条1から3項）
  A．障害を有する児童（第23条）
  B．健康及び保健サービス（第24条）
  C．社会保障及び児童の養護のための役務の提供及び設備（第26条、第18条3）
  D．生活水準（第27条の1、2及び3）

Ⅶ．教育、余暇及び文化的活動（第28条、第29条、第31条）
  A．教育（含む職業訓練及び指導）（第28条）
  B．教育の目的（第29条）
  C．余暇、レクリエーション及び文化的活動（第31条）

Ⅷ．特別な保護措置（第22条、第38条、第39条、第40条、第37条(b)〜(d)、第32条から第36条）
  A．非常事態にある児童
  B．少年司法の運営の制度に係っている児童
  C．搾取の状況にある児童（含む身体的及び心理的な回復及び社会復帰）
  D．少数民族又は原住民集団に属する児童（第30条）

※　子どもの権利条約に関する政府報告書は外務省のホームページを参照。

第2章

国連・子どもの権利委員会による事前質問項目（List of Issues）

子どもの権利条約の実施
日本の第3回定期報告書の検討に関わる論点一覧

CRC/C/JPN/Q/3
2010年2月5日
原文：英語
先行未編集版

　委員会は、締約国との対話中に、条約に掲げられた子どもの権利のあらゆる側面を取り上げる可能性がある。この論点一覧は、委員会が対話の前に追加情報を得たいと考える、いくつかの優先的質問を網羅しているにすぎない。

第Ⅰ部
本節において、締約国は、書面による最新の追加情報を、可能であれば2010年4月6日までに提出するよう要請される。
1．条約は日本法の一部になっているという情報に照らし、裁判所における条約の活用および参照を促進するために何らかの取り組みが行なわれていれば、それを示されたい。
2．締約国は、条約のあらゆる分野を網羅した子どもの権利基本法の制定を計画しているか。
3．青少年育成推進本部は条約の実施をどのように調整しているか、および、締約国のあらゆるレベルの公的機関と市民社会が調整のための取り組みにどのように効果的に包摂されているかを示されたい。締約国は、あらゆる主体を包摂し、かつ、あらゆるレベルの、条約のあらゆる側面に関わる活動を調整する権限を与えられた機関の設置を検討しているか。
4．（見直し中の法案によって設置される予定の）人権委員会の権限によって子どもの権利の実施がどのようにカバーされるか、および、同委員会は子どもが申し立てる苦情に対応するか否かについての情報を委員会に提供されたい。委員会はさらに、地方オンブズパーソンの権限および資源について尋ねたいと考える。
5．その行動によって子どもに影響を与えるすべての機関・組織を対象として条約を普及するためにとられた措置、および、子どもとともにまたは子どもの権利の分野で働いているすべての専門家を対象として条約の規定に関する研修を実施するためにとられた措置があれば、その詳細を示されたい。
6．今後、子どもの権利に関する政策の策定および条約の実施に関わって、市民社会との協力に対していっそう組織的なアプローチをとることが予定されているか否かを示されたい。

7．日本の政府開発援助が絶対額では相当の規模であることに鑑み、提供される援助は人権（とくに子どもの権利）上の考慮に裏づけられているか否か、および、これには条約のいずれかの側面も含まれているか否かについて、委員会に情報を提供されたい。
8．締約国は、婚外子および民族的マイノリティに属する子どもを対象として引き続き行なわれている差別に対応するため、どのような措置をとってきたか。
9．子どもの最善の利益の原則が、子どもに関わるいずれかの立法に明示的に編入されているか否かおよびどのように編入されているかを、出入国管理・難民関係の事案における決定との関連も含めて示されたい。
10．子どもに影響を与える事柄において子どもの意見を正当に重視するよう要求する立法があればそれについて、および、その活動が子どもの生活と発達に影響を与える機関を対象としたあらゆる法令に子どもの意見の尊重の原則を編入する計画があればそれについて、詳細を述べられたい。
11．2004年に改正された児童虐待防止法を実施するためにとられた具体的措置または設けられたプログラムがあればそれについて、および、子どもの暴力、虐待およびネグレクトに対応するために他の措置がとられてきたのであればそれについて、委員会に情報を提供されたい。
12．不利な立場に置かれた背景を有する子ども、とくにひとり親家庭の子どもに対し、子どもの身体的、精神的、霊的、道徳的および社会的発達にとって十分な金銭的その他の支援を提供するためにとられた措置について、情報を提供されたい。扶養義務の執行に関わる法律が効果的に実施されることを確保するため、何が行なわれているか。
13．少子化社会対策基本法・少子化社会対策大綱ならびに次世代育成支援対策推進法に基づいてどのような措置が提供・計画されているのかに関し、追加情報を提供されたい。
14．暴力、いじめ、ひきこもりおよび自殺など、子どもの攻撃的、自傷的および社会退行的行動に対応するためにとられた措置を示されたい。締約国は、子どもとその親・教員とのコミュニケーションおよび関係を支援し、かつ学校・教室における人間関係の雰囲気を向上させるために何らかの措置をとろうとしているか。
15．あらゆる段階の学校その他の教育機関で、高い成績とあわせて人格および才能ならびに精神的・身体的発達のホリスティックな発達を確保するための取り組みについて、情報を提供されたい。締約国は、あらゆる段階の学校カリキュラムにどのように人権を含めてきたか。また、学校において子どもの権利はどの程度実践されているか。
16．少年司法に関して、とくに子どもが成人として取り扱われないことを確保する目的で、条約の規定の全面的実施を保障するためにどのような措置がとられてきたか、具体的に明らかにされたい。
17．締約国が利用可能な資源に照らし、委員会の前回の総括所見が限定的にしか実施されてこなかったことを助長する要因についての情報を提供されたい。
18．子どもに影響を与える諸問題のうち、締約国が、条約の実施に関してもっとも喫緊の注意を要する優先課題であると考えるものを示されたい。

第II部

本節において、締約国は、以下の点について、報告書で提供されている情報を簡潔な形で（最大3ページ）最新のものとするよう要請される。

- 新しい法案または法律およびそれぞれの施行規則等
- 新しい機関(およびその権限)または組織改革
- 最近導入された政策、プログラムおよび行動計画ならびにその適用範囲
- 最近の人権文書の批准状況

第Ⅲ部
入手可能なデータおよび統計

2006~2009年を対象とした以下の統計データ(国籍別、年齢別、男女別、民族的出身別、地域別および社会経済的地位別に細分化されたもの)が入手可能であれば、提供されたい。

(a) 条約の実施を目的としたプログラムのために、またはその他の形で子どもの利益のために行なわれた予算配分額(州政府・地方政府予算におけるその他のプログラムおよび活動のために行なわれた配分との関連も含む)
(b) 家族環境を奪われた子どもの人数、および、居住型養護施設、里親家庭その他の形態の子どもの代替的養護のために行なわれた予算配分額
(c) 虐待、ネグレクトまたは性的搾取の対象とされた子どもの人数(調査が行なわれたのであればその詳細および結果も含められたい)
(d) 子どもの自殺件数
(e) 日本人以外の子どもの初等・中等学校就学率(日本人の子どもとの比較を含む)
(f) 締約国の国境の内外で人身取引の被害を受けた子どもの人数、および、これに関して訴追が行なわれたのであればその件数

※ 日本語訳:子どもの権利条約NGOレポート連絡会議

子どもの売買、子ども買春および子どもポルノグラフィーに関する選択議定書 日本の第1回報告書の検討に関わる論点一覧

CRC/C/OPSC/JPN/Q/1
2010年2月5日
原文:英語
先行未編集版

委員会は、締約国との対話中に、選択議定書に掲げられた子どもの権利のあらゆる側面を取り上げる可能性がある。この論点一覧は、委員会が対話の前に追加情報を得たいと考える、いくつかの優先的質問を網羅しているにすぎない。

締約国は、可能であれば<u>2010年4月6日</u>までに、追加の最新情報を書面で提出するよう要請される。

19. 2006~2009年の期間を対象とする以下の統計データ(国籍別、年齢別、男女別、民族的出身別、

地域別および社会経済的地位別に細分化されたもの）が入手可能であれば、提供されたい。
  (a) 子どもの売買、子ども買春および子どもポルノグラフィーの報告件数、訴追件数ならびにこれらの事件の結果および加害者に対する制裁
  (b) 性的搾取を目的として日本へおよび日本からならびに国内で人身取引された子どもの人数および訴追件数に加え、これらの事件の結果、および、人身取引の被害を受けた子どものうち日本から送還させられまたは帰還した者の人数に関する情報
  (c) 被害を受けた子どものうち、選択議定書第9条第3項および第4項にいう回復のための援助および被害賠償を提供された者の人数、および、被害者のために提供されている何らかの再統合プログラムの存在
  (d) 日本国民が関係した子どもセックス・ツーリズム関連犯罪の報告件数に加え、事件の結果（訴追および加害者への制裁を含む）に関する情報
20. 選択議定書の実施との関連で政策調整を行なうための機構があれば、それに関する情報を提供されたい。
21. 選択議定書の実施を監視するために設置された機関が国・地方いずれのレベルにも存在するか否か、示されたい。
22. 締約国が、買春または性的搾取の目的で人身取引される子どもの通過国および出身国とどのように協力しているかについての情報（これらの子どもの帰還および社会的再統合に関する情報も含む）を提供されたい。
23. 選択議定書に掲げられた犯罪の被害者である子どもを保護するために用意されている立法上その他の措置があれば、委員会に知らされたい。
24. 子どもの売買、子ども買春および子どもポルノグラフィー（コミックにおける子どもの描写を含む）を伴う組織犯罪と闘うためにとられた措置について、委員会に知らされたい。
25. とくに被害を受けやすい立場にある子ども（ストリートチルドレン、保護者のいない庇護希望者の子ども、居住型養護施設に暮らしている子ども等）がこれらの犯罪の被害者になることを防止するために何らかの具体的措置がとられてきたか否か、示されたい。

※ 日本語訳：子どもの権利条約NGOレポート連絡会議

武力紛争への子どもの関与に関する選択議定書日本の第1回報告書の検討に関わる論点一覧

CRC/C/OPAC/JPN/Q/1
2010年2月5日
原文：英語
先行未編集版

委員会は、締約国との対話中に、選択議定書に掲げられた子どもの権利のあらゆる側面を取り上げる可能性がある。この論点一覧は、委員会が対話の前に追加情報を得たいと考える、いくつかの優先的質問を網羅しているにすぎない。

締約国は、可能であれば2010年4月6日までに、追加の最新情報を書面で提出するよう要請される。

26. 締約国報告書パラ41で言及されている措置に加え、学校でおよび一般公衆に対して選択議定書に関する情報を普及するためにとられた措置について、情報を提供されたい。
27. 労働基準法および戸籍法の規定に加え、選択議定書第4条にしたがい、武装集団が18歳未満の子どもを徴募しかつ敵対行為において使用することをとくに禁ずる規定が刑法に存在するか。
28. 締約国が、子どもを軍隊に徴集しもしくは入隊させ、または子どもを使用して敵対行為に積極的に参加させる戦争犯罪について域外裁判権を有しているか否かに関する情報を提供されたい。15歳未満の者を強制的に徴募しまたは敵対行為に関与させる行為が、締約国の国民によってまたは締約国の国民に対して締約国外で行なわれた場合に、国内裁判所は裁判権を設定できるのか否かを示されたい。また、そのような域外裁判権を有するとされる場合、当該犯罪について双方可罰性要件が存在するのか否かも明らかにされたい。
29. 自衛隊の構成員が、とくに国連平和維持活動に参加する際に、選択議定書の規定およびその適用に関する研修を受けているか否かを示されたい。
30. 武力紛争の影響を受けている地域から日本にやってきた、保護者のいない庇護希望者および難民の子どもの人数について、2005〜2009年の期間を対象とする細分化されたデータ（男女別、年齢別および出身国別のものを含む）を提供されたい。この点につき、国外の紛争で使用された可能性のある庇護希望者および難民の子どもを対象とした、身体的・心理的回復ならびに社会的再統合のためのプログラムに関する情報を提供されたい。
31. 締約国の立法において、子どもが武力紛争に関与している国への小火器・軽火器の貿易および輸出ならびに軍事援助が禁止されているか否かを示されたい。禁止されていない場合、締約国はそのような立法の採択を検討したか。

※ 日本語訳：子どもの権利条約NGOレポート連絡会議

第3章

第3回日本報告審査の記録

2010年5月27日午前

チェルマッテン委員（議長） おはようございます、子どもの権利委員会の委員のみなさん。おはようございます、日本政府代表団のみなさん。本日のセッション、国連・子どもの権利委員会1508回会合へようこそ。今日は、日本の第3回報告書を審査します。明日の午前中には、子どもの売買、子ども買春および子どもポルノグラフィーに関する子どもの権利条約の選択議定書と、武力紛争への子どもの関与に関する子どもの権利条約の選択議定書の第1回報告書審査を行ないます。

日本の代表から発言をいただく前に、子どもの権利条約の報告書については次のような手順で進めていくことをお知らせしたいと思います。まず代表団首席から冒頭発言をいただいた後、国別報告者であるクラップマン委員が導入的発言を行ないます。その後、条約の最初の4分野について、委員が第1回目の質問をひととおり行ないます。最初の回答をいただいた後、午後12時半頃に回答をストップしていただき、国別報告者をはじめとする委員が条約の次の4分野について質問できるようにします。締約国との対話は午後1時にいったん中断し、午後3時から、日本からの回答をいただく形で再開されます。会合は午後6時に終了する予定です。この部屋には多くの人がおりますので、私は今日の討議が穏やかな、そして実りのあるやり方で行なわれるようにしたいと願っておりますし、この対話が建設的なものとなることを確信しています。

それでは、上田秀明大使にご発言いただきます。日本の外務省の人権人道担当大使であり、政府代表団首席です。それでは上田大使、お願いします。

1　日本政府代表の冒頭発言

上田大使　児童の権利委員会委員のみなさま、日本政府代表団を代表し、児童の権利を確保するという目的に向けて日々精力的に活動されている委員会の努力に敬意を表します。

児童の権利条約は、昨年、採択20周年を迎えました。昨年11月には、わが国においても鳩山総理夫人および江田参議院議長の出席のもと、「Happy Birthday！児童の権利条約」と題した記念イベントが開催されております。昨年にはまた、李・児童の権利委員会委員長が訪日し、わが国の関係団体・個人と活発な意見交換を行なうなど、同条約の理念の普及や理解の増進を図るすばらしい機会となりました。日本は今後も、国内での法整備や施策の着実な実施のみならず、国際的にもさまざまな形の協力により、世界各地で困難な状況にある児童を支援していきたいと考えます。

児童の権利条約は、すべての児童の基本的人権の尊重と促進のための主要なメカニズムです。そのため、各締約国がそれぞれの国内において条約をどのように実施しているかがきわめて重要になってきます。今般、委員会の審査を受けることで、わが国の条約の国内実施状況を、国際的見地から客観的に検証し、また、その結果を今後の国内政策に反映させていく機会を得られることは、わが国の児童の権利をめぐる状況のさらなる改善に向け非常に有意義でありうれしく思います。

また、本日は日本の市民社会からも多数の方々が傍聴されているのを知り、うれしく思っておりま

す。幅広い意見を条約の実施に反映させることは重要であると考えており、本年3月末に市民社会からも多数の参加を得て「児童の権利に関するシンポジウム——今後の課題」を東京で開催しました。政府として、今後とも市民社会との対話、協力を継続していく所存です。

　わが国は、2008年4月、条約に関する第3回日本政府報告および2つの選択議定書に関する第1回政府報告を提出しましたが、その後も、行政面・立法面において着実に整備を進めてきました。ここでは、これらの政府報告の後、わが国がとった具体的施策・措置についてその背景にある理念とともに説明申し上げます。

　わが国は昨年、政権交代を経験いたしました。これはいわば、それまでの自民党政権から当時野党であった民主党政権への歴史的変化であります。政権交代は実質的に50年ぶりの出来事でありました。

　昨年9月に新しく政権を担うこととなった鳩山総理は、本年1月の施政方針演説において、冒頭で「いのちを守りたい」と宣言し、「世界中の子どもたちが、飢餓や感染症、紛争や地雷によっていのちを奪われることのない社会」をつくり、「誰もが衛生的な水をのむことができ、差別や偏見とは無縁に、人権が守られ基礎的な教育が受けられる暮らし」を、国際社会の一員として、すべての子どもたちに保障する決意を述べました。また、教育や子育て、社会福祉など身近な課題を解決するために市民やNPOが活躍する力を「新しい公共」と呼び、自立と共生を基本とする人間らしい社会の構築のために、そのような力を支援していくとも述べています。日本政府は、この理念をまずは国内的な取り組みとして以下の施策に反映させ実施しています。

　第1に、子ども手当制度の創設が挙げられます。進展する少子化の中で、まずはすべての子どもの育ちを社会全体で保障するという観点から、中学修了前までのすべての子どもについて子ども手当を支給する制度を創設するための法律が2010年4月1日より施行されました。

　第2に、家庭の経済状況にかかわらず、すべての高校生が安心して勉学に打ち込める社会をつくるため、新法が2010年4月1日より施行されました。同法にしたがい、国の費用により、公立高等学校の授業料を無償化するとともに、私立高校等の生徒に対しては授業料の一部に充てるための高等学校等就学支援金が創設されております。同法は、家庭の教育費の負担を軽減し、社会全体の負担により高校生等の学びを支えることを通じ、児童の権利条約第28条に掲げられた権利を保障することを目的としたものです。

　さらに、本年1月、子どもと子育て支援の総合的な対策である「子ども・子育てビジョン」が閣議決定されました。同ビジョンは「チルドレン・ファースト」の理念に基づいたものであり、たとえば、政府としてすべての子どもに良質な成育環境を保障すること、子育て世帯を社会全体で支えること、若者や女性が安定した生活基盤を築けるようにすること、またそれら子ども・子育て関連施策の推進にあたっては「子ども家庭省」(仮称)を設置し、政府の体制一元化を図ること、等を掲げております。同ビジョンの着実な実施に向け、政府をあげて取り組んでいく所存です。

　加えて、児童の権利条約の理念にのっとり、関係施策を総合的に推進することを目的とする「子ども・若者育成支援推進法」が2010年4月に施行されました。この法律の施行を受け、現在、日本政府は、子ども・若者の最善の利益を考慮することや、基本理念を子ども・若者をおとなと共に生きるパートナーとして尊重することへと転換し、シチズンシップ教育の展開、アウトリーチ手法の採用、地域協議会の設置、大人社会の改善等によって、すべての子ども・若者と困難を抱えている子ども・若者の両方を支援することを追い求めるビジョンを作成しています。

　また、このビジョンの検討は、政務三役に児童の権利条約や虐待防止、教育に詳しい専門家と

実務家を加えた市民社会に開かれた会議体で行ないました。その過程では、大臣が若者たちとの意見交換を行なうとともに、さまざまな現代的課題についてヒアリングを行なっています。

　もう1つ、わが国をはじめとする先進国に顕著な課題として、インターネットや携帯電話の発展により、児童が有害情報に接する危険性にさらされているとの問題があります。そこで出会い系サイト規制法が改正され、これら有害情報に起因する児童買春その他の犯罪から児童を保護するための措置が強化されました。

　さらに、2004年に児童買春・児童ポルノ禁止法を改正し、児童買春や不特定多数人への児童ポルノ提供等の罪の法定刑を引き上げたほか、特定少数者に対する児童ポルノ提供行為を処罰化するなど処罰範囲を拡大しました。また、政府は、関係省庁が連携し、児童ポルノの排除に向けた国民運動の実施等、総合的な対策を検討・推進するため、2009年12月、犯罪対策閣僚会議の下に、内閣府副大臣を長とした「児童ポルノ排除対策ワーキングチーム」を設置しました。近く、国民気運の盛り上げやインターネット上の児童ポルノ流通防止対策、児童ポルノ関連犯罪の取締りの強化等を盛り込んだ総合対策をとりまとめ、児童ポルノ排除に向けた取り組みをいっそう強力に進める所存です。

　最後になりましたが、日本政府は2004年8月に、武力紛争における児童の関与に関する児童の権利に関する条約の選択議定書を批准いたしました。その際、本選択議定書第3条2の規定に基づき、自衛隊生徒を除き、18歳以上の者から自衛官を採用していること、自衛隊生徒の採用の最低年齢を15歳としていること、自衛隊生徒の採用が強制されまたは強要されたものではないことを確保するための保障措置が存在することを説明する宣言を行ないました。その後、防衛省設置法等の一部を改正する法律が公布され、本年4月1日より、わが国において採用される自衛官は例外なく18歳以上の者とされることとなったことから、これをふまえ、本年4月、宣言の修正を行ないました。

　議長、児童の権利委員会委員のみなさま、わが国は、時代の流れや社会の変化によって、児童をとりまく環境に新たな問題が生じるなか、引き続き、児童の権利の尊重や確保に向け、たゆまぬ努力を行なっていく所存です。また、児童の権利条約に関する今回の重要な審査において、わが国代表団は、委員の方々の関心事項に対し、誠意をもって回答を行なう用意があります。本日と明日にわたり、有意義な議論が行なわれることを希望します。ありがとうございました。

2　実施に関する一般的実施義務、子どもの定義、一般原則、市民的権利および自由──委員からの質問

チェルマッテン委員　ご発言、ありがとうございます。子どもの権利に関して日本で採択された新しい法律、とくに2010年4月1日に施行された法律についての情報提供に感謝いたします。これらは新たに採択された法律であって、第3回報告書には記載されていないものです。

　それでは、対話の第2段階である議論へと移ります。最初に発言する専門家は国別報告者であるロタール・クラップマン委員です。導入的発言の後、最初の質問を行ないます。クラップマン委員、お願いします。

クラップマン委員　議長、ありがとうございます。大使閣下、そして代表団のみなさん、まずは、大使閣下ならびに印象的な代表団メンバーのみなさんに心からの歓迎の意を表明いたします。みなさんのほとんどは、私たちが何週間、何か月も待ち望んでいた本日の対話のために、母国からはるば

るいらっしゃったことと存じます。
　委員会は、1994年に批准した子どもの権利条約の実施に対して日本がコミットメントを表明してきたことを理解しております。条約第44条に基づいて提出された第3回報告書が、本日の対話の基本となります。また、日本から来られた、子どもを含めた多くの傍聴者のみなさんにも歓迎の意を表させてください。みなさんの存在は、日本における子どもの権利の実現に対し、自分たちなりの役割を果たして貢献していこうという積極的意思を明らかにするものです。
　申し上げたように、本日の対話の基礎は締結国報告書であって、子どもの権利委員会のメンバーはこれを丹念に検討しました。また、文書回答からも新たな貴重な情報を得ました。大使の冒頭発言も、大変興味をもって拝聴したところです。報告書で明らかにされている状況を変える可能性があるような、非常に重要な決定、計画、ビジョンができたとおっしゃったからです。それが何を意味するか、現時点で余すところなく評価できるかどうかはわかりませんが、私たちの質問、コメント、懸念表明において、大使が冒頭発言で述べられた概要を考慮するよう全力を尽くしてまいります。
　この2日間に行なわれる対話は、ある種、バランスを欠いたものかもしれません。子どもたちが権利を十分に享受できていないと思われる点について、より多くの質問が出されることになるためです。子どもの成長にとって良好かつ望ましい条件が存在するその他の分野については、それよりも少ない、はるかに少ない時間しか費やされないでしょう。日本は、もう何十年もおとなと子どもが平和に暮らしている国です。憲法では基本的自由が保障されています。つまるところ、日本は豊かな国なのです。コミュニティも維持されており、日本の科学者の業績は世界中で尊敬されています。この積極的状況は今後もしばらくは続くことでしょう。

【パブリック・サービス】
　日本の報告書に関する所見として、まずは日本が少子化社会であることに触れたいと思います。そのため、近年、出生率の低下を逆転させることを目的としたたくさんの法律や措置が導入されてきたことは、私たちも承知しています。しかし、このような目的でとられてきた措置のために資源のかなりの部分が割かれ、その結果、子どもの生活・発達条件を全般的に向上させるための資源が利用できなくなっているという不満の声も耳にしました。判断の前に、これらの措置がどのようなものであるのかについて理解を深める必要があります。日本は、これらの出産奨励措置についての評価を行なうと約束し、また子どもと家族を支援する法律が新たに制定されたとしていますが、このような評価の結果や結論を見つけることはできませんでした。これらの法律や措置は、日本が新しい総合的な子ども手当制度を創設した今となっては、時代遅れになってしまったということなのでしょうか。
　子ども手当に関して大使は、覚えておりますので引用しますけれども、「すべての子どもの育ちを社会全体で保障」しなければならないという観点から生まれたものだとおっしゃいました。これは実際、条約の精神を表したものだと思います。しかしこのような観点からは、幅広く利用可能で、良質かつコストの低い保育所、遊び場その他の出会いの場所なども、社会全体で保障されるべきであるという結論を導き出すことが可能です。個人的・組織的支援を組み合わせていくことが必要なのではないでしょうか。子どもとその親を支援するための一般的戦略に、この子ども手当制度を統合していくことは可能でしょうか。いまや親は、より高い料金を支払い、あるいはその他のコストを受け入れることを求められるようになるのでしょうか。
　高等学校が原則として無償化されるという情報も拝見しました。他の委員から「統合子ども予算システム」についての話が出るかと思いますが、どうやら子どものための予算配分は緊縮されている

ようです。報告書のパラ53に掲げられている数字からは、どのように考えればよいのか、なかなか判断できません。明らかな事実として、日本では、子どもと家族に関わる支出が、比較可能なヨーロッパ諸国で配分されている額の3分の1になっています。子どもの貧困率が年々上昇しており、14％を超えたことも知りました。子ども手当制度だけでは、子どもの貧困撲滅のためには十分ではないのではないでしょうか。

ここ数年、児童手当、保育所、教員の給与その他の予算が削減・カットされ、あるいは一般財源化されたことにより、子どもたちが暮らしている地方のレベルで多大な影響が出ているという情報も入手しました。同時に、子ども関連の施設・プログラムの費用負担は、民営化戦略が原因かと思われますが、顕著に増加しています。予算および予算計画についてもう少し詳しい説明をいただければ、大いに歓迎いたします。

【青少年育成施策大綱】

また、政府の基本的な経済的志向性においては個人に多大な責任が課されていると理解しています。しかし、親は子どもに対する責任を負っているので、このような自己責任志向のもとで利益を得ようとしても、自由な動き、柔軟性、機会獲得のチャンスを制限されてしまいます。逆に、親や家族はこのようなプロセスから周縁化され、勝者ではなく敗者になってしまう可能性があるのです。能力がないからではなく、子どもに対して負っている責任のために機会を妨げられてしまうのです。親や子どもがこのような不利な立場からどのように保護されているのか、政府としての見解をお聞きしたい。

報告書からもはっきりしていることですが、子どもの権利の実施は横断的問題であり、多くの省庁や部署が、また中央から地方に至るまでさまざまなレベルの政府が、参加しなければなりません。調整が大きな課題であるわけですが、これは子ども・若者育成支援推進本部によって解決されることが期待されているようです。この推進本部およびその機能は、計画されている子ども家庭省がとって代わることになるのでしょうか。青少年育成施策大綱は見直される予定でしょうか。青少年育成施策大綱では、「青少年」が0～29歳の若者と定義されています。条約では0歳から18歳未満が子どもとして定義されていますが、この年齢層に本当に焦点が当てられているのでしょうか。やはり調整に責任を負っているその他の審議会、教育再生会議や少子化社会対策会議などは、今後どうなっていくのでしょうか。また、委員会の見解では、市民社会、NGO、若者組織が調整機関に参加していないことが主要な課題でした。この点について改革は行なわれるのでしょうか。

また、青少年育成施策大綱の評価が実施されると報告書に書いてありましたが、そのような検討の結果を見つけることができませんでした。実施されたのでしょうか。もう少し情報をいただきたい。

2004年の報告審査において、委員会は、青少年育成推進本部と青少年育成施策大綱がどの程度、子どもの権利、子どものための世界サミット成果文書、そして条約に基づいているのかを知りたいと考えました。ここでも同じ質問をしたいと思います。というのも、事前質問票に対する回答では、「条約の理念にのっとり」とか「条約の哲学」といった言葉が用いられているからです。今朝もそのような言い方を耳にしました。そのような言い方は、条約の規定が法的な意味での義務的権利と見なされておらず、子どもに対する前向きな態度の表現として見なされているにすぎないことを示しているのではないかとも思うのです。

【子どもの権利に関する監視機構】

もう1つ、これが最後ですが、やはり2004年の報告審査でも取り上げられた問題として、子どもの権利に関する独立した監視機構の問題があります。多くの締約国では、人権機関やオンブズ

マンが、条約を批准したことにより実施を受け入れた権利を政府に想起させる役割を果たしています。人権委員会を設置するための法案は依然としてペンディングされており、他の委員からもあらためて触れられることでしょう。委員会としては、日常の政治から若干の距離を置いたこのような機関が子どもの権利、そしてこれらの権利を実現する最善の方法についての重要な問題を取り上げることにより、政府も子どもたちも利益を得ることができると考えています。お尋ねしたいのですが、今朝ご説明いただいたもっとも重要な改革のなかには、人権機関ないしはオンブズマンを中央レベルで設置することも含まれているのでしょうか。このような機関・事務所を設置することにより、子どもはおとなの寛容さの対象であるだけではなく、権利主体であり、大使がおっしゃったようにパートナーとして尊重されるということが強調されることになるはずです。締約国である日本の政策についての理解を深める手助けをしていただければと思います。

　ありがとうございました、議長。

チェルマッテン委員　クラップマン委員、導入的発言といくつかの質問をありがとうございました。それでは、委員会の他の委員に発言を認めます。クンプラパント委員が最初の発言者です。

クンプラパント委員　議長、ありがとうございます。日本の代表団に温かい歓迎の言葉を申し上げます。

　まず、子どもの保護および子どもの権利に関する日本政府の新しいイニシアチブに対し、評価の意を表します。ともあれ、政府が子どもたちと国の現実にどのような影響を与えうるのか、もっと詳細を、実際的な詳細をうかがいたいと考えております。

【子どもの権利実現のための施策】

　私の最初の関心事は、子どもの最善の利益です。政府が条約第3条をどのように実施しているのかを委員会に説明してくれる十分な情報は、報告書には見出せませんでした。そこでいくつか実際的な質問をして、委員会として、日本でこれらの規定を実施する手助けと支援ができるよう、イメージをつかめるようにしていただければと思います。

　1つめの質問ですが、学校や教育制度で子どもの最善の利益を図るためにどのような措置がとられてきたのでしょうか。というのも、この間、私は子どもたち自身を含む多くの団体から若干の情報を得たのですが、子どもたちは教育において非常に困難に直面しており、ニーズに合った適切な形態の教育を受けることができないという話だったからです。報告書から浮かび上がる2つめの質問は、パラ165に関するものです。社会福祉施設、とくに児童相談所がとる子どもに関わる行動において子どもの最善の利益が第一次的に考慮されることを確保するために、どのような措置がとられてきたでしょうか。次の質問ですが、条約第3条に合致するような法律が日本にあれば、その情報をいただきたいと思います。

　私の次の関心事は第12条に関するものです。子どもたちが困難に直面したときに助けや支援を求めることを支援するため、立法上・行政上の措置はとられているでしょうか。

　最後の質問ですが、ある教育形態ないし態様が子どものニーズに適合しない場合、修正または改善のために子どもはどのように自分の意見を表明できるでしょうか。

　ありがとうございました。

チェルマッテン委員　ありがとうございます、クンプラパント委員。エル・アシュマウィ委員、どうぞ。

エル・アシュマウィ委員　おはようございます。まず、代表団のみなさんを歓迎し、代表団首席の情報豊富な冒頭発言に感謝を申し上げたいと思います。

【研修やデータ分析等と子どもの権利条約の普及】
　私が質問したいのは、職員の研修、また子どもの権利の実施に関する細分化されたデータの収集・分析のためにとられてきた措置はどのようなものかということです。また、もう1つ質問があります。子どもの権利条約の普及の分野で行なってきた国際的・地域的な協力・交流プログラムにはどのようなものがあるでしょうか。ありがとうございました。
チェルマッテン委員　ありがとうございました。ポラー委員、次に発言をどうぞ。
ポラー委員　ありがとうございます、議長。ようこそ、代表団のみなさん。いくつか取り上げたい問題があります。まず一般的措置の分野ですが、国別報告者がおっしゃったように……いや、これについては他の委員が取り上げることと思います。
【子どもの権利に関する監視機構】
　独立した監視に話を戻しますが、簡単に言えば、私が理解するかぎり、子ども・若者育成支援推進本部は条約実施のために設置されたものです。私の質問ですが、これは政府の一部なのでしょうか、それとも独立した機関なのでしょうか。実際のところ、日本ではどこが条約の独立した監視を行なっているのでしょうか。
【子どもの定義】
　もう1つ、私がお話ししたい問題は、子どもの定義についてです。現在、民法では20歳で成年とされています。これは子どもの保護を向上させるものです。私の質問は、子どもが医学的治療を受ける権利をもっているという考え方について、締約国が現在どのように考えているかということです。一定の年齢に達した場合ということですが、現状はどのようなものでしょうか。子どもは、親の意見を求めることなく医学的治療を求めるプライバシーないし能力をどのような形で保障されていますか。この点に関する医療相談はどのようになっているでしょうか。また、家庭内の事柄に関して子どもが請願するという問題についてはどのように扱われていますか。これが、子どもの定義、とくに年齢に関わる問題について私が気づいたことのすべてです。
　さらに、刑法におけるジェンダー関連の違いはどのように扱われているのでしょうか。たとえば、強制わいせつに関わる年齢や、児童買春・児童ポルノ防止法の規定で定められている年齢ですが、そこでは子どもの年齢にどのような違いが設けられていますか。
　これもこの分野に関わる問題ですが、過去の子どもの権利委員会の総括所見では、性的同意に関する13歳という最低年齢を引き上げるべきだと勧告されました。私の質問は、この点についてその後日本でどのような議論が行なわれ、何か変化があったとすれば、現在、性的同意年齢は何歳なのかということです。
　民法731条では、最低婚姻年齢が男子18歳、女子16歳とされています。政府報告書パラグラフ139では、これに関する政府の立場が詳しく説明されています。この点に関して、もう少し説明していただけますか。同パラグラフではなぜ相違があるのかが説明されており、私たちも読みましたが、せっかくの対話の機会ですので、もう少し説明をいただければと思います。男女の最低婚姻年齢の相違について、そしてなぜ女子の最低婚姻年齢を男子のように18歳に引き上げられないのかということについて。
【生命に関する権利】
　一般原則については、生命に対する権利について質問があります。自殺への対応策として、日本では子どもたちのためにどのような措置がとられていますか。また、生存・発達について、健康問題に対応するための性教育との関連ではどのような措置がとられているでしょうか。生命に対する

権利についてはさらに、学校管理下で起こるけがや疾病に対応するための学校安全基準はどうなっていますか。
　ありがとうございました。
チェルマッテン委員　ありがとうございました、ポラー委員。フィラーリ委員、どうぞ。
フィラーリ委員　ありがとうございます、議長。締約国代表団のみなさんに温かい歓迎の言葉を申し上げます。それから大使に対しても、冒頭発言について、とくに最近の変化について最新の情報を提供してくださったことについて、感謝を申し上げます。大使自身がおっしゃったように、私たちの対話の出発点は、報告書と、そこに添付されたさまざまな文書です。

【子どもの権利条約の位置づけと研修】
　私が最初に取り上げたい質問は、子どもの権利条約の地位に関するものです。はっきりと、そして何度も述べられたように、国際人権文書は国内法に優位するということです。そこで質問ですが、日本の裁判官は職務上、条約を援用しているでしょうか。この条約に関する研修は受けていますか。この条約およびその適用の可能性が重要であることを常に念頭に置いておけるような研修は受けているでしょうか。つまり、裁判官は研修を受けているか。そして、眼前の紛争や訴訟に決着をつけるためにはこの条約の規定を援用しなければならないのだということを教えられているか、ということです。これは、意見を聴かれる子どもの権利や子どもの最善の利益といった、条約に掲げられた一般原則に関わる質問でもあります。

【勧告への対応状況】
　私の2番めの質問は、日本が行った留保に関するものです。これに関連して委員会の勧告についてもお尋ねしたいと思います。前回の勧告が行なわれてから、勧告への対応はどうなっているでしょうか。日本は非常にまじめな国だと承知していますし、実際にまじめさという点では模範とされています。にもかかわらず、勧告についてはどうなったのだろうかと私は思うのです。分析は行なわれたでしょうか。他の勧告を作成するための基準として活用されたでしょうか。締約国として、委員会の助力を得ながら状況を評価し、正しい一般的方向に進んでいくという方法をとっているのでしょうか。私たちは〔性的〕同意年齢などのさまざまな問題を取り上げていますが、少年司法の問題も当然取り上げることになりますし、これに関連する留保も行なわれています。もちろん、私たちが考えているのは実際的適用がどうなっているかということであり、ここではとくに第37条(c)、第9条1項、第10条1項が関連する条項です。このような見解は第1回報告書に関する勧告でも取り上げられたもので、前回の勧告とあわせて考える必要があります。
　さて、ここでもう1つ質問が思い浮かぶのですが、国内法と条約を調和するための何らかの法改正は計画されているでしょうか。そうだと推察しますが、国内法が条約と完全に一致するようにするための微調整が進められているでしょうか。条約に逆行する規定が存在するかもしれません。日本が条約を批准して以降は、条約の精神・規定に逆行する法律は存在してはならないのです。その方向で法律を磨き上げるつもりがおありなのかどうか。

【人権委員会の設置作業】
　人権委員会についてもお伺いしたいと思います。これは国家的機構だと思いますが、国連としては、これが「パリ原則」を完全に遵守したものになることを期待しています。委員会を設置して完全に稼働させたいという願いは以前からありますが、何らかの遅れがあるのでしょうか。人権委員会の設置作業の現状はどうなっていますか。人権委員会にNGOとの協議を組み込む予定はありますか。市民社会の関与は計画されているでしょうか。委員会が発表するであろう報告書がこのうえな

く重要であることは間違いありません。それによって、条約がどのように適用されてきたかの評価が可能になるからです。また、その報告書は独立の意見であって、政府の報告書のようにはならないでしょうし、完全にNGOの報告書ということにもならないはずで、非常に貴重な貢献となります。
　ありがとうございました。
チェルマッテン委員　フィラーリ委員、ありがとうございました。まだ委員から質問がございますか。ああ、申し訳ありません、モーラス委員とバルマー委員がいらっしゃるようです。モーラス委員からどうぞ。
モーラス委員　ありがとうございます、議長。ありがとうございます、大使。こうしておいでくださったこと、そしてこのような印象的な代表団をお連れしてくださったことにお礼を申し上げます。代表団のみなさんも歓迎申し上げ、すばらしい対話を楽しみにしております。
【資源配分】
　私はもっぱら資源配分一般の問題についてうかがいたいと思います。それにあたってまず申し上げておきたいのですが、いくつかの子どもの権利の視点から見て保守的ともいうべき政府が長年にわたって政権に就いた後、新たな政府が全面的に活動を開始し、新しい法律を制定したのみならず、新しいビジョンを示す意向も表明していることを歓迎いたします。これは非常に励まされることだと言わなければなりませんが、ある意味、私たちにとっては厄介でもあります。というのも、私たちがコメントの対象とする報告書は本当の意味でみなさんの報告書ではないからです。報告書に書かれていることについても振り返っていきたいと思いますが、他方、本当のところはビジョンについてみなさんにうかがいたいのです。
　その意味で、OECDの研究である「子どもたちのためのよりよい対応（Doing Better for Children）」から、いくつかの数字を使わせていただきます。OECD加盟国30か国のうち、資源配分という観点から日本がこの研究でどのように位置づけられているかを振り返ってみたいのです。
　大使は、子どもに対する責任は社会全体の責任だとおっしゃいました。クラップマン委員もこのようなビジョンに同意していましたが、同時に強調しておきたいポイントがあります。それは、確かに社会全体がそのような責任を負っている一方で、条約では締約国の責任と義務が明確に定められているということです。締約国には、すべての人による、家族、親、地域、教師、そして政府自身による権利の履行を確保する責任と義務があるのです。しかし、そのためには枠組み、すなわち法、制度、基準、規則、そして資源が必要です。
　そこで資源について検討することにします。たとえばOECDの研究では、ウェルビーイング指標という指標をとりまとめようと試みています。もちろんウェルビーイングの指標を構築する方法はいろいろ考えられますが、ここではOECDのものを採用します。そこで非常に興味深い形で述べられていることは……そこでは6つのタイプの指標が区別されています。物質的ウェルビーイング、居住環境、教育的ウェルビーイング、健康と安全、リスク行動、学校生活の質です。
　日本について見てみると、ここで定義されているリスク行動については、日本はかなりよいというより非常によい結果を出しています。もっとも、学校、日本の思春期の子どもたちについては、リスク行動については少し注意して検討する必要があると言わなければなりません。他方、ここで定義されている物質的ウェルビーイングについてはあまりよい結果が出ていません。というより、物質的ウェルビーイングは平均以下であるとされています。また、学校生活の質についてはまったく情報がなく、だからこそここではリスク行動についてよい結果が出ているのだと思われます。同時に、日本の対応について投資、子ども時代のさまざまな段階における社会的投資を検討してみると、どう

やら……日本は子ども時代後期への投資についてはもっともよくやっている国のひとつだが、他国に比べ、乳幼児期への投資額は非常に低いとされています。

　以上2つの点をあわせて、また予算についての情報がほとんどない、それどころか報告書には皆無といってもよいでしょうこともふまえて、いくつかお聞かせいただきたいことがあります。

　すでにクラップマン委員がはっきりと指摘されたように、日本では他のOECD諸国に比べて社会支出が非常に少ない。貧困は増加しており、不平等も同様です。先ほど申し上げたように、乳幼児期への投資もそれほど行なわれていないようです。となれば、これらすべてのことによってどのような影響が生じているのか、知りたくなるというものです。新しいビジョンを打ち出した新政権はこの点について検討する必要があると考えます。

　そこで、以上をふまえた私の質問は次のとおりです。家族の能力の点における不平等を是正するため、公的社会支出——私的支出ではありません、公的支出です——を増加させたり、より不利な状況にある家族に焦点を絞ってその生活水準を向上できるようにしたりすることにより、より公正な社会をつくっていく意図はおありでしょうか。第1に、教育・保健・福祉サービスの量と質を向上させるため、これを予算配分にどのようにはっきりと反映させていくおつもりですか。いまのところ、とくに第3回報告書を見ると、予算、日本の予算について検討することは非常に困難です。はっきりとした配分が行なわれていないからです。これは委員会が、日本だけでなく、他の多くの国々、OECD諸国と同様に開発途上国に対しても指摘してきた問題です。はっきりと子ども向けの投資が行なわれており、その投資が効果を発揮していることを、委員としてどのように確信できるかという問題ですね。そのためには予算策定のやり方を変え、子どものための追跡システム、モニタリング、評価・研究などをともなうものにすることが必要です。これが2つめの質問でした。3番めに、民間サービス提供者を対象とするパフォーマンス基準を定め、モニターする意図はおありでしょうか。民間サービス提供者のサービスのモニタリングにおいて、地方政府はどのような役割を果たしていますか。もちろん、民間サービス提供者によるサービス運営のために与えられている補助金についても。

　この点に関する最後の質問ですが、家族生活と仕事とのバランスについてはどのように対応されているでしょうか。日本における労働市場の規制緩和問題は女性にきわめて大きな影響を及ぼしているようです。貧困層全般に影響が及んでいますが、女性が非常に影響を受けます。いわば「規制緩和」される、つまり解雇されることが多いのは女性のほうだからです。この問題にはどのように対処されているでしょうか。労働時間と作業負担の増加という問題は、子育てや子どもの権利の保護という観点からみた家族の能力を損なっています。これは政府の経済政策と、最終的には大使がおっしゃっていたビジョンと関連する問題です。

　以上が資源配分に関する私の質問です。実際のところ、経済政策を取り上げている新ビジョンに関連した政府の諸計画に、子どもの権利アプローチがともなっているかということです。

　ODAについてももう1つ質問があるのですが、後からあらためて取り上げたほうがいいですか、議長？　いま？　はい。報告書にはほとんど、あるいはほぼまったく言及がないのであまり検討ができなかったのですが、新政権の計画で、日本の子どもたちを対象とするこの新しいビジョンが、日本のODAを受け取っている国々の子どもたちにも適用されるのかどうか、プライオリティの変更等でどのようにそれを追求しようとしているのかに興味があります。

　ありがとうございました。

チェルマッテン委員　ありがとうございました。それではパルマー委員。

パルマー委員　ありがとうございます、議長。まずは日本政府代表団に対して温かい歓迎の意を表します。

【体罰】
　体罰について質問があります。現在すでに21世紀になっているわけですが、いまだに多くの国で体罰が存在しており、日本はそのうちのひとつです。体罰が、しつけという名の下に、家庭内では合法とされています。身体的外傷や暴力を加えた親は、民法……児童虐待防止法で告発される可能性もあるようですけれども。また、学校では体罰は禁止されているものの、子どもに対して依然として行なわれています。代替的養護の現場でも同様です。私としては、子どもに外傷を加えた親が法律にしたがって告発・処罰されてきたのか、また締約国として、もちろん家庭を優先しつつ、学校その他の環境における体罰を全面的に禁止・根絶するつもりがあるかどうか、知りたいと思います。
　ありがとうございました。

チェルマッテン委員　ありがとうございました。エル・アシュマウィ委員。

エル・アシュマウィ委員　1つだけ、子どもや青少年による自殺率が依然として高いことについて質問させてください。

【自殺の防止】
　自殺の要因を特定するための研究は存在するでしょうか。思春期の子ども向けに危機管理やメンタルヘルスに関するプログラムは実施されてきたでしょうか。

チェルマッテン委員　ありがとうございました。私自身、まだいくつか質問がありますので、他の委員から出た質問に加えてお尋ねします。

【国内的調整】
　最初の質問は立法に関するものです。条約に関する裁判官の研修について取り上げられましたが、繰り返し出てくるひとつの問題は、国内法で子どもに関する包括的な法律の制定を検討しているかということです。現在、日本には一連の法律がありますが、必ずしも調和のとれたものにはなっていません。私はとくに、少年司法が条約と完全に調和がとれたものになっていないことを頭に置いています。多くの手段を活用していくおつもりがあるのかどうか、また子どもの権利法を創設することは日本の利益になるのではないかと私は考えています。
　調整についてはいくつかの質問が出されました。調整機構として子ども〔家庭〕省が構想されているともおっしゃいましたが、その取り組みの範囲が現状と比べてどこまで広がるのか、いまひとつわかりにくい。省庁間のような水平レベルでの調整だけでは、委員会の見解では不十分です。水平的観点だけではなく自治体との調整の問題も出てくるからです。この点についてもう少し知りたいと思います。
　3番めの質問は、市民社会との調整は実際のところどのように行なわれているかということです。ここにも市民社会の代表が多数お見えになっており、市民社会がいかに子どもの権利に関心をもっているかを示しています。それはうれしいことですが、アドボカシー、ロビイング、現場での活動を行なっている市民社会との関係で、政府がどのような並行的システムを設けているのかと考えるのです。それが考えられるひとつの状況ですが、つまり本当の意味での調整というのは行なわれているのでしょうか。
　国家的行動計画についてですが、青少年育成施策大綱についてはすでに取り上げました。しかし青少年の概念がかなり曖昧で、29歳以下の年齢から構成されているとのことです。そこで、日本が法的アプローチに基づいた、子どもだけのための国家的行動計画を策定するよう期待します。

【差別】

　次に、すでに提起された問題、差別の問題に移ります。明らかな差別事例が2つ存在していることについてはすでに取り上げられていますが、私の質問は次のとおりです。婚外子差別について、状況改善のために何らかの対応はとられてきたでしょうか。第2に、障がい児差別については午後に詳しく議論する予定ですが、障がいのある子どもに対する差別の問題です。

　より具体的かつ技術的問題として、刑法における差別の問題があります。日本の刑法では、強かんや性犯罪の被害者として、被害者が女性・女子である場合は対象とされていますが、男子は対象とされていません。男性もこのような同じ行為の被害者になりうることは明らかです。

　出生登録も問題となっているようです。在留資格のない移住者が親である子ども、パスポートのない人々や不法滞在者の子どもは出生時に登録されることが可能なのでしょうか。

【データ収集】

　最後に、データ収集について。前回の勧告で、よりよいデータ、より包括的で調和のとれたデータに委員会がアクセスできるようにすること、政府がそのようなデータを保有することを要請しました。しかしこの要請は……単に数字が存在するというだけです。狙いが明確な政策、権利を侵害されやすい立場に置かれた集団を対象とする政策の確立を可能にするような、またこれらの政策および子どもに関わる進展の評価を可能にする指標の確立につながるようなデータを持つこと、そういうデータにアクセスできることが必要です。新たな政策が、新たな法律が採択されようとしている時期には、子どもに関する詳細なデータ、細分化可能なデータを持つことが、公共政策を立案する際の必要条件であると委員会は感じています。

　さて、大使および代表団のみなさん、以上のさまざまな問題に注意を傾けていただき、ありがとうございました。ここで15分間の休憩を入れます。お答えは、委員個人に対してではなく――そうしたいとお考えであればそうしてもかまいませんが――、さまざまな問題について、いくつかの質問が複数の委員から出されておりますので、質問ごとにお答えいただくようお願いしたいと思います。それでは11時25分まで、いや11時30分まで休会します。ありがとうございました。休会します。

〈休憩〉

3　日本政府代表団の回答と質疑

チェルマッテン委員　みなさん、席にお戻りいただけますでしょうか。そろそろ再開します。

　ありがとうございます。さて、委員会が最初のお答えに耳を傾ける機会がやってきました。そのあと私のほうからいったん口をはさみ、条約の次のセクションに関する質問を受けられるようにする予定です。それではどうぞ、大使。

上田大使　ありがとうございます、議長。本日の代表団はさまざまな省庁の職員22名から構成されており、正確には7省庁の代表が出席しております。そこで、一連の質問に対する答弁を各省庁にお願いし、その後、必要があれば委員のみなさんから追加の質問を承りたいと存じます。最初に、条約と国内法の相互関係に関する質問がありました。それとともに、ODA等を含む外交政策関連の質問もございましたので、まずは外務省関連の質問について、代表団副首席の志野課長からお答えいただきます。

◎条約の位置づけと国内法との関係

外務省・志野　ありがとうございます。まず、フィラーリ委員のほうからいただきました、条約、それから国内法、あるいは解釈宣言・留保等に関する質問についてお答えさせていただきたいと思います。

　まず条約と国内法の関連は、日本国憲法第98条第2項にも明確に書いてございますが、日本国が締結した条約および確立された国際法規は、これを誠実に遵守することを必要とすると規定しております。したがいまして、わが国が締結し公布した条約、この児童の権利条約もそうですが、国内法としての効力をもっております。

　したがいまして、わが国はいかなる条約に関しましても、その締結にあたり国内法制度との整合性を確保しております。国内法令についても同様に、その制定にあたっては既存の国内法制度等との整合性を確保するように十分な考慮を払っております。

　前回の審査に関しまして、どのような考慮が払われたかというご質問もございましたが、われわれ、いただきました最終見解については、政府の中でも真摯な検討を行なっておりますし、またみなさん委員の方からいただきました最終見解は、立法府、あるいは市民社会、あるいは一般的な国民の中にも議論を惹起しておりまして、いろいろな形で検討し、われわれのほうとして必要だと思われる措置については、とるべき準備をいろいろとしているものもございます。

　前回の審査から今回の審査までにたとえば制定されました関連の国内法をいくつかご紹介いたしますと、児童買春、児童ポルノに係る行為等の処罰及び児童の保護に関する法律の一部を改正する法律、児童虐待防止等に関する法律の一部を改正する法律、児童福祉法の一部を改正する法律等がございまい。これらの法律の起草過程においては、この権利条約の規定との整合性の確保等についても、考慮しております。

　同様にフィラーリ委員のほうから、留保と解釈宣言についてのご質問をいただきました。まず、第37条Cの規定についての留保でございますが、これはボラー委員の方からも指摘をいただきましたが、わが国の国内法では20歳を成人としておりますので、20歳未満の者と、20歳以上の者を分離するということを規定しております。したがいまして、われわれとしては、児童の権利条約で18歳未満とされているものを、20歳未満の者にまで拡大して適応しているという趣旨でございますので、現在のところ、留保を撤回するという検討はございません。

　それから、第9条1および、第10条1の規定についての解釈宣言に関しましては、これはあくまで解釈宣言でございますけれども、この第9条の1は、父母による児童の虐待、または父母の別居等という特定の場合において、権限のある当局が地方の審査に従うことを条件として、児童の最善の利益のために必要であると決定する場合を除き、締結国に対して児童がその父母の意思に反して父母から分離されないことを確保するよう義務づけられるものであります。退去強制、抑留および拘禁等、国がとりうる措置として本条約第9条4において認められる措置により、結果的に親子の分離が生ずるものを妨げるものではないという解釈を明らかにしたものでありますので、本条約の趣旨に合致いたしたものであるというふうに考えております。第10条1の解釈に関しましても、出入国の管理上の同様の判断でございますので、これも条約の趣旨に合致いたしたものと解釈しております。

　次に、チェルマッテン委員長のほうから、本条約の実施にあたりまして、児童の権利に関する包括的な法律をつくる考えはないかとご指摘をいただきました。これは、団長の冒頭の発言にもございましたビジョンの中にもございましたけれども、子ども・若者育成支援政策の基本的枠組み等を

定め、児童の権利に関する条約の理念にのっとり、施策を推進することをその目的に含む子ども・若者育成支援推進法というものを、今年の4月1日に施行いたしました。さらに包括的な子どもあるいは児童の権利の基本法の必要性については、今後、必要性等も含めて考慮されていくものと思っております。

　それから、クンブラーファン委員のほうから児童の最善の利益について、国内法上どのように明記しているかというご質問がございましたが、いくつかの法律の中に……。

チェルマッテン委員　恐れ入りますが、委員から追加の質問がある場合や、ご発言に関連してより具体的な情報がほしいと考える場合には、しばしば中断していただくことがあるとお考えください。

　さて、私がお尋ねした、包括的プログラムに関する質問にちょっと戻りたいと思います。いま、そのようなプログラムについてお話ししていただいていたのですが、質問は非常に具体的なものでした。すなわち、子どもに関わるあらゆる状況を網羅した包括的な子ども法の制定を日本は計画しているかどうかということです。他国ではそのような法律がいくつかあります。それは、すべてを網羅していないこともある、特定部門に関する法律ではありません。これが私の質問でした。

　なお、日本では出生から20歳までを子どもと見なしています。これは、私の理解によれば子どもの権利条約が20歳までのすべての者に適用されるということで、保護をこれらのすべての人々にまで拡大することを検討するというのは、委員会としては非常によい考えであるように思われます。子ども手当等についてもお話ししておられましたが、これらの手当による利益も2年間延長されるということなのですから。成人年齢が20歳であるということは、出生から20歳までのすべての者が条約上の保護を享受できるということです。

　この質問に具体的にお答えいただければ幸いです。

外務省・志野　まず、ツェルマッテン委員長のほうからご指摘をいただいた包括的な法律に関してですが、特別な法律の名前ですので、ちょっと通訳さんのほうがプログラムとお訳しになられたと思うんですが、われわれが4月1日に施行したものは法律でございまして、子ども・若者育成支援推進法という法律でございます。それがまず一点で、それから、それを超えての子どもの権利、一般を規定する法律に関しましては、いろいろなビジョンを作成する過程、あるいはいろいろな場所で現在議論が進行中でございまして、われわれのほうとしてそれについての結果について、まだ予断する状態ではございません。ですから、つくるべきかどうかということについて、活発な議論が国内で実際行なわれておりまして、そういう意味では、まだこの段階でわれわれのほうから、つくりますとも、つくりませんとも申し上げることもできないということをご理解いただければと思います。

　それでは、続きまして、クンプラーファン委員のほうからいただきました児童の最善の利益……。

チェルマッテン委員　クラップマン委員、質問、フォローアップの質問がありますか。

クラップマン委員　議長、条約と法律の調和の問題についてあらためて取り上げさせてください。法律の調和については前回の審査でも質問が出されたと記憶していますし、委員会が日本の報告書について最初に議論したときにもこの質問が出たのではないかと思います。そこで私は法律の調和の問題について、この報告書を見てみたのですが、そこには第2回報告書を参照と書かれてあり、第2回報告書では、さらに第1回報告書を参照するよう書かれていました。第1回政府報告書では、パラグラフ12に、日本のすべての法律はすでに2つの規約、すなわち市民的及び政治的権利に関する国際規約と経済的、社会的及び文化的権利に関する国際規約に一致していることから、新たな法律または法改正は必要なかったと書かれています。これが調和化のプロセスが必要なかったということの正当化事由とされているのです。

しかし委員会は、これらの規約を子どもたちの生活条件に適合させるために子どもの権利条約が必要であったことを知っています。したがって、こう申し上げることをお許しいただきたいのですが、新たな法律や法改正が必要なかったという一文は信頼しかねます。

ところで、この文脈において、改正・改訂が必要なかった法律のひとつの例として児童福祉法が挙げられています。これは当時1974年に制定されたままの状態だった法律で〔ママ〕、とても古い法律ですから条約との一致を図る必要があったはずです。

話を進めますが、法律が一致しているかどうか1項ごとに検討し、成果文書を作成する研究グループを設けている国が数多く存在します。このような文書は、法律が本当に一致しているかどうかを示してくれますので、委員会にとってとても興味深いものです。法律が完全に一致することは決してありませんが、条約の趣旨はこうだから概ね大丈夫だといえることはあるでしょう。私の質問は、日本にはこのような文書が存在するか、それを拝見することは可能かというものです。

どうもありがとうございました。

チェルマッテン委員 ありがとうございました、クラップマン委員。同じ問題について、フィラーリ委員、どうぞ。

フィラーリ委員 ありがとうございます、議長。代表団のお答えにもお礼を申し上げます。

さて、憲法に基づいて条約は国内法に優位するとおっしゃいましたが、それは第1回報告書から、また第2回報告書からも、承知しています。その情報はすでにいただいているのです。私が知りたいのは、実際にはどうなのかということです。条約は優位性を有するとして、それは実施されているのでしょうか。裁判所でもそうなのでしょうか。だから裁判官についてお尋ねしているのです。裁判官は条約の規定を援用し、条約の精神にのっとった判決を言い渡せるのでしょうか。また、裁判官はとくに条約に関する研修を受けていますか、条約は適用可能なのか、そうだとすれば判決で活用されてきたか、ということです。条約の優位性に関する説明はすでに第1回報告書で読んでいます。私の質問はむしろ、それが実際に裁判所でどのように実施されているかという点に関するものです。

さて、私が取り上げ、国別報告者もコメントの中で取り上げた問題があります。批准後にあらゆる国内法を見直して、国際条約に反する規定を撤回するような状況はあるでしょうか。また、これらの条約をよりよい形で実施するために、新しい規定を設けたりするのでしょうか。もはや役に立たないものを放棄し、条約の実施を促進する新しい要素を導入する手続があるでしょうか、ということです。

3点めですが、議長も取り上げていた、〔子どもの権利基本〕法についてのコメントがありました。議論があるとのお話ですが、これは法律の採択につながる公式な手続だと理解してよいのでしょうか。あるいは、さまざまな関係者間の非公式な議論・協議なのでしょうか。手続は開始されたようですが、それはまだ非公式なものであるようです。これが私の質問です。

ありがとうございました、議長。

外務省・志野 ありがとうございます。まず、条約に入るときに、条文ごとに検討しているかというご質問に関してでございます。われわれ、条約に入るときには、国会の承認を必要といたしますので、国会においての議論を行ないます。したがいまして、この条約のこの条文を満たすための国内法がきちんとなっているかということは国会において議論が尽くされておりますので、資料ということになりますと、国会の議事録、日本語でかなり膨大なものになると思いますけれども、それはあります。ただ日本語で、訳はされておりません。

かつ、われわれが入る際にする、入るときに行なう作業でございますけれども、まず条約に入ると

きに、条約が求めている最低限の義務をわれわれの国として満たしているかどうかということについてチェックをいたしますが、もちろんこの条約の趣旨をふまえまして、よりよく改善できるものがございましたら、そういう形でどんどん改善、改正、国内法の改正等も行なっていっております。したがいまして、条約に入ったらそれ以上のことを何もしないということでは必ずしもございませんで、条約に入った後も、たとえば国内の議論、あるいはいろいろな市民社会からのご指摘、あるいは児童の権利委員会からの最終見解等を受けて大きな議論が行なわれ、必要なものについては国内法の改正等も行なわれてまいります。

ですから入った段階から、日本の国としてはもうパーフェクトで、もう何もする必要はないというふうに申し上げている趣旨ではございませんで、入る際には条約と抵触しない、抵触するような国内法がないようにしてから入り、その後改善していくということを申し上げております。それから、いただきました国内裁判との関係に関しましては、法務省さんのほうが具体的な事案を持っていますので、法務省さんにお答えいただこうと思います。

◎裁判に関して
法務省・山口 法務省大臣官房秘書課の山口でございます。フィラーリ委員からご質問がありました条約を援用した形で裁判が行なわれているのかどうか、それから、裁判所についてその教育というか研修、こういったことについてご質問をいただきましたので、お答えをいたします。

まず先に、裁判官に対する研修についてですが、最高裁、最高裁判所におきまして、本条約批准後に、その条約の内容などについて、その説明書を添えた形で裁判所内部に対して周知を図っていると承知しております。さらにこの内容につきましては、最高裁判所が発行しております月刊誌、「家庭裁判所月報」と申しますが、ここにもその内容を記載いたしまして、やはり関係者への周知を図っていると承知しております。さらに裁判官が参加する各種の研修におきましても、児童の権利に関連するカリキュラムが組まれており、この中で条約の内容についても触れられているというふうに承知しております。

そのうえで、本条約について言及した裁判例ということですが、すべてを私ども法務省のほうで把握しているわけではございませんが、把握しているかぎりでいくつか、本条約に言及があった裁判例がございます。

そのうち、主なものを1つ、とりあえずご紹介いたしますが、2008年に最高裁判所で出された判決がございます。これは日本人の父親と外国人の母親の間に産まれた子どもで、後に、つまり出生後に日本人の父親から認知された子どもが日本国籍を取得できなかったということで、その日本国籍の確認を請求したという事案であります。これは当時、わが国の国籍法において、このような事案については日本国籍を取得できないという規定になっておりました。この裁判で最高裁判所は、本条約において、児童が出生によっていかなる差別も受けないとする趣旨の規定があること、こういったことなどを理由といたしまして、この当時の国籍法の条文は憲法第14条1項に違反して無効である、という判断をいたしました。そのほかにもいくつか、本条約に言及された裁判例ございますけれども、主なものとしてご紹介させていただきました。以上です。

◎子どもの権利基本法についての議論状況
外務省・志野 次に、児童権利法の議論の状況につきまして、内閣府のほうから説明をお願いしようと思います。

内閣府・西澤　内閣府の西澤と申します。児童基本法をつくる、制定する考えはないかというご質問についてですが、わが国では従来から教育基本法をはじめ、子ども・若者のためのさまざまな充実した法体系が整備されてきたところであります。今般、児童の権利に関する条約の理念にのっとり、子ども・若者育成支援推進法がこの4月1日から施行されました。この法律に基づいて、政府全体が一丸となって、子ども・若者の健全な育成の支援に努めていくことになっております。したがって、現時点においては、これ以上の包括的な法律の制定というものは検討されてはおりません。

◎子どもの権利実現の施策と協力態勢

外務省・志野　続いて、先ほどの質問の続きにまいりたいと思いますけれども、よろしいでしょうか？　クープラハン委員のほうから、児童の最善の利益についてのご質問をいただきました。

　この児童の最善の利益の原則は、いろいろな国内法の中に反映されておりますが、たとえば児童福祉法について反映されているものをご紹介いたします。現行の児童福祉法においては、児童福祉の理念といたしまして、まず1つめに、児童の心身ともに健全なる育成、2つめに児童の生活の保障および愛護、国および地方公共団体の児童を心身ともに健全に育成する責任、そしてこれらは、児童の福祉を保障するための原理であり、児童に関する法令の施行にあたって、常に尊重されなければならないという形に規定されております。また、児童の最善の利益を確保させるためのひとつの事例といたしましてですが、児童養護施設等に入所させる場合には、都道府県は家庭裁判所の承認を得て入所させることができ、児童相談所長は家庭裁判所に対して、当該児童の親権者の親権等について、喪失を含め、請求することができるとされております。

　次にクラップマンさん、それからツェルマッテン委員長からいただきました、NGOとの対話、協力関係でございます。みなさんもご覧のとおり、日本には活発に活動するNGO、シビルソサイティがいらっしゃいます。われわれ、この報告書を作成するにあたりましても、外務省が中心となって報告書を作成いたしましたが、条約の実施を担当している、ここにきている各省庁と協力のうえ、作成をしております。また、報告書の作成過程におきましては、国内の関心をもっているNGOから、4回にわたって意見のヒアリングを行ない、それらの意見も参考にしております。また、いくつかのNGOからは、カウンターレポートを提出していただいておりまして、それもわれわれのほうで拝見をしております。また、NGOの方たちとは、この報告書の作成の機会に限らず、いろいろな場で意見交換の機会を持ってきております。NGOの方たちもそれぞれの目的、あるいは活動の形等が、必ずしもみな同じというわけではございませんので、われわれもその意見を聴取する目的あるいはその必要性によっていろいろな形での意見交換の機会を設けてきております。また、団長の冒頭の挨拶にもございますけれども、現在、いろいろな政策を作成するにあたりましては、内閣府の担当大臣自身が、児童との意見交換の機会を設ける等の努力もしております。児童の、児童自身の意見を聴くと。

　それから、公の機会といたしましては、いくつかご紹介させていただきましたとおり、今年の3月26日、外務省が主催をして、ユニセフ東京事務所や日本ユニセフ協会を共催にさせていただきまして、「児童の権利条約についてのシンポジウム──今後の課題」を開催させていただきました。この場には、今回、ヒアリングというかオブザーバーで参加されているNGOの方たちにも来ていただいて、お話をうかがう機会といたしました。

　このほか、3月6日には、子どもの権利条約総合研究所が主催いたしまして、「フォーラム子どもの権利研究」というものが開催されております。これも今日来ていらっしゃるNGOの中の1つが主催されたフォーラムでございますが、これにも外務省より担当が出席をいたしまして、われわれの児

童の権利条約に関する政府の取り組み等に説明を行ない、意見交換を行なってきております。このような形で、われわれも市民社会との対話の場を重要な場と考えておりますし、いろいろな機会を設けてきております。

　次にデータについてのご質問をエル・アシュマリーさんとツェルマッテン委員長からいただきました。

チェルマッテン委員　ありがとうございました。通訳が若干遅れているようで、反応が遅くなって申し訳ありません。市民社会の協力について、お答えをありがとうございました。1つ質問です。今朝ほど、2010年4月1日に施行されたいくつかの法律を挙げておられました。まだその内容については承知していませんが、NGOはその立法過程に参加したのでしょうか。参加したなら、どのように参加しましたか。

外務省・志野　内閣府さん、お願いしていいですか。

内閣府・西澤　この子ども・若者育成支援推進法の議論の過程において、NGOから意見を聴くという機会はありませんでした。ただし、当然のことながら、国会において議論されてはじめて法律となるものでありますから、その中において、国民各位の代表者から、しっかりとした審議をしていただいているというふうに理解しております。

チェルマッテン委員　ありがとうございました。モーラス委員、どうぞ。

モーラス委員　ありがとうございます。委員会の事前質問票に対する日本政府の文書回答を拝見すると、少なくとも私にとっては、あることがはっきりしてきたように思います。新政府は2010年4月1日に子ども・若者育成支援推進法を施行させました。たったいま、その過程でNGO・市民社会や子どもたちは協議の対象とされなかったとお聞きしたところです。

　しかし同時に、この子ども・若者育成支援推進法に基づいて「子ども・若者ビジョン」を策定するとも書かれています。このプロセスは、全閣僚から構成される新しい「子ども・若者育成支援推進本部」が担当することになります。これはもちろん非常に興味深く重要なことなのですが、市民社会が積極的に関与する機会にもなるはずです。そうなるでしょうか、それともならないでしょうか。また、子どもたちは何らかの形で地域レベルからの参加を……子どもといっても、どこかから名ばかりの女の子と名ばかりの男の子をピックアップして、ビクビクした状態のまま内閣の会議に連れてこいというのではありません（笑）。そういうことではなく、地域レベルから、学校や地域から上がっていく形で、政府の言う「ビジョン」の策定に子どもたちや市民社会が参加する機会になるのではないかということです。これが私の質問の前半部です。

　後半ですが、ODAの問題については外務省代表からもお答えすると先ほど大使がおっしゃっていました。これからお答えになるんですか？　ともあれODAについて少しだけ触れておきます。私は新しい法律と新しいビジョンについておっしゃられたことを非常に評価しますし、一連の質問に対するお答えからも新たな対応への努力をうかがうことができます。もちろん時間の制約があることは理解していますけれども。一方、とくにODAについては、ODAのアプローチをこの新しいビジョンに適合させるべく、いわば近代化させる試みないし意図がないように思われます。このような試みは行なわれるのでしょうか。なぜこんな質問をするかといえば、日本のODAが絶対額で見ると非常に大規模であることは、もちろん私たちも認識しています。けれども、2000年以降ODAが減額されていることにも異論をはさむことはできません。実際、1990年には日本は第1位でしたが、直近のデータがある2007年には5位に下がっています。さらに、OECD-DAC〔経済協力開発機構開発援助委員会〕の予想では、2010年にはODAが8％減額される見込みです。そこでまず、ODA削減のプロ

セスは今後も続くのでしょうか。もちろんこれは懸念の対象です。第2に、政府としては、NGOへの配分方法や、たとえばNGOや市民社会が国際協力政策の再定義に関与するあり方について検討する意思はなさそうに思われます。さらに、子どもの権利に裏打ちされた、とくに子ども向けのODAの増額をどのように計画していますか。

ありがとうございました。

外務省・志野 それでは、モーラス委員からご質問のあった、市民社会等の関与についてまずは簡単にお答え申し上げます。大使の冒頭発言にもありましたが、「子ども・若者ビジョン」は、市民社会にも開かれている諮問機関で議論されたもので、そこには政治レベルの政府代表も参加しています。官僚レベルではなく政治的に任命された、つまり政治家自身……大臣、副大臣、政務官ということです。さらに、児童の権利条約、虐待防止、教育に関する専門家や実務家も参加しています。この諮問機関には、市民社会からこうした専門家にも参加していただきました。その過程では、大臣自ら若者と意見交換をし、現在生じているさまざまな問題についてヒアリングする機会も持ちました。このようなプロセスを通じてビジョンをつくり上げてきたということです。

内閣府・西澤 内閣府から、いまのご説明に、少し補足をします。まず子ども・若者育成支援推進法につきましては、再度申し上げますが、憲法で定められた国会における手続を踏んで多くの意見を聴いてつくられたものであるということを再度申し上げたいと思います。また、この子ども・若者育成支援推進法は、国として今後どのように子ども・若者の育成を支援していくかの方向性を定めるものとして、「子ども・若者ビジョン」というものを作成することとしておりまして、現在その議論が進められ、この6月中旬をめどに完成することをめざしているところであります。この「子ども・若者ビジョン」の作成にあたりましては、公募によって大学生であるとか高校生を集めて、大臣との直接の対話をするとか、あるいはこれは必ずしも、ビジョンに関するものだけではないのですが、おおよそわが国の手続としてパブリック・コメントという制度があり、広く国民にインターネットを通じて、意見を求めております。また地方公共団体にも、素案を、ドラフトを示して、地方公共団体の青少年の行政関係者からも意見を聴いております。また、青少年団体、さまざまな青少年団体の代表者からも意見を聴く機会というものを設けております。

◎ODAについて

外務省・志野 はい、それではODAについてコメントしてよろしいでしょうか。ODAの額が減少しているというご指摘を外部から受けることは非常に心苦しいものがあります。わが国は財政的困難にも直面しており、少なくともODAの水準および実質ないし質を維持するために最善を尽くしております。子どもや子育てに関わるビジョンはもっぱら国内的問題に的を絞っておりますが、ここから直接出てくるものだけではなく、日本にはMDG〔ミレニアム開発目標〕という国際的コミットメントもあります。多くのMDGのアプローチないし目的は、子どもや女性等の弱い立場に置かれた人々に向けられており、私たちはMDGのゴールを達成しようとしております。ODAに関する基本原則もあり、ODAの優先分野のひとつは貧困との闘いとされております。貧困との闘いとは、つまり教育、保健・福祉、清潔な水と衛生問題に関わる協力ということです。この分野でODAの水準を維持するために最善を尽くしております。

また、主としてアフリカへの援助、アフリカの開発援助をターゲットとしたTICAD〔アフリカ開発会議〕会合のホスト国にもなっており、最近TICAD Ⅳが開かれ、TICAD Ⅴも今年……ちょっと思い出せませんが、間違っていなければ開かれることになっています。私どもはアフリカ分野での努力を

強化しようとしており、新内閣の新しい大臣もこのコミットメントを維持しております。私どもとしては2012年までに援助を倍増させたいと考えています。ODAを通じた民間投資を促進すること、主として世界エイズ・マラリア財団等への寄附を行なうこと、保健・福祉分野等を担当するアフリカの人々の能力を構築すること、アフリカに1,000の学校を建設すること、アフリカで10万人の数学・理科教師を養成することも進めたいと考えております。

　以上がわが国のODA援助の内容でありまして、金額は減少しているものの、MDG等を達成することによりこれらの分野を支援しようと最善を尽くしております。

　次に、内閣府さん、ビジョンの話、まだ質問についてはお答えはされますか?

　ODAについての質問がよろしければ、内閣府のほうから、もう少し、ツェルマッテン委員長、あるいはクラップマンさん、それからポラーさんからいただきました、子ども・若者保護に関する説明を内閣府よりお願いします。

◎ 子どもと若者の保護に関する施策

内閣府・西澤　それでは、その子ども・若者育成支援推進法に基づいて、国として、今後どのようにその支援を行なっていくかの方向性を定めるビジョンの内容でありますけれども、まずビジョンの基本的な方針として、5つの理念を定めることとしております。1つめは、日本国憲法および児童の権利に関する条約の理念にのっとり、子ども・若者の尊厳を重んじ、その最善の利益を考慮するということ。2つめは、子ども・若者・おとながお互いに尊重しながら、共に生きていくことをめざすということ。3つめは、子ども・若者が自己を確立し未来を切り開く社会の形成者となるよう、健やかな成長・発達を支援するということ。4つめは、一人ひとりの状況に応じた総合的な支援を社会全体で重層的に実施するということ。5つめは、おとな自らが責任を自覚して、子ども・若者のモデルとなるよう、おとな社会のあり方の見直しを行なうということ。これを基本理念としております。

　具体的に、とりわけ困難を有する子ども・若者やその家族を支援するための施策といたしまして、社会生活を円滑に営むうえでの困難を有する子ども・若者を、地域全体で支援していこうとするために、教育・福祉・雇用などさまざまな機関によるネットワークを形成していく、あるいは、子どもの貧困問題の対応のために、子ども手当や高校の授業料の無償化、奨学金の充実等によって経済的困難を抱える家庭を支援していく、あるいは児童扶養手当、生活保護の母子加算などによってひとり親家庭の支援をする、あるいは、子どもの学びを支援するなど貧困の連鎖を防止するための取り組みといったことをその内容としております。なお、この法律に基づく子ども・若者の定義というのは、わが国では、30歳代も含めて考えることとしております。

チェルマッテン委員　ありがとうございました。バルマー委員。

バルマー委員　すみません、日本の高校の授業料〔無償化〕についてフォローアップの質問があります。この授業料〔無償化〕は、在日朝鮮人の生徒、日本にある朝鮮学校にも適用されるのでしょうか。在日朝鮮人の生徒という意味です。ありがとうございました。

外務省・志野　教育に関するご質問についてお答えする前に、委員のみなさんから、オンブズマン、パリ原則にのっとったモニタリング機構などの非常に重要な質問をいただいております。これらの質問について法務省のほうからお答えいただけますでしょうか。

チェルマッテン委員　はい。学校や授業料の問題については、午後に取り上げます。さて、質問に1つだけお答えいただく時間は十分にあります。一連の質問ではなく1つだけをお選びいただき、5分でお答えください。その後、第2部、次の条項に関する質問に移ります。冒頭に申し上げましたよ

うに、12時30分にはストップしていただき、次の4つの章に関する質問ができるようにします。学校や授業料の問題については午後に取り上げます。では、5分間で簡単に扱える質問を1つ選んで、お答えください。

法務省・杉原 法務省人権擁護局の杉原でございます。私からは、国内人権機構について若干説明をさせていただきたいと思います。国内の人権救済についてでありますけれども、これまで法務省の人権擁護機関において実施してきたところでございます。具体的には、法務省人権擁護局、全国の法務局・地方法務局、そして全国1万4000人の人権擁護委員によって人権救済を行なってきました。

具体的には、被害者からの申告を受けて調査を行なっております。そして、人権侵害の事実が認められた場合、その人権侵害を排除するための措置を行なっております。しかしながら、依然として差別あるいは虐待といった人権侵害問題が発生しております。そこで、被害者に対するより実効的な救済を図るための制度を構築する必要があると認識しております。

具体的には、すでに報告をしていますとおり、2002年に人権擁護法案という法案を国会に提出いたしました。しかしながら、その翌年2003年に衆議院の解散によって、この法案は廃案となりました。その後の2005年、再び政府として、この人権擁護法案を再提出しようと考えておりました。しかしながら、このときにも成案を得るということはできませんでした。人権救済機関の設立を目的とする法案についてでありますけれども、さまざまな議論が国内にもあります。たとえば、救済の対象となる人権侵害の範囲をどうするか、あるいは、人権救済機関の独立性をどのように保つか、また、人権救済機関の調査権限をどのような内容にするか、そういった点について、さまざまな議論があります。そのため、現段階においても、新たな人権救済制度に関する法案を再提出するには至っておりません。しかしながら、より実効的な被害者の救済のために、こうした法案が必要であるという認識は変わってはおりません。現在は、法務大臣の指示のもと、法務大臣政務官を中心にして、法案に関する問題点の整理、検討を精力的に行なっております。

法案を再提出する、確定的なスケジュールというのは立っているわけではございません。しかしながら、できるかぎり早期に法案を提出したいというふうに考えております。国内人権機構については、パリ原則に合致した機関とするということが必要であると認識しております。したがって、あらたに創設する人権救済機関についても、パリ原則に合致したものとしたいというふうに考えております。ありがとうございました。

4 家庭環境および代替的養護、基礎保健および福祉、教育・余暇および文化的活動、特別な保護措置——委員からの質問

チェルマッテン委員 ありがとうございました。お答えについては十分に留意いたします。とりあえず、この組織はいまのところ法案が議会に上程されていないために完全に活動可能な状態にはなっていないこと、この点に関わって子どものための具体的体制が用意されていないことがわかりました。

それでは、条約の次の諸章に関する質問をしたいので、ここでしばらくお答えをやめていただきます。それでは国別報告者から口火を切っていただきましょう。クラップマン委員。

クラップマン委員 ありがとうございます、議長。大使および代表団のみなさんにも、追加的情報を提供していただいたことにお礼を申し上げます。政府の政策や子どもたちの状況に関する理解を

深めるうえで役に立ちます。また、この部会には委員会の半数の委員しか参加していませんが、膨大な質問をさせていただいております。この過剰な質問にはお詫び申し上げなければなりませんが、これを続けます。

【メンタルヘルス】

　私が準備のために用いた資料のなかに、「豊かな国々における子どものウェルビーイング」に関するユニセフ・イノチェンティ研究所の研究がありました。私が驚き、憂慮したのは、日本の15歳の青少年の30％が「孤独だと思う」と答えているという結果が出ていることです。これは、他のOECD諸国の青少年と比べても顕著に高い数値です。また、15歳の40％が、「時には……家事や学校について話すのではなく……話すことだけを目的とした話を親とする」ことはないと答えています。日本の子ども社会学会が行なった調査では、「私は今日、幸せだ」と答えたのは小学校5・6年生のわずか19％にすぎませんでした。わずか19％です。また、日本からこの会合に出席してくれた子どもたちからは、軽視、孤独、関係性の喪失に関する憂慮すべき話も聴きました。

　これは、どちらかといえばメンタルヘルスと教育の間に位置する問題です。その説明を探してみると、多くの方が高度に競争的な教育制度の問題を指摘していました。これも委員会にとっては昔からの問題です。締約国報告書の執筆者は明らかに、教育制度における高度な競争が子どもたちの生活や人格に重い負担となっているという見方を共有していません。そのため、カリキュラムや試験制度を擁護しています。その理由が、政府としては労働者の高い能力によって世界経済における日本の競争力を強化したいというところにあるのは理解しています。

　さて、学業成績に関する膨大な比較研究によれば、日本はこの面で非常な成功を収めています。そこで質問ですが、日本の教育制度が子どもたちに課しているプレッシャーがまだ正当と考えられるかどうか、そろそろ再検討する時期なのではないでしょうか。世界の教育制度の中には、卓越性と、すべての子どもの能力を効果的にかつ子どもにやさしいやり方で伸ばすこととを組み合わせる方法を見出したところもあります。しかし日本では、エリート向けの学校・課程がそれ以外の子どもたち向けの学校・課程から分離されており、成功を収められる者とうまくいかずに取り残される者との分裂が幼くして若い世代の間に生じているという印象を最近の報告から受けます。コメントをいただければ幸いです。

　もう1つの、それほど異なるわけではない説明は、日本の子どもたちには遊ぶ時間が十分にないのではないかということです。先ほど申し上げた日本の社会学的研究によれば、小学校5・6年生の40％は一度も遊んだことがなく、他の30％は自宅で1人で遊んでいるそうです。締約国報告書に掲げられているもう1つの数字も、注意報を発しています。それは、日本における公的な遊び場の数です。数字を見ると一見かなり多いという印象ですが、他の豊かな国々における遊び場の数と比べれば少ないのです。そこで質問ですが、中央政府や地域コミュニティは、子どもの遊ぶ権利を尊重し、子どもの遊びや遊び場に関する有益な政策を展開していますか。

　ここで、メンタルヘルスに関わってもう1つ憂慮すべき点があります。これも以上の問題と関連しているかもしれません。ADHD、注意欠陥・多動性症候群の問題です。2007年にThe American Journal of Psychiatry〔米・精神医学会機関誌〕に掲載された記事によると、日本におけるADHDの有病率は相対的に低いのですが、増加率は憂慮すべき状況であるとのことです。ADHDの診断例のかなりの部分は、子どもの基本的ニーズが満たされていない生活状況の反映であると推定されています。質問ですが、日本の医学的・心理学的サービス機関はこの行動上の症候群およびその増加について承知しているでしょうか。投薬だけでは十分な対応ではないという確信が世界中で強

まりつつあります。

【児童相談所】

　私が見たところ、学校にうまく適応できない子ども、「よい男の子」「よい女の子」になれない子どもはほとんど児童相談所（child guidance center）に送致されているようです。児童相談システムという言葉も用いられています。児童相談所は、子どもの生活に関わる機関として締約国報告書でもっとも頻繁に言及されているものです。相談／指導（guidance）、相談所、相談システムという言葉は118ページ中に108回、すなわちほぼすべてのページに出てきます。私としては、このような機関が数百か所ないし数千か所に存在しており、日本における子ども時代の特徴を示すものとして児童相談、指導（child guidance）以上のものはないという印象をもちました。

　しかし報告書のどこを見ても、児童相談所とその活動に関する明示的かつ包括的な説明がありません。児童相談所は誰が運営しているのでしょうか。どのような専門家が処遇にあたっているのでしょうか。生活に影響を及ぼすこのような活動を、誰が監督しているのでしょうか。「相談」の定義はどのようなもので、どのような刑が科されるのでしょうか。明らかに、ここでいう「相談」はカウンセリングではなく、助言でもなく、治療でもなく、対話でもありません。このような概念を報告書に見出すことはできませんし、あってもせいぜい3〜4か所です。一連のプロセスで、第12条に言うように、子どもの意見が正当に尊重されていることを示す記述もありません。

　報告書の文脈からは、これは不透明な、保障もない少年司法上の措置であるという結論に達せざるをえません。時として子どもの権利侵害になっているとも私は感じます。委員会の蒙を開いていただければ幸いです。

　どうもありがとうございました。ありがとうございます、議長。

チェルマッテン委員　ありがとうございました、クラップマン委員。ポラー委員、どうぞ。

ポラー委員　ありがとうございます、議長。

【養子縁組】

　家庭環境および代替的養護について、1つ質問があります。養子縁組の問題ですが、すべての養子縁組が司法機関による許可の対象とされるようにするために、どのような措置がとられているのでしょうか。手元の情報では、この点に関する説明が行なわれていないように思います。もう1つは、養子縁組の対象とされたすべての子どもについて登録あるいは記録が行なわれているかという点です。短い質問です。

【国籍留保制度】

　お昼休みに入る前に、もう1点、明確にしていただきたい、ちょっとした質問があります。アイデンティティの保全に関するものです。法務省の代表から、条約の適用可能性を示す先例となる、日本の裁判所の判決についてのご説明がありました。しかし私の具体的質問は、出生によって日本国籍を取得した子どもが、国籍留保制度によって意思に反して国籍を奪われないようにするために、どのような措置がとられているかということです。

チェルマッテン委員　ありがとうございました、ポラー委員。次の発言者はクンプラパント委員です。

クンプラパント委員　ありがとうございます、議長。

【ひとり親の保護】

　私の最初の関心事は家庭環境です。ひとり親、とくにシングルマザーである親が多いためです。どのようなサービスや支援がひとり親家庭、とくにシングルマザーに提供されているかを知りたいと

思います。親に関する法律を見ると、父親と母親の両方がいるべきだと考えられており、ひとり親家庭は子どもを育てられない、役割や責任を果たすことができない、よい役割モデルとして行動できないと思われるからです。さらに、生活費を稼ぐためにより多くの時間も費やさなければなりません。ひとり親家庭の問題は経済的問題というだけではなく、ひとり親家庭に特有の問題があるのだと思います。

【婚外子】

2番めの質問は、締約国はいつ法律を改正し、婚外子に対し、両親が婚姻している子どもと同じ法的地位を認めるのかということです。というのも、婚姻をするというのはもっぱら両親の責任であって、婚姻をためらったとしても、その責任は子どもではなく親にかかってくるべきだと考えるからです。これが、私が提起したい点です。

次の質問ですが、子ども、とくに婚外子の養育費が父親から回収されるようにするためにどのような措置がとられてきたでしょうか。というのも、母親だけと、シングルマザーと暮らしている子どもが抱えている困難について、私は多くの情報を得ているからです。父親は通常、自分の子どもの養育費について責任を果たしておらず、母親だけが子どもの世話をしているということです。

【家庭環境を奪われた子ども】

次は、家庭環境を奪われた子どもに関わる問題です。ボランティアで子どもの里親を引き受けている家庭に対し、何らかの支援プログラムはあるでしょうか。また、子どもが親から分離される期間を最低限にするために、どのような措置がとられていますか。親が子育ての力を身につけられるようにするために、どのようなサービスが提供されていますか。

【虐待】

私の最後の関心事は虐待、ネグレクトです。日本では、とくに子どもの社会的環境から、教育的成功が高く期待されているという話を多くの人から耳にしました。このような環境は子どもにとっては非常にストレスの高い状況であり、セルフ・エスティームの低下、希望の喪失、深刻な鬱状態をもたらすとともに、一部の子どもは自殺に走っています。また、攻撃的になり、互いにいじめをする子どもも少なくありません。このような状況を押しとどめるために、どのような取り組みが行なわれているのでしょうか。配偶者からの暴力の防止及び被害者の保護に関する法律を改正し、子どもを含めた家族構成員全員を保護する計画はあるでしょうか。また、暴力を用いる者が良好な家族生活を回復できるようにするために、この法律はどのように活用できるのでしょうか。

チェルマッテン委員 ありがとうございました、クンプラパント委員。モーラス委員、どうぞ。

モーラス委員 ありがとうございます、議長。私の質問は基本的には2つの問題に関するものです。思春期の子どもに関わる問題全般と、学校その他の環境における人権教育、そしてもう1つは少子化関連の政策です。

外務省・志野 すいません、通訳のスイッチが入っていません。失礼しました。

モーラス委員 すみません？ 聞こえていませんか？ よろしいですか。

【子どもと家族に対する支援】

まずは思春期の子どもに関する問題ですが、他の委員からすでに孤独感、非幸福感、自殺率について発言がありました。とくにクラップマン委員は、学校における競争、遊び環境など考えられるいくつかの原因について触れています。私はそこに付け加え、家族が子どもと友好的かつ健康的な関係を築いていくうえでその役割を果たせるようにすることの問題を検討するよう、あらためて要請したいと思います。また、家族に対する支援との関わりで経済・財政政策について提起された質問

についても、午後にお答えいただくのをお待ちしているということをあらためて申し上げておきます。ご記憶かと思いますが、私は労働法について、そしてそれが男女双方にとっての仕事と家族責任とのバランスにどのような影響を与えているかについて、また補助金と手当の問題全般について質問をしました。質問は、学校におけるプレッシャーだけではなく、家庭におけるプレッシャーについても触れていたことを指摘しておきます。

【人権教育】

これをふまえて、文化の一部としての人権についてお尋ねします。これは委員会にとって非常に関心のある問題です。学校のカリキュラムの一部としての文化のみならず、真に文化の一部となっている人権について申し上げています。確かに文書回答の中で教育制度について説明されており、事前質問15に対するお答えで、人権が学習指導要領というカリキュラムでどのように位置づけられているかについて書かれています。私の質問は、これが実際のところどのように実践されているかということです。カリキュラムがあるということに加えて、実際にはどのように行なわれているのでしょうか。私たちは、人権は本当の意味で実践されねばならないこと、理解され、文化の一部とならなければならないことを学んできました。カリキュラムにすぎないのであれば、それはしょせんカリキュラムであり、数学を学ぶようなものです。私の質問は、これがどのように実践されているかということです。

これは懲戒措置の問題全般とも関係してきます。実際、質問事項10でも、懲戒措置や児童の出席停止について触れられています。日本で懲戒措置が非常に厳しいことは知られており、私たちが受け取った多くの報告書もその旨指摘しています。そこで、議会を通過した新しい法律がどのように適用されているのか、学校での関係に対する人権の実際的適用の問題全般を見直すという観点から政策を策定する意思があるかどうか、そして懲戒措置全般についてお尋ねしたいと思います。

私たちが承知しているように、体罰は家庭ではまだ認められています。この点については他の委員からも発言があるはずですが、一般的に体罰を容認するような環境が存在します。しつけについては、これは子ども参加の考え方にも内包されていることですが、子どもや青少年には意見表明の可能性があるのであり、子どもたちが教師や親などとどのような関係をもちたいと思っているのかについて、これまでとは異なるビジョン——私たちはビジョンについて話をしてきましたので——これまでとは異なるビジョンを持つことができるはずです。

【児童相談所】

すでにクラップマン委員が児童相談所のことを取り上げましたが、私にとっても、このような機関が存在するのは憂慮の対象です。これは他の国にも存在する傾向ですが、保護の目的で、子どもや青少年の自由の剥奪が過度に用いられる傾向があるように私には思われます。これが児童相談所の存在理由になっているようですが、そうだとすればきわめて憂慮すべき事態であり、コメントをいただきたいと思います。私に言わせれば、もっと重要なのは、児童相談所に子どもが行かなくてもいいようにするために何をするかということです。児童相談所に関わる裁量権は大きいようで、誰がこの児童相談所に行くべきかは地元の公的機関、自治体の行政機関が決定しています。説明していただくことが必要です。

【少子化対策】

2点めに、少子化対策について。2003年に次世代育成支援対策推進法が制定されていますが、残念なことに、委員会の事前質問事項に対するお答えには、次世代育成支援推進における地方自治体の役割に関する情報がほとんど含まれていません。これは実際のところ何を意味するのでしょ

うか。文書回答を拝見すると、これはどうやら保育所をもっとたくさん提供するということのようです。保育所を増やすことが答えなのかどうか、保育の質を高めることこそ答えなのではないかと、私は思います。地方企業の役割についても言及されていますが、これは果たしてどういう意味なのでしょうか。保育所をつくるということがそこに子どもを放り込むことしか意味しないのであれば、私は憂慮します。地域社会で子どもにとってやさしい、保護的な環境をつくっていくことに関わる社会的責任ということを意味するのであれば、それは興味深い取り組みです。

　いくつかの質問を申し上げて失礼しました、大使。ありがとうございました。

チェルマッテン委員　ありがとうございました。エル・アシュマウィ委員、どうぞ。

エル・アシュマウィ委員　ありがとうございます。

【とくに思春期の子どもに対する支援】

　子ども、とくに思春期の子どもには、考えていること、信じていること、感じていることを表現したり、支援や助けを得たりすることのできるメカニズムが必要です。子どもたちにそれを提供するための措置やヘルプラインはあるでしょうか。日本はチャイルド・ヘルプライン・インターナショナルに加盟していますか。

チェルマッテン委員　ありがとうございます。まだ時間がありますので、ヘルツォグ委員、どうぞ。

ヘルツォグ委員　ありがとうございます、議長。これまで何の質問も発言も行なっておりませんので、代表団のみなさんにようこそと申し上げます。お昼休みの前に、ごく簡単に。

【暴力に対する施策】

　家庭や学校における暴力との関連で他の委員からたくさんの質問が出されていますので、私としては、非暴力的コミュニケーションや紛争解決に関する特別プログラムがあるのだろうかと考えています。また、暴力というのは認知的レベルだけで起きるものではなく、もっと情緒的な問題であることを理解するために、子どもたちに対してどのような情緒的支援が提供されているでしょうか。

　子どもに対する虐待やパートナー間暴力との関連では、保護命令や被害者のためのシェルターについての法律がモニタリングと評価の対象とされているのかどうか、その結果はどのようなものかが気になっています。2001年の法律以降、家庭内の暴力は減少していますか。パートナー間暴力の被害者だけではなく、子どもに対しても何か特別なプログラムが提供されているでしょうか。また、被害者と加害者を援助するための、被害者・加害者間の調停、家族集団会議、あるいはそれに類する代替的技法を活用しているでしょうか。また、加害者の再犯を防止し、もちろん被害者の助けにもなる加害者向けプログラムが行なわれているかどうかも気になります。

　これらの問題は、もちろん学校暴力の問題とも関連します。これらの出来事が子どもたちにどのような影響を与えているか、2つがどのように関係しているかについて、良質な調査研究がどの程度行なわれているか知りたいと思います。

チェルマッテン委員　ありがとうございました、ヘルツォグ委員。これでちょうど一連の質問は終了です。また何人か発言希望者がいますが、午後3時に会合を再開したら直ちに発言していただきます。とりあえず休会して昼食といたしますので、代表団には、私的に打合せの場を持ち、第1ラウンドですでに提起された質問への回答を整理するとともに、第2ラウンドの準備をしていただくことができます。それでは昼食のために休会します。また3時にお会いしましょう。よいお食事を。それではまたすぐに。

2010年5月27日午後

5　家庭環境および代替的養護、基礎保健および福祉、教育・余暇および文化的活動、特別な保護措置——委員からの質問（続き）

チェルマッテン委員　みなさん、こんにちは。子どもの権利条約に関する日本との対話を再開し、代表団の見解をお聞きします。これは第2ラウンドの質問です。第1ラウンドの質問は午前中に出されました。手元のリストに、質問を希望する委員の名前が数名書かれています。最初にパルマー委員、どうぞ。

パルマー委員　ありがとうございます、議長。

【パブリック・サービスの対象】

　教育分野について質問があります。大使は今朝の冒頭発言で「子ども手当制度の創設」をあげておられました。中学校卒業までの子どもを対象に子ども手当を支給する法律が、2010年4月1日に施行されたとのことです。2点めに、後期中等教育を原則として無償にするともおっしゃっていました。この法律が、高校を含めて学校に通っている子ども全員を対象としているのかどうか、知りたいと思います。もちろん、すべての子どもというのは、朝鮮学校に通っている子ども、マイノリティの子ども、移住労働者の子ども、すなわち日本に暮らして勉強している子どもたちのことです。また締約国は、マイノリティ・グループに対し、自分たち自身の言語で教育を受ける十分な機会を提供することを検討しているでしょうか。これが最初の質問です。

【障がいのある子どもに対する学校における対応】

　障がいのある子どもの教育についてはいかがでしょうか。特別なニーズを有する子どもが普通学校に通いたいと希望する場合、階段を減らすこと、エレベーターを設置することなど、必要なすべての対応をしてもらえるのでしょうか。

【不登校・高校中退・怠学に対する措置】

　3つめの質問は、不登校・高校中退・怠学〔truancy〕に関するものです。この不登校・高校中退・怠学は明らかに増加しています。最近では小中学校の生徒約12万人が登校拒否をしており、高校では約6万人の生徒が同様のことをしています。はっきりしている主な理由は、教師や友だちとの人間関係、居心地の悪さ、公教育に対する不信感です。にもかかわらず、学校に行っていない子どもの人権侵害に対処し、学校外で学ぶ子どもたちの権利を保護するための十分な取り組みは行なわれていません。中退や怠学の問題に対応するため、たとえば居心地のよさや教師・生徒間の信頼をもたらしたり、教師と生徒の人間関係を強化したりすることにより、政府によって緊急の措置がとられてきたかどうか、これからとられるかどうか、知りたいと思います。

【いじめと校内暴力】

　私の最後の関心事は、依然として非常に大きな問題である、学校におけるいじめです。学校当局が認知したいじめの発生件数は年間約10万件に達しています。いじめの結果として一連の自殺も起きました。この問題はきわめて顕著であるため、すべての学校で多くの事例が認知されています。しかし、いまのところいじめの有効な解決方法は見つけられていません。とくに、検知するのが難しいインターネット上のいじめについてそのことがいえます。

　校内暴力の問題もあります。これは毎年増加しており、2007年には47,935件が認知されました。子どもたちは学校で暴力にさらされており、安全かつ安心できる環境で学ぶ権利を侵害されています。いじめや校内暴力に終止符を打ち、子どもたちに安全かつ安心できる環境を提供するためにと

られてきた具体的措置について教えていただけるでしょうか。
チェルマッテン委員 ありがとうございました、バルマー委員。フィラーリ委員、どうぞ。
フィラーリ委員 ありがとうございます、議長。議長ありがとうございます。代表団のみなさんにも、日本の子どもたちが置かれている状況についての理解を深めるため、午前中から詳細な情報を提供してくださったことについてお礼を申し上げます。これは非常に透明性の高い、開かれた対話の文脈の中で行なわれていることです。

【障がいのある子どもの状況】

私の最初の質問は、障がいのある子どもに関連したものです。このような子どものなかには、すべての子どもに開かれた学級で授業を受けたいと考える子がいるかもしれませんし、意思や欲求にとどまらず、ついていく能力をもっている場合もあります。しかし、こうした子どもたちは常に、特別なニーズがあるから特別な体制を整えた学級に行くべきだと考えられており、これがしばしばこのような子どもの欲求不満につながります。このような子どもは、ただでさえ障がいに対応してきているのですから。ここで確かめなければならないのは、不十分なのは子どものほうなのか、そこで教育を受けることになる子どものために必要な事前配慮を行なわないまま学校や教室を建設したほうなのかということです。単純な解決策として、適応性が高められた他の学校ないし学級に行きなさいと子どもに告げることがしばしば行なわれ、これがこのような状況に置かれた子どもにきわめて強い欲求不満をもたらしかねないのですが、その責任や選択を誰が担うのかということになります。

【朝鮮学校の状況】

2点めも学校関連ですが、授業料が無償化されたというお話でした。これに例外があるのか、とくに朝鮮学校の状況はどうなっているのかを知りたいと思います。朝鮮学校は排除されているのでしょうか。授業料を払わなくてもよいという選択肢から排除され、授業料を支払い続けているのでしょうか。どのような状況なのですか。

【少年司法】

そして少年司法と刑事責任の問題ですが、16歳だったもの〔刑事処分年齢〕が14歳に引き下げられました。より厳しいアプローチがとられたわけですが、私が知りたいのは、なぜこのような改正が行なわれたのかということです。刑事責任年齢を引き下げ、子どもたちを、避けられたはずの公判の対象にすること以外の選択肢はなかったのでしょうか。審判・公判前の勾留も、4週間だったものが8週間とされました。勾留は通常、予備的審理や捜査の期間中に行なわれます。これについても、ひょっとしたらすでに検討したのかもしれませんが、他の選択肢はないのでしょうか。勾留が拘置所ではなく、未成年者を対象とする特別センターで行なわれていることも指摘しておきたいと思います。

これらのセンターにおける暴力の問題も提起しておきたいと思います。広島のセンター〔少年院〕で、職員がそこに収容されている子どもたちに暴力を振るっていたという情報を受け取りました。職員に対して法的措置がとられたのか、法律に違反したこれらの職員に対して何らかの措置がとられたのかについては承知していません。また、採用の点でも、子どもを相手にして活動するために必要な力量をもたない者、必要な訓練を受けていない者が採用されることのないよう、十分な措置がとられているのでしょうか。

代表団からは、少年司法との関連で、裁判官制度から、6人の専門家——3人の専門家と3人の非専門家の制度へという形で〔ママ〕生じている移行についても、さらなる情報を提供いただけるのではないかと思います。私はこのような情報を受け取っていますが、どういう状況なのか、もう少

し知りたいと考えています。

　最後の問題は法的援助についてですが、子どもは弁護士の援助を受けられるのでしょうか。子どもが必要な財政的資源を持たない場合や、深刻な犯罪の場合にしか弁護士はつかないのでしょうか。少年に対して弁護士が自動的につくようにすることはできないのでしょうか。つまり、弁護士が必ずつかなければならず、弁護士がいない場合は審判を開くことができないようにするということです。他の国で行なわれている実践もふまえて、このように申し上げています。

　ありがとうございました、議長。代表団にもお礼を申し上げます。

チェルマッテン委員　ありがとうございました、フィラーリ委員。いくつか質問を付け加えたいと思います。

【難民の子ども】

　まずは難民の子ども、庇護を申請している子どもに関して。保護者が付き添っているかどうかにかかわりなく問題ですが、ほとんどの場合には、保護者が付き添っていない子ども、もはや親とは一緒にいない子どもが懸念の対象となります。ご存じのとおり、日本には毎年数千人の子ども、庇護希望者である子どもが入国しています。このような子どもの主な出身国はミャンマーやスリランカです。私の質問は、これらの子どもについて収容措置が非常に頻繁に用いられており、それどころかほぼ制度的な対応となっていることに関するものです。質問ですが、なぜこれらの子どもたちに対して収容が用いられなければならないのでしょうか。他の措置は確立できなかったのでしょうか。国連難民高等弁務官が庇護希望者の子どもや難民の子どもについてのガイドラインを定めていますが、そこには、いくつかの原則や収容に代わる措置が示されていることを想起していただきたいと思います。

【裁判員裁判】

　もう1つ、少年司法に関する質問があります。新しく設けられた裁判員制度――もちろん私の発音は間違えていると思いますが、この制度により、未成年者については裁判官によるデータ、私的データの活用が制限されてしまうようです。これはプライバシーの尊重の原則に基づいています。しかし少年司法に関する国際的原則は、子ども一人ひとりの状況に個別的・適合的なやり方で対応するため、すべての私的データを活用するよう求めています。このような情報は不可欠であり、活用を制限されるべきではありません。そこで、この新しい制度についてもう少し教えていただけるでしょうか。この制度は理解するのが少々難しく、私も質問をしましたし、フィラーリ委員も質問しています。少し詳しく、何が行なわれたのか、それはどのような意図に基づくものなのか、この新しい制度を設けた理由は何なのかについてご説明いただければと思います。

　これで一連の質問が終わりましたので、代表団から発言していただきます。答弁の過程で委員から追加の質問も出されるかと思います。ありがとうございました。

6　日本政府代表の回答および質疑

外務省・志野　ありがとうございます。それでは、まず大きなポーションとしていただきました、少子化対策、これについて、子ども手当そのほかのパブリック・サービスについて厚生労働省のほうから包括的な説明をしてもらい、児童手当のみならず、そのほかのパブリック・サービス全般について包括的な説明をしていただこうと思います。

◎パブリック・サービス

厚生労働省・堀井 それでは、厚生労働省雇用均等・児童家庭局の堀井と申します。午前中の委員のみなさま方との対話の中でいただいたご質問で、私がお答えするべき質問について数えたところ、だいたい20問くらいありました。非常に数が多いので、ポイントを絞ってお答えをしたいというふうに思っております。

　まず、子ども手当、少子化対策の関係でございますが、現在、わが国におきます子育てにかける予算、これを見ますと先進国の中で日本はGDP比でもっとも少ない国のひとつとなっています。そして、合計特殊出生率も、G7諸国の中で最低となっております。このような状況もふまえまして、子ども手当という制度を創設し、次世代を担う子どもの育ちを社会全体で応援するということにいたしております。具体的には、中学校修了までのお子さん１人につきまして、月額１万3000円を2010年に支給をするということにしております。

　しかしながら、クラップマン委員のご指摘にもございましたように、現金の給付のみならず、保育サービスなどの現物の給付も非常に大事であると私ども考えております。そのようなことから、今年の１月29日に決定をしました「子ども子育てビジョン」におきましては、保育サービスの定員を毎年５万人ずつ増加するという目標を設定しています。実際保育所に入りたい、けれど入れないという子どもの解消のために、2010年の予算におきましては、保育所運営費の予算を確保し、この金額は全体で約3534億円、受け入れ児童数は５万人に対応した保育サービスの量的拡充を図ることとしています。

　なお、先ほど、モーラス委員から、予算についての全体像の説明をということがございました。厚生労働省だけの予算ではないのですが、2010年度に児童家族関係の公的支出としまして、全体として6.1兆円、そのうち現金給付が４兆円、保育サービスなどの現物サービスの予算が2.1兆円、大まかな数字ですが、だいたいこのような額になっております。

外務省・志野 では次に、教育に関する質問をたくさんいただきましたので、文部科学省の担当のほうから障がい児についての教育、それから高校無償化についての話……。

チェルマッテン委員 ……（しばらく通訳が途切れる）あらためて質問させていただきます。子どもの出生手当のほか、子ども１人ごとに毎月の手当が設けられており、これは将来的な教育問題とも関連しているというお話でした。統計を見ると、私が勘違いしているのでなければ、人口の19.1%がひとり親家庭、世帯主が女性のひとり親家庭で生活しているとのことです。私たちのもとに寄せられた報告によれば、自活しているこれらの母親は、これらの手当の受給に関して多くの困難に直面しているとされています。あるいは、仕事を見つけることができず、一定期間後に手当が停止されてしまうことと関連した問題なのかもしれません。年金の支払い……失礼、年金の受給についても問題に直面することがあるようです。日本の男性は、自分が支払うべきものを支払うという点であまり成績がよくないように思えます。

　そこで質問ですが、手当政策を通じ、これらのひとり親家庭に主として焦点を当てるべきではないでしょうか。これまで見てきたように、人口の中で顕著な割合を占める人々にとって、状況はきわめて厳しいものになっています。子どもについては社会全体の責任でとおっしゃいましたが、これは手当の問題に限るべき話ではなく、受益者を明確に定めるということともつながります。そこで質問ですが、この手当政策は、いまおっしゃったような広がりしかもたないものなのでしょうか。

厚生労働省・堀井 それでは、ツェルマッテン委員のご質問にお答えをします。子どもの手当の趣旨、目的は、先ほどお話しましたように、社会全体で子育てを支えるということでございます。一方、

今、ひとり親というご指摘がございましたが、先ほど午前中のセッションで、クーンプラファント委員からも同じ質問があったと思いますので、お答えをさせていただきたいと思います。

　子ども手当のほかに、ひとり親世帯に対しましては、私どもは違うアロウアンス、手当を設けております。そしてそれ以外に、ひとり親家庭対策ということで、4つの大きな柱、これに基づき、総合的に対策を講じています。具体的には、ひとり親に対する子育て、生活支援、そして就業支援、そして養育費の確保、そして福祉貸付金などを含んだ経済的支援、こういったことでございます。ひとり親につきましては、このような対策を総合的に講じることとし、さらにここでまた新しいニュースをご紹介させていただきますと、このひとり親、とくに母子家庭に対して、手当をこれまで支給しておりましたが、今回父子家庭の一定の要件を満たす場合にも、この手当を新たに支給するということにしまして、このための法律が、ちょうど先般5月26日、日本の5月の26日ですが、成立をしたという状況でございます。以上です。

外務省・志野　それでは教育の問題に移ってもよろしいでしょうか。大丈夫ですか。

チェルマッテン委員　モーラス委員。

モーラス委員　申し訳ないのですが、代表団の女性が先ほどおっしゃっていたことの最後の部分、保育所のことについて質問させてください。正確に理解していないかもしれませんが、予算額がおよそ3兆円にのぼるという理解で正しいでしょうか……違いますか？　わかりました、私が間違えていたようです。ともかく、私の理解では相当額の費用が、次世代育成支援対策推進法で構想されているとおり、保育所の建設に配分されています。私はこの点を懸念するのです。というのも、お昼休みの前に申し上げたように、保育所をつくることは、子どもの発達に関する包括的政策の一環に位置づけられるのでなければ、唯一の答えにはなりません。保育所が、他のみんなが何か他のことをしている間、子どもを預けておくだけの場所でしかないなら、預けるのが母親であれ、父親であれ、他の誰かであれ、私は懸念します。相当額の費用が保育所の建設に用いられるのであれば、なおさらです。教員、専門職員、小学校への移行、地域社会との関係などはどうなっているのでしょうか。言い換えれば、現在進行中の保育所の建設は、児童福祉だけではなく子どもの権利に裏打ちされた、より大きな、より統合的な政策の中でどのように位置づけられるのかということです。

　ありがとうございました。

厚生労働省・堀井　今の委員のご指摘は、非常に大切な指摘だというふうに考えています。予算についてのご質問でしたので、金額で、トータルの公的支出についてお答えをしましたが、保育所の整備のみならず、その保育の質の確保も非常に重要な問題ですし、さらに先ほど預けっぱなしでいいのかというご指摘もあったように、親が子育てに向き合うための時間の確保、ワーク・ライフ・バランス、こういったものもきわめて重要だと思っています。したがってわれわれは、子ども・子育てビジョンなどでトータルに対策を講じており、今日は時間の関係もあり、個別にはご紹介しませんが、問題意識としてはトータルな施策の推進という観点をもっております。

外務省・志野　では、教育のほうにまいります。文科省、お願いします。

◎学校教育

文部科学省・田淵　田淵と申します。教育については、さまざまなたくさんの委員から、たくさんの質問を受けましたので、だいたいグルーピングをして、お答えをしたいと思います。

　まず、学校教育全体に関する問題として、学校の環境が競争的すぎるのではないかというご質問が、私のメモによりますとありまして、その質問について、まず文科省といたしましては、学校教

育の内容というのは、非常に入試に左右されるところが大きいということがありまして、したがって、その入試のあり方を変えるということが重要だという認識のもと、過度の受験競争を緩和するために、推薦入学ですとか、さらにはスポーツですとか、文化、ボランティア活動というものを評価できるようなものに変える必要があると、このような通知等も出しまして、その結果、あと15歳人口、これは高校に入学する年ですけれども、あと18歳人口、これは大学入学の年ですけれども、この人口が減っていることもありまして、受験競争は緩和されつつあると考えています。また、学習指導要領を最近改訂いたしまして、授業時数を増やしたんですが、この主な目的は指導内容を増やすことではなくて、つまずきやすい分野、内容を繰り返し学習することによって、その内容を身につけさせたくすることを目的としています。

次に無償化の対象についても、何名の委員からかご質問がありました。4月1日から施行された新法ですが、公立の高校については原則無償としています。私立学校等については、就学支援金を支給することとなっております。この対象は、韓国・朝鮮籍の方も含めて、外国籍の方も含めて、すべての生徒が対象となっております。外国人学校につきましては、まず1つめのカテゴリーといたしまして、高校の課程にあたると、本国に大使館を通じて確認できたもの、これらの外国人学校については対象としております。韓国学校も対象として指定されたところです。それから、カウンシル・オブ・インターナショナルスクール、国際的評価機関の認証を受けたものにつきましても、これはいわゆるインターナショナルスクールですが、対象としております。この2つのカテゴリー以外のものについては、別途検討の場を設けて、夏頃までに、高校の課程に類すると認めるための基準や方法について検討して結論を得る予定です。

それから障がいをもつ子どもの教育についてですが、特別支援学校のみならず、小中学校においても、受け入れを可能とするためにバリアフリー化、一人ひとりの障がいの状況等に応じたカリキュラムの弾力化、教材の選定、教員の研修といったことを通じて進めているところです。この特別支援教育には、通常の小中学校に在籍する、たとえばADHDをはじめとした発達障がいのある子どもに対する教育も含まれています。その子どもの就学先、障がいをもつ子どもの就学先を決めるのは、地方公共団体の教育委員会になります。この決定を行なう際には、保護者の意見を聴くことが義務づけられておりまして、教育的見地、医学的見地、心理学的見地といった専門的、総合的観点から決定することとなっております。

それから、いじめとか、校内暴力等に関する質問もいただきました。こうした問題については、自殺等も含めて、文部科学省で調査を行なっております。委員の方もおっしゃっておりましたが、体罰は法律で明確に禁止されております。体罰の禁止については、あらゆる機会を通じて、根絶に向けて教育委員会などに教育しているところです。

外務省・志野 自殺の話が出たので、警察庁と、それから文科省さんのほうからも自殺について言及を補足しようと思います。

チェルマッテン委員 ありがとうございました。お答えの前に、クラップマン委員から追加質問があるようです。

◎マイノリティに対する教育

クラップマン委員 ありがとうございます、議長。よろしければ、教育関連で、外国人コミュニティ、たとえば韓国・朝鮮人コミュニティの学校について話を戻したいと思います。これらのコミュニティは自分たちの文化的伝統の視点から教育を組み立てたいと考えているのだと思いますが、これは問

題なのでしょうか、それともカリキュラムを承認しているのでしょうか。彼らには、条約に基づき、自分たちの文化的伝統を表現した教育を手にする権利があると思います。

　これは、それほど簡単なことではないのかもしれません。韓国・朝鮮との関連では、6年前に教科書、歴史教科書の問題について議論したことを覚えています。韓国・朝鮮と日本は、前世紀の歴史上の出来事について、慎重な表現で申し上げますが、完全には合意していません。これはヨーロッパでも問題になっています。ヨーロッパのどこでもというわけではありませんが、私たちは歴史学者による合同委員会を設置することで解決を試みました。ポーランド－ドイツ委員会やフランス－ドイツ委員会があり、その成果としてまとめられた教科書が現在、ポーランド－ドイツおよびフランス－ドイツで使用されています。このような問題がありましたし、いまでも問題だと指摘する資料も読みました。これが認可問題に影響を与えているのかもしれません。そうだとすれば大変遺憾であり、このような紛争のために認可が妨げられることのないような解決策を見出すべきであると思います。このような紛争は解決されるべきであり、紛争が続いているとしても、これらの学校の認可・承認が妨げられるべきではありません。

　もう1つの質問ですが、ADHDは日本では障がいと見なされているという理解で正しいでしょうか。定かではありませんが、私はご発言をそのように理解しました。ご記憶のように、私はADHDについて質問しました。これが障がいだという人たちがいることは承知していますが、障がいと見なすことは非常に制約的なアプローチで、慎重でなければなりません。これが日本のアプローチではないことを希望します。

　以上が質問です。ありがとうございました、議長。

文部科学省・田淵　まず、外国人学校の認可についてですけれども、朝鮮学校、韓国学校、あとフランス系の学校とかいろいろあるんですけれども、こういう外国人学校は各種学校として認可されています。全部認可されているところです。それらの学校が無償化の対象となるような高等学校に類する課程をもっているかどうか、それを確認して、その確認がとれれば無償化の対象になるということです。

　ADHDについては、その発達障がいのある子どもというのも、そういった特別なニーズがあるということを認知して、その障がいに配慮した指導等を行なって、たとえば支援員による支援というのも広がっておりますし、そういったことに取り組んでいるところだということを申し上げたかったということです。

外務省・志野　では先ほどの続きで、自殺について警察庁と厚労省からも付言をお願いします。

◎メンタルヘルス

警察庁・篠崎　警察庁の篠崎です。エル・シャマウイさんからお尋ねのあった、自殺率に関するスタディについてお答えします。警察では検視を行なうため、他の機関より先に、亡くなった方が自殺によるものかどうか調査を行ないます。この調査をもとに、自殺と判明した方の統計をとっています。2009年中の19歳以下の少年の自殺者は565人、これを率に直しますと、人口10万人あたり2.4人になります。全体では25.3人になっておりますので、約10分の1となっております。また、われわれは遺書等から判明した、自殺の原因・動機を調査しております。

厚生労働省・星田　厚生労働省の星田です。児童のメンタルヘルスについてのご質問がありました。精神保健福祉センターにおいて、児童の心のケアについて専門相談を行なっております。また、医師に対しまして、児童の心のケアに関する専門的な養成研修を行なっております。以上でござい

ます。

外務省・志野 進めてよろしければ、次はドメスティックバイオレンスに移りたいと思いますが。

チェルマッテン委員 少しお待ちください。とても重要な2つの事柄、自殺とメンタルヘルスについて質問があります。警察が自殺かどうか確認し、原因を究明するための調査を行なうのは結構なことです。自殺率も明らかになっていますが、2.5％なのか、10％なのかがわかりませんでした。最初は10万人あたり2.5とおっしゃり、その後10％とおっしゃったので、よくわからないのです。もっとも、これはそれほど問題ではありません。私たちが問題にしたいのは、そしてすべての質問の趣旨は、日本がこの現象と闘うために実施している予防策はどのようなものかということです。たとえ自殺率が2.5％にすぎないとしても、これは他の国際的統計と比較すれば相対的に高い数字です。日本はこれを防止するために何をしているのでしょうか。

この問題は、精神保健福祉センターで働く医師や心理学者に提供されている特別研修について先ほど代表団からいただいた、とても短いお答えともつながってきます。これは非常に重要な問題を明らかにしていると思うのですが、警察による調査や医師の研修だけでは不十分だと考えます。より詳しいお答えが必要です。また、自殺未遂者の再統合とリハビリテーションについてはいかがでしょうか。あるいは、非常に傷つきやすい立場に置かれた人々、危険な状況に置かれている人々といってもよいでしょう。というのも、ご存じのように、少年の社会には危険な状況に置かれている人々がおり、援助と予防的ケアを提供する必要があります。この2つの点について、もう少し詳しくご説明いただけるでしょうか。

外務省・志野 これは厚労省さん？　内閣府さん？　内閣府さんからお願いします。

内閣府・西澤 内閣府の西澤と申します。自殺の問題に関しましては、子どもや若者だけの問題ではなく、中高年も含めた、わが国全体において大きな問題になっていることであります。政府としては、「いのちを守る自殺対策緊急プラン」策定ということを行ないまして、昨年11月に、閣僚レベルの自殺総合対策会議というものを開催し、「いのちを守る自殺対策緊急プラン」というものを決定したところであります。その内容は、1つは関係省庁、あるいは地方公共団体と連携して、重点的に広報啓発キャンペーンを展開するとともに、ワンストップ相談等の関連施策を集中的に実施していく、2つめは失業や倒産等のさまざまな問題を抱えた人々への支援を行なうため、各種相談体制の充実強化を果たす、あるいは適切な相談機関へつないでいく役割を果たすゲートキーパーの育成拡充を図る、3つめは、地域ごとの自殺総合データを詳細に分析して、提供することにより、これは県別ということになりますけれども、地域の実態をふまえたきめ細やかな対策が講じられるようにするなど、さらには連帯保証制度等の制度の慣行に踏み込んだ検討も行なう、あるいは自殺支援者、遺族への支援も行なうといったように、政府としては、自殺対策に関しては総合的な対応を行なっているところであります。以上です。

チェルマッテン委員 ありがとうございました。ヘルツォグ委員からも質問があるようです。

ヘルツォグ委員 ありがとうございます、議長。ちょっとだけ戻ってもよろしいでしょうか。自殺防止のための計画については評価しますが、経済的問題以外の根本原因を明らかにした研究なり調査なりを行なわれていますか。それが1つめの質問です。

これと関連して私がお尋ねしたいもう1つの質問ですが、子どもはおとな、他者の役割モデルにしたがうわけですが、子どもを対象とした情緒的サポート・プログラム、とくに学校を基盤としたプログラムや家族支援プログラムはあるのでしょうか。自殺の根本的原因や、自殺以外にとりうる人生戦略について理解できるようにするためのプログラムです。ありがとうございました。

外務省・志野 さて、どのような形で予防を図れるかというのは、これは非常に広範囲にわたるご質問かと思います。人生のあらゆる場面、あらゆる段階に関わってきますので、包括的なお答えをするのは非常に難しいかと思うのですが、委員会の他の委員の方からのご質問にお答えすることで、部分的なお答えを示すことができるかもしれません。たとえば、チャイルド・ヘルプラインについてエル・アシュマウィ委員のご質問です。

このチャイルド・ヘルプラインはある種のホットライン、電話によるホットライン・システムで、日本もメンバーです。1999年に日本のあるNPOがこのチャイルド・ヘルプライン・システムに加盟し、現在では国内に65のホットラインの場所が設けられています。これは政府のサービスではなくNPOのサービスですので、インターネットを通じて調べましたところ、2008年には総計18,311件の電話があり、14,981時間をその応対に費やしておりました。また、チャイルド・ヘルプライン以外にも、私の知るかぎり、政府も電話や手紙を通じたホットラインを組織して回答を……。これ、法務省でしょうかしら。いのちの電話とか、それから手紙は法務省さんでいいですか？　はい、法務省のほうからお答えを申し上げます。

◎ホットライン

法務省・杉原 法務省人権擁護局の杉原と申します。私からは、法務省の人権擁護機関においてどのような取り組みをしているのかということについて説明させていただきます。いま、外務省の志野課長からも説明がありましたように、自殺の問題ですとか、そういった子どもの人権の問題については、幅広い観点から取り組んでいく必要があるというふうに考えております。そこで、法務省の人権擁護機関としてはどういった取り組みをしているのか、というところでございます。法務省の人権擁護機関では、人権相談という形で、子どもの人権問題について広く相談に応じています。そして、その人権相談をどのようにして受けるのかについても、いくつかの手段を用意しています。まず1つは、全国の323か所にあります法務局、地方法務局、そしてその支局における人権相談所を設けております。また、子どもが無料で電話がかけられるように、「子どもの人権110番」という無料の専用電話も設けております。また、「子どもの人権SOSミニレター」という、ミニレターを全国の小・中学生に送っています。これによって人権相談を受けるということも行なっております。また、インターネットでも人権相談を受け付けています。法務省人権擁護機関のひとつの取り組みとしてご紹介しました。以上です。

外務省・志野 実は私自身も2人の子どもがおり、彼らも確かにホットラインの電話番号が書かれたカードやステッカーを受け取って、財布に入れたり、部屋など好きなところに貼ったりしています。便箋も受け取っていますが、これは非常に子どもに親しみやすいもので、日本の非常に有名な漫画のキャラクター「ちびまる子ちゃん」が、子どもたちに手紙を書くように要請ないし奨励しています。住所は自由で、親に送ってもどこに送ってもよく、非常に子どもに親しみやすい方法がとられています。

チェルマッテン委員　ヘルツォグ委員。

ヘルツォグ委員　ありがとうございます。重ねての質問で申し訳ありませんが、2つのホットラインの違いについてはっきりさせておきたいと思います。子どもの権利を基盤としたこのホットラインもひとつの論点ですが、私たちがまず取り上げているのは緊急事態に関わる問題です。2つの異なる論点についてお考えになっているようで、手紙で連絡をしてくる子どもたちに対応しているということですが、緊急事態のときに、これはあまり役に立ちません。また、匿名の電話であるため、必ずしも

子どもたち自身が利用しているわけではないのではないかとも思います。

　また、データについての確認ですが、18,500件というのは、導入から10年以上経っていることを考えれば非常に少ない数字のように思えます。どうしてこのような低い数字なのか、また電話は無料なのかについて教えてください。

外務省・志野　おっしゃられたように、2つの異なるシステムがあります。1つはNPOが運営しているもので、もう1つは政府が組織しているものです。私が紹介した数字はNPOのもので、1年間だけの数字です。

　明快になったのであれば、たくさんのご質問がありますので、少しスピードを上げなければいけません。ドメスティックバイオレンス、児童虐待、それから……。

チェルマッテン委員　モーラス委員、質問がありますか？

モーラス委員　いえ、聞き逃してしまったのかもしれませんが、児童相談所についてはもうお答えになったでしょうか。

外務省・志野　まだです。

モーラス委員　ああ、わかりました。

外務省・志野　家庭内暴力と、それから体罰、それから親から子の虐待について、この順番で、まず厚労省さんからお願いします。

◎暴力と体罰・虐待

厚生労働省・堀井　雇用均等・児童家庭局の堀井でございます。まず私からは、家庭内の体罰の関係ですが、わが国の児童虐待防止法におきましては、何人も児童に対して虐待してはならないというふうに規定をしておりますし、さらに児童の親権を行なう者については、児童のしつけに際して、適切な行使に配慮しなくてはいけないというふうに規定をしています。したがって、親権を行なう者に対して、親権の行使が児童虐待とならないようにということを確保しております。

外務省・志野　そして続きまして、文科省さん、それから法務省さんのほうにお願いします。児童虐待と体罰の問題についてまだ終わっておりませんので、文科省さん。

文部科学省・篠崎　体罰については、さきほどお答えした以上は、とくにはないんですが。

法務省・大谷　体罰の関係で、法務省の大谷からお答え申し上げます。家庭内におきます親から子への暴力につきましても、それが刑法等の犯罪を構成する場合には、刑法等の法令が適用される可能性があるということになっており、適切に対処されているものと承知をしております。

外務省・志野　厚労省さん、施設内虐待とかはもういいですか？

チェルマッテン委員　ここで私から質問させていただきたいのですが、ごく単純に質問させていただきます。体罰は日本では認められているのか、それとも禁止されているのでしょうか。体罰は日本で禁止されているのか、イエスかノーかということです。

文部科学省・篠崎　学校における体罰は、はい、禁止されています。

チェルマッテン委員　イエスですか？

文部科学省・篠崎　はい、私の答えはイエスです。

外務省・志野　厚労省さん。

厚生労働省・堀井　施設内の虐待についてですが、2009年度に施行された改正児童福祉法におきまして、施設の職員などによる虐待に対応するための措置が講じられております。具体的には、児童など虐待に関する通告、あるいは通告を受けた場合に、都道府県が講じるべき措置、このよう

なことから、子ども自身が都道府県等に虐待を受けた旨を届出でき、届出があった場合に速やかに対応することができる体制の整備をしております。以上です。

チェルマッテン委員　クラップマン委員から追加の質問があります。

クラップマン委員　申し訳ありません、体罰について。資料がすぐに出てこないのですが、家庭内での体罰は合法だと理解しています。民法第822条や児童虐待防止法第14条に基づいて認められているというのが、私が資料から理解した内容です。それから、もう1つの資料も見つからないのですが、体罰に関する高等裁判所の判決はあまり明確でなく、軽い懲罰は認められるというようなことを言っているようです。これは委員会にとって懸念の対象です。ありがとうございました。ご説明をお願いします。

チェルマッテン委員　ヘルツォグ委員。

ヘルツォグ委員　いまの質問を補足させてください。体罰が違法であるとすれば、あるいは法律ではまだ禁止されていないにせよ、親の間で体罰に関する意識をどのように高めているでしょうか。体罰の禁止についてどのように学び、体罰に代わる方法として何を、どのように教えられているのでしょうか。暴力を用いずに子どもを育てる方法について、親たちはどのように情報を提供されているのですか。

外務省・志野　法務省さん、お願いします。

法務省・山口　法務省大臣官房秘書課の山口でございます。先ほど、クラップマン委員のほうから、親の体罰についてご質問がありました。ご指摘のとおり、民法の規定によりまして、親権者は必要な範囲内で、自らその子を懲戒することができるとしています。この規定は、親権者が子どもの監護上、子どもの非行などを直し、子どもをいい方向へ導くために、必要かつ相当な範囲内で制裁することを認めたものであります。当然のことながら、どのような懲戒も許されるというものではありません。どこまで許容されるかについては、その子どもの監護、教育という目的を達成するために、必要かつ相当なものかどうかということで判断されることになります。当然、その判断にあたっては、そのときの社会情勢あるいは社会常識によって判断されることになると、そのようになっております。

チェルマッテン委員　ありがとうございました。そろそろこの分野を終わりにしたいと思いますが、体罰についての最後の質問をモーラス委員からお願いします。

モーラス委員　質問というよりも、お答えを非常に注意深く聞いたうえで申し上げることがあります。体罰その他の形態の罰は、たったいまお聞きしたところによれば、適切なものと見なされている、認められているということになります。家庭や、いわゆる親責任を有している代替的養護の現場では認められているのです。そうであるならば、大使、委員会の総括所見にはあらためて、家庭および他のすべての代替的養護環境における体罰その他の形態の罰を禁止する、立法によって禁止するべきである旨の、強い勧告が含まれることになるでしょう。そうしなければ、委員会は明らかに義務を果たしていないことになってしまいます。さらに、委員会が現在、この問題に関する一般的意見を起草中であり、最終段階に入っていることもお知らせしたいと思います。というのも、世界で全般的に増加している暴力の問題、とくに不当な取り扱い、ネグレクト、体罰や心理的その他の形態の罰を含む暴力の問題全般について、委員会は非常に懸念しているからです。

　ありがとうございました。

外務省・志野　ちょっとはっきりさせておきたいのですが、ここで使われている2つの言葉が混同されています。懲戒と体罰です。法務省のほうからお答えいただくことにより、あらためて明確にしておきたいと思います。

チェルマッテン委員 結構です。そろそろこの議論を終わらせなければなりません。何が懲戒で何が体罰かについて理解するという点については、この問題だけについて取り上げた一般的意見があり、そこには体罰とは何かという明確な定義とともに、しつけを目的とする体罰は受け入れられないと明示されています。報告書を送付されたのでこの一般的意見についてはご承知のはずですし、日本の報告書もこれをもとに書かれています。ですから、この議論についてはこれ以上踏み込まず、別の質問に移ることを提案させていただきます。ありがとうございました。

外務省・志野 わかりました。とても重要な問題ですので、後ほど時間があればあらためて取り上げたいと思いますが、次の問題として、少年司法について包括的に答えてもらってよろしいですか。

◎少年司法

法務省・大谷 法務省の大谷でございます。少年司法についてのご質問にお答えをするということでございますが、その前に、午前中にその他の、少年に関する犯罪についても、ご質問をいただいておりましたので、まずそれについてお答えを申し上げたいと思います。

まず最初に、この刑事法関係で、子どもの年齢がどのように、ピーナルコードにかかわらず、そのほかの刑事関連法規において、子どもの年齢がどのように取り扱われているのかということにお答えをいたします。まず刑法についてでありますが、13歳という年齢がございまして、13歳未満の女性をかん淫した場合には、手段のいかんや同意のあるなしを問わず、強かん罪が成立するということになっております。また、児童買春・児童ポルノ法という法律もございます。この法律においては、児童というのは18歳に満たない者が対象とされておりまして、このような18歳に満たない者、これは男女を問いませんが、児童売春を行なった場合は、処罰の対象となっております。また、児童福祉法という法律もございまして、その法律においては、やはり18歳に満たない男女に対して、淫行、わいせつな行為をさせる行為などが処罰の対象とされております。そこで、午前中のご質問として、性交をする場合の同意年齢を引き上げるべきではないかというご質問がございました。この性交の同意年齢という問題につきましては、さまざまな考慮要素がございます。その考慮要素のうちのひとつ、たとえば何歳程度のものであれば、性交を行なう判断能力が備わっているのかという問題がございます。また、個人の性的行為についての意思決定の自由に対して、過剰に干渉にならないかという問題もあります。また、任意の同意に基づく性交について、刑罰をもって規制することは、謙抑的になるべきではないかという意見もございます。したがいまして、この性交同意年齢の引き上げについては、慎重な検討が必要であると考えております。ただし、私がここで強調させていただきたいのは、だからといって、18歳に満たない子どもに対する性的行為が許されるものではないということを強調したいと申し上げます。先ほど申し上げましたように、わが国には、児童買春・児童ポルノ法や児童福祉法といった法律が存在しており、たとえば児童買春法においては、男女を問わず子どもに対して、対価を提供するなどして、児童と性行為をすることは、これは処罰の対象となっております。したがいまして、仮に委員のご懸念が、性交同意年齢が13歳であることによって不都合があるかということであれば、わが国においては適切に対処されているということをご理解いただきたいと思っております。

それから次に、やはり強かん罪、レイプに関して、男性を被害の対象にするということについてのご指摘もありました。まず最初に申し上げたいことは、わが国においては男女を問わず性的な暴力の被害にあった場合には、男女を問わず強制わいせつ罪、そのほかの犯罪によって処罰されているということでございます。そのうえで、強かんという行為そのものについては、確かにご指摘のとお

り、その被害の対象は女性のみとなっております。しかしながら、これにつきましては、男女の身体的な構造や機能などの肉体的、生理的な差異を考慮して、とくに女性に手厚く保護をしておるということでありますので、ですから、これは区別でありまして、決して差別ということではありません。重ねて申し上げますが、男性に対するレイプ行為であっても、それを処罰する法律は現に存在しております。

　長くなりますが、続きまして、少年の刑事司法についてお答えをいたします。

チェルマッテン委員　ちょっと口をはさませていただきます。子ども、男子に対する性犯罪について扱ってきましたが、この点についてははっきりしたと思います。あとから子どもの売買に関する選択議定書についても扱うことになります。

　少年司法、犯罪を行なった未成年者の問題に移る前に、落ち着いて元気を取り戻せるよう、10分間の休憩を提案します。4時40分、つまり5時の20分前から再開します。ありがとうございました。

〈休憩〉

チェルマッテン委員　みなさん、締約国との対話を続けられるよう、席についていただけるでしょうか。時間は6時までです。お答えを聞くために、やるべきことがたくさんあります。発言を認めますが、私たちは少年司法について取り上げようとしていたところです。

法務省・大谷　引き続き、法務省の大谷からお答えをいたします。議長、休憩をはさんでいただいてありがとうございました。クリアなお答えができるものと期待しております。

　まず最初に、刑事処分可能年齢が16歳から14歳にしたという点について、お答えをいたしたいと思います。もともとわが国の刑法においては、刑事責任年齢というものは14歳になっておりましたが、しかし以前は、少年法において、それが16歳となっていたというものでございます。したがいまして、まずそのわが国の基本的な法律である、刑法に少年法の規定を合わせたという趣旨でございます。なぜそのような改正をしたかという理由ですが、この16歳未満であっても、いかに凶悪な犯罪を犯そうとも、刑事処分に付されえないということになっておりましたが、この年齢の少年であっても、罪を犯せば処罰をされうる可能性があると明示することによりまして、それによって少年の規範意識を育て、社会生活における責任を自覚させる必要があるというふうに考えたからでございます。ただし、1つ申し上げたいのは、この刑事処分年齢が引き下げたからといって、常にこの刑事処分がなされるということでは到底ありません。この改正のあとも、ごくごく限られたケースにのみそのような取り扱いがなされていることを申し添えたいと思います。

　それから、次に家庭裁判所の観護措置期間が4週間から8週間になったという点について、お答えをいたします。なぜ、このような期間を長くしたのかという理由でございますけれども、まずこの調査の期間を十分にとることによって、事件の真相を解明し、間違っても非行を行なっていない少年を誤って処分することがないようにする必要があるということでございます。また、非行を犯した少年に対して、どのような保護が必要なのかということを十分調査して判断をするということからも、その判断材料の収集を充実させるということはむしろ少年の利益につながるものと考えております。先ほどのご質問の中では、あたかもこの観護措置の期間というのが、捜査期間による、捜査のための施設へ拘留するというものでご質問があったかと記憶しておりますが、それは事実に若干誤解があるというふうに申し上げます。この4週間なり、8週間というのは、あくまで家庭裁判所が、

捜査機関ではなく家庭裁判所が、その少年の事件について判断をするための資料を収集するための期間ということでありまして、いわゆる通常の刑事事件とは性質が異なるものでございます。また、その拘置される場所も、少年鑑別所という、心理学や児童の問題に大変造詣の深い職員が所属しているところでございます。さらに、その8週間という期間につきましても、自動的に8週間になるものではございません。2週間ごとに、家庭裁判所が……。

チェルマッテン委員 フィラーリ委員から質問があるようです。もう少し詳しく知りたい、あるいは誤解があるのかもしれません。フィラーリ委員。

フィラーリ委員 ありがとうございます、議長。代表団のお答えにも感謝を申し上げます。お聞きしていると、2つの異なる収容方法があるようです。私が知りたいのは予防勾留（preventive detention）の状況です。その8週間の期間中、深刻な罪を犯した可能性のある少年は自由を奪われるのでしょうか、自由を奪われるのかということです。真実を見極めるための事情聴取や捜査に通常よりも多くの時間が必要だというような正当化事由をあげておられましたが、私が知りたいのは、子ども、勾留されている子どもの事情聴取等を施設外でやることはできないのかということです。外にいてもよいはずです。世界の多くの制度は、このような事情聴取の間、子どもが施設の外、少年院（Borstal）や矯正センターの外にいられるようにすることを優先しています。日本では審判前勾留の事情、状況はどのようになっているのでしょうか。

チェルマッテン委員 エル・アシュマウィ委員。

エル・アシュマウィ委員 日本が刑法を改正し、子どもの人身取引を犯罪化する条項ができたことを祝福します。また、子どもの人身取引対策行動計画を策定したこともうれしく思います。私の質問は、この人身取引対策行動計画の実施を監視・調整する国家的な調整機関はあるかということです。この計画のために十分な資金や予算を配分してこられたでしょうか。これは5か年計画ですか。「人、とくに女性および子どもの人身取引を防止し、抑止しおよび処罰するための選択議定書」を批准する意図はあるでしょうか。ありがとうございました。

チェルマッテン委員 ありがとうございました。そのご質問は後ほど扱います。あらためて、身体拘束の問題、8週間への延長問題、フィラーリ委員から出された追加コメントに戻ります。

法務省・大谷 では、続けてお答えをいたします。（議長が声をかける）はい、なるべく簡潔に行ないたいと思います。それで、先ほど言いかけましたけれども、2週間ごとの家庭裁判所の判断によってなされているものでありますので、必ずしも8週間というわけではございません。また、このような観護措置をとるかどうかというのも、あくまで家庭裁判所の判断に、裁判官の判断に委ねられているということでございまして、当然、裁判官がこのような施設、観護措置が必要でないと判断された場合は、とられることはないということでございます。

それから次に、ご質問の中で、わが国の新しい裁判システムに関してご質問いただきましたので、それのお答えをいたします。ご質問を正確に……。

外務省・志野 ちょっと、その前にもう矯正局のほうに移っていいですか。ちょっと時間がないので、すいません。

法務省・大谷 えーっと、じゃあ裁判員の点と……。後で？　はい。

◎**矯正施設**

法務省・木村 法務省矯正局の木村でございます。フィラーリ委員からお尋ねのありました、広島少年院で起きました職員による少年への暴行事件につきまして、お答えいたします。この事案は、

わが国の広島県にあります広島少年院におきまして、2008年から2009年にかけて、主として4人の職員が少年に対しまして手で殴ったり足で蹴ったりするという暴行を行なっていたというものでございます。この4人の職員と、以前そこの少年院の元首席専門官5名が特別公務員暴行陵虐罪で逮捕され、起訴されまして、現在も裁判が継続中でございます。とくにこの該当の4人の職員につきましては、懲戒免職の処分がなされております。

　法務省としましては、この事件を受けまして、次の2つの再発防止策を講じました。1つは、少年が少年院の中で自分が受けた処遇について、法務大臣に書面で苦情を申し立てることができる制度、この制度を2009年9月から開始しました。もう1つは、職員の人権意識のいっそうの向上を目的としまして、全国の少年院の幹部職員の研修、とくに人権尊重に関する内容を含めた研修を実施いたしました。あわせまして、この事件を受けまして、少年院の運営のいっそうの適正化を図るために、また、少年院で行なう矯正教育の充実を図るために、法務大臣の指示によりまして、少年矯正を考える有識者会議というものを、昨年12月に設けました。この会議におきまして、職員の育成ですとか、少年矯正に関する法令の整備のあり方などにつきまして、議論をいただいております。

　もう1つ、少年院の職員の採用についてお尋ねがございましたので簡単にご説明いたします。少年院の職員は大学で、教育学や心理学を学んだ……。

チェルマッテン委員　すみません、フィラーリ委員から職員の問題についてフォローアップの質問があります。

フィラーリ委員　議長、発言を認めていただきありがとうございます。この不幸な出来事についてとられた措置についてご発言がありましたが、刑務所であれ、それ以外の場所であれ、国内当局または国外の公的機関による、これらの拘禁センターへの査察は行なわれているのでしょうか。ありがとうございました、議長。

法務省・木村　申し訳ありません、前半のご質問をもう一度お願いします。

チェルマッテン委員　質問は、これらの少年センターで何らかの査察が行なわれているかどうかというものです。行なわれている場合、それは独立したチームによるものなのでしょうか。

法務省・木村　お答えいたします。監査につきましては、法務省などの上級官庁などが定期的に施設に出向いて行なうことになっております、現在は。ただし、今回の事件を受けまして、第三者機関の設置につきましても、その設置の要否につきまして先ほどの有識者会議で検討をいただくこととなっております。

外務省・志野　第三者の視察委員会って、いまないんでしたっけ。もうあるんですよね？

法務省・木村　少年院におきましては、現在はまだないんですが、それをつくるかどうかがひとつのテーマになっております。刑務所においてはあります。

外務省・志野　じゃあ次に、チャイルド・ケア・センターの話にいった後で、里親制度、養子、扶養料、婚外子差別といった民法関係のほうに移ります。お願いします。

◎家庭と労働

厚生労働省・堀井　厚生労働省雇用均等・児童家庭局、堀井です。まずはじめに、施設における児童の意見表明と苦情申立てについてのご質問がありましたが、施設に対する監査を行なうときの着眼点として、児童の意見を表明する機会が十分に確保されているかという項目を盛り込み、この条約の趣旨が現実の施設運営に反映されるように指導しております。また施設に対しては、児童が意見を表明する機会の確保とか、行事企画への参加にあわせて、施設生活に対する不満や苦情を

解決するしくみの整備、このようなことを指導しております。

　続きまして、ワーク・ライフ・バランスについてのお尋ねがありましたが、関係省庁も取り組みをしておりますけれども、厚生労働省としても労働時間の短縮、あるいは育児休業などの取得促進に努めております。また女性が、景気の影響などで、妊娠、出産を理由として解雇される、このようなことがないように、各都道府県の労働局において指導しております。

　次に里親についてのお尋ねがありましたが、社会的養護の担い手である里親を拡大するために、まず里親手当の引き上げ、そして里親の掘り起こし、このようなことをNPOに委託をして実施をしております。里親については、さらに拡大に努めてまいりたいと考えております。

　また、保育所の運営費の一般財源化についてのご質問がありましたが、2004年、公立保育所の運営費が一般財源化された際に……。

チェルマッテン委員　すみません、ちょっとした追加質問があります。たったいま、非常に興味深く、重要な問題に触れられました。家族を利用できるようにする選択肢があるとおっしゃいましたが、このような子どもを迎え入れる家族のことをおっしゃっているのだと思います。そこで、これはすでに設けられているプログラムなのか、設置中なのか、計画段階にとどまっているのかを知りたいと思います。すでに設置されているのだとすれば、家族はどのように選び、モニタリングしているのでしょうか。

厚生労働省・堀井　里親については、里親の委託の割合などの目標を設定するなどして、積極的にその拡大に努めております。里親にもいくつか種類がありまして、養子縁組につながる里親と、そうでない里親とあるんですが、それぞれ要件などは異なりますけれども、いずれにしても関係機関などと連携をとって進めているところでございます。

外務省・志野　養子縁組について、法務省さんのほうからお願いします。

◎養子縁組

法務省・山口　法務省大臣官房秘書課の山口でございます。いくつかのご質問にお答えをいたします。

　まず、養子縁組についてお尋ねがありましたけれども、わが国の民法におきましては、未成年者を養子とする場合、原則として家庭裁判所の許可が必要であるとされております。このように、家庭裁判所の許可を必要とすることによって、子どもの利益を最大限保護していることになっております。

　それから、養育費の回収の関係のご質問もありましたので、お答えします。養育費の定めがある場合、一定の要件のもとで相手に対して強制執行することができます。

チェルマッテン委員　ちょっと早く進めておられるかもしれません。養子縁組はとても重要な問題です。里親家族、子どもを迎え入れる家族の話から、直ちに養子縁組の話に移られたように思われますけれども。子どもがある家族に一時的に措置されても、必ずしも養子縁組につながるとはかぎりません。そうなる場合もありますが、その場合は養子縁組がより簡単になる、簡易化された養子縁組になって、必ずしも裁判所を経由しなくてもよいようです。この情報は正しいでしょうか。正しいとすれば、なぜ裁判所の決定が必要ないのですか。

法務省・山口　法務省の山口でございます。先ほども申し上げましたとおり、養子縁組をする際には、未成年者を養子とする養子縁組をする際には、原則として裁判所の許可が必要ということでございます。

チェルマッテン委員 両親のどちらかが亡くなった場合に、父親か母親の家族構成員が養子縁組をする場合にはいかがでしょうか。そういう場合には裁判所の決定が必要ないように思われますが、ご説明いただけますか。また、このような国内養子縁組の国際的規制〔国際養子縁組の規制〕についてはいかがでしょうか。モーラス委員、養子縁組についてですか？

モーラス委員 はい、やはり養子縁組について。ごく具体的に、日本人である子どもの親が外国人の場合、一方の親が日本人でもう一方が外国人である場合に別居ないし離婚が生じたとしたら、面接交渉権は認められるのでしょうか。すみません、これは養子縁組の話ではありませんね、別の問題です（笑）。すみません、議長。ともあれ、このような場合に法的に面接交渉権は認められているのでしょうか。これが質問です。

外務省・志野 まず、アダプション〔養子縁組〕について。

法務省・山口 今のご質問の中で、面接権の話がございましたけれども、これについては、離婚の協議、あるいは裁判、調停等の中で、面接交渉権についても、当事者同士の話し合い等で取り決めがなされるということになっております。

それから養子縁組の関係で、養親、親ですね、となる者あるいはその配偶者の直系卑属を養子とする場合には、裁判所の許可は不要ということになっております。裁判所の許可が必要とした理由としては、人身売買等などにより、未成年者の福祉が害されるおそれがあるということが理由となっております。先ほど、許可が不要と申し上げました場合には、そのような形で子の福祉が害されるおそれが考えられないということで、裁判所の許可が不要とされております。

チェルマッテン委員 国際養子縁組の監視の状況はどのようになっているでしょうか。日本は国際養子縁組における保護に関するハーグ条約を批准していませんけれども。

外務省・志野 まず、ご質問をいただきました国際養子縁組に関する条約について、わが国はまだ加盟しておりません。われわれはこの条約の中身であります、国際養子縁組に関する国際的な協力体制を確立することを目的としていることは理解しております。また、これが国際的にも重要な条約となっていることについても、十分理解をしております。現在、わが国の中で国際養子縁組に関するわが国の実情、現状や、既存の国内法令との整合性等を勘案しながら、締結の可能性に関しては検討を行なっております。

では続いて、婚外子差別のほうに。

◎婚外子差別

法務省・山口 法務省大臣官房秘書課の山口でございます。まず婚外子の関係ですが、いろいろとご指摘を受けておりますけれども、その中で主なものとして、嫡出子でない子の相続分についてご説明いたします。現在の民法では、嫡出でない子の相続分は、嫡出である子の相続分の2分の1とされております。これは法律婚の尊重という要請と、他方で嫡出でない子の保護という要請、その2つの要請の調整を図った規定であります。したがいまして、この規定については、不合理な差別というものではないという理解であります。

ただし、この点については、さまざまな議論があることも事実でございます。1996年には、法務大臣の諮問機関である法制審議会という機関が、嫡出である子と嫡出でない子の相続分を等しくするなどの内容の法律案要綱を答申いたしました。この民法改正の問題は、きわめて重要な問題であってさまざまな議論がございますけれども、この相続分を等しくするという内容も含めた民法の改正案が今開かれております日本の国会において提出が予定されているという状況であります。

それから……次に行ってよろしいでしょうか。

チェルマッテン委員 ありがとうございます。クラップマン委員から質問があるようです。婚外子については日本に対してすでにいくつかの勧告が行なわれていることを想起してください。クラップマン委員、どうぞ。

クラップマン委員 ありがとうございます、議長。婚外子について、締約国報告書パラグラフ219が理解できません。私はそういう結論に至りました。これは登録について説明したものですが、私が理解したところによれば、婚外子はそれ以外の子どもとは異なるやり方で登録され、したがって婚外子であることが容易にわかってしまうということになります。このようなことから差別が始まることが非常に多い。私が間違っているのかもしれませんが、パラグラフ219から判断したのはそういうことです。

外務省・志野 続けて法務省、お願いします。

法務省・山口 法務省大臣官房秘書課の山口でございます。いまご指摘の、戸籍の記載の話だと思いますけれども、これについては従前、嫡出である子と嫡出でない子で戸籍に記載する表現が異なっておりました。この区別については、事実の違いによる区別ということで、不合理な差別にあたらないという理解ではおりましたけれど、一方で、嫡出でない子の平等権あるいはプライバシー権等といった権利を保護する必要があるという認識、観点も重要だということで理解しております。そのような観点から、2004年に戸籍法の施行規則というものを改正いたしました。この改正によって、嫡出でない子の戸籍への記載の内容も、嫡出である子と同様にすることができるとなっております。

◎難民の子ども

外務省・志野 では、次に難民の子どもについて。

法務省・中山 法務省入国管理局の中山です。ツェルマッテン委員のお話の難民申請の子どもたちについてということで、お話をさせていただきたいと思います。難民申請を児童自身が行なうことができるかということですが、わが国の出入国及び難民認定法の規定によって、日本にいる外国人、本邦にいる外国人であれば、難民申請は可能となっておりまして、年齢の制限もありません。また、16歳未満の児童についても、その父もしくは母などの親族がその者に代わって、申請が行なうことができることになっております。

それから、未成年者、児童の収容の対象ということですが、入管法上、退去強制手続は原則として収容したうえで進めるべきとされております。これは未成年についても例外ではありませんが、未成年者については、難民手続中であるかにかかわらず、特別な配慮を要するものと私どもは考えております。そのために、未成年者については、退去強制手続をとるにあたっては、親族や児童相談所に一時的に保護を依頼して預けるなどし、また、わが国の法律で仮放免という制度がありますので、それを弾力的に運用して、極力収容を行なわない取り扱いをしております。

もう1点、UNHCR〔国連難民高等弁務官事務所〕のガイドラインの話が出されました。私どもは難民申請手続については、従来より難民条約にのっとり、個別に審査のうえ、難民として認定すべきものは認定しております。しかし最近においては、UNHCR日本支部セレス代表が好意的に私どもの協力をしていただき、研修ガイドライン、ハンドブックやテキストに基づいた研修などを行なって難民調査官の質の向上に努めております。以上です。

チェルマッテン委員 情報をありがとうございました。ここで浮かび上がってきた主要な問題を片

づけさせてください。家族から分離されて庇護を求めている未成年者の問題です。収容が制度的に行なわれているのですが、これはUNHCRの規則と一致いたしません。収容の期間や被収容者へのケアは、渡航書類を持たず、保護者が付き添っていない未成年者との関連で日本が解決しなければならない問題です。

　これらの問題はすべて庇護をどのように与えるかという問題と関連しているのですが、これを規律する国内規則はUNHCRの国際的規則にしたがったものでなければなりません。どうやら、貴国ではこのような国際的規則が厳密に適用されているわけではないようです。

　また、多くの問題についてまだお答えがされていないかと思います。クラップマン委員、質問がありますか。

クラップマン委員　ありがとうございます、議長。私は指導・相談（guidance）について非常に関心をもっています。ありがとうございました。

外務省・志野　そのご質問については、未成年者、難民に関するご質問についてお答えした後にあらためて取り上げてもよろしいでしょうか。

チェルマッテン委員　いかようにも。ただ、すでにお答えはあったかと思います。収容が利用されていること、規則が厳格に適用されていないこと等の問題がありますので、もっと情報をいただければと思いますが、委員が関心をもっている質問はさらにたくさんありますので、ここでどの質問にお答えするかはそちらで決めていただいてよいかと思います。

外務省・志野　未成年の話、短く答えられます？

法務省・中山　少しかみ砕いてお話をさせていただきます。未成年者の収容については、私どもも極力控えるように努力しております。現に、仮放免という制度のもとで、未成年者であるということがわかれば、即日に収容することなく運用をしております。ですので、法律上確かに退去強制手続ということで収容は前提ですが、やはり児童の権利ということで私どもも考えて、収容は極力しないということで運用をしております。

外務省・志野　よろしければ少し補足させていただきます。UNHCR東京事務所とは私どもも時折連絡をとりあっており、UNHCR東京事務所からの情報も受け取っております。ここ数年でいくつかのケース、2～3件だと思いますが、法務省は個々の事案で、親族と一緒にセンターに留まりたいか、他の親族や児童相談所を頼って外に行きたいかについて未成年者の意見を聴取しております。このような質問をしたうえで、これらのいくつかの事例では未成年者がセンターで親族と一緒にいることを望んだものであります。このような情報をUNHCR東京事務所から得ております。

　それでは児童相談所の件に移ります。

◎児童相談所

厚生労働省・堀井　ありがとうございます。児童相談所について、クラップマン委員からご質問があった件でございます。そもそもなんだろう、設置主体は、あと子どもはどのような措置を受けられるかというようなご質問だったと思います。

　2009年の設置か所数は、全国で201か所。そしてこの設置主体は、都道府県、あと指定都市、人口50万人以上ぐらいの都市というイメージでよろしいかと思います。そして、全国全体の職員数ですが、8,804人。そのなかでとくに大学などで心理学などを修めて、専門的な相談指導を行なう児童福祉司という専門職がおり、ケースワーカーなど個別のケースを担当しておりますが、それ以上にもいろいろと専門的な助言指導を行ないますが、この児童福祉司が全国で2,428人おります。

職員のなかでは、このような専門職に加えて、精神科医の方、嘱託でもかまいませんが、また心理療法とかカウンセリングができる、そういった職員もおります。

　そもそもどのようなことを子どもに対して行なっているかということですが、親や子どもに対する専門的な相談、そして子どもの置かれた状況を調査して、その子にとって最善の措置を決定し、場合によっては在宅で指導を行なったり、あるいは児童福祉施設に入所させたり、一時的に保護したり、そのような措置を行なっております。

　なお、予算的な部分ですが、人件費と事業費については地方自治体が負担をしており、国は一部機能強化のための補助のようなことをしております。以上です。

チェルマッテン委員　クンプラパント委員、どうぞ。

クンプラパント委員　ありがとうございます、議長。児童相談所についてのご説明をお聞きしましたが、なぜchild guidance centerとおっしゃるのだろうかと思います。というのも、多くの子どもたちは、家庭あるいは学校あるいは地域で生じているストレスに満ちた状況ゆえに抱えている可能性があるからです。子どもとその家族にだけ焦点を当てていて、このようなタイプの状況にはどのように対処できるのでしょうか。自殺未遂の問題、また教育的成功に対する社会の過度な期待によりトラウマを負う子どもの問題についても話し合ってきましたが、こういう問題は児童相談所が対応しなければならないものとは見なされていないように思います。さらに、他の多くの国では、child guidance centerではなくchild protective serviceと呼んでいるのではないかと思います。

厚生労働省・堀井　ありがとうございます。この児童相談所は児童福祉の中心的な機関ですが、児童虐待の対応など課題に応じて、学校ですとか警察ですとか関係機関と連携をとって実施をしておるところです。以上です。

チェルマッテン委員　クンプラパント委員の質問は、相談所では指導（guidance）や助言（advice）を行なうだけなのか、それとも再統合等の援助も行なうのか、ということだったと思います。

外務省・志野　「児童相談所」の訳の問題なんだと思うんですけれども、この相談というのをguidanceと訳しているのでなかなか理解が進まないんだと思うので……。なので、相談というものの意味をもう1回説明してもらっていいですか。

厚生労働省・堀井　相談をどのように捉えるかということですが、児童相談所ではさまざまな相談を受けており、たとえば、障がい児に関する相談ですとか、非行に関する相談、そして子どもを育成するための性格・行動に関する相談ですとか、そのような多岐にわたる相談を受けております。以上です。

外務省・志野　実際のところ、児童相談所について正確に説明するなら、どちらかといえばchild care centerであって、子どものケアを行なっております。ただ、これまで公式の英訳として何度かchild guidance centerを用いてきましたので、その名前を用いている次第です。

チェルマッテン委員　クラップマン委員。

クラップマン委員　ありがとうございます。たくさんの情報をいただきました。しかし、誰が児童相談所を監督しているのでしょうか。業務基準はどこに由来しており、どのように管理されているのですか。専門職員を見つけるのに問題があるという情報も得ています。定められた基準に実は適合していない者が雇われることもあるようです。

　また、学校、場合によっては他の施設から子どもが児童相談所に送致されるシステムもあるはずだと思います。子どもや親が行くのを拒否できるかどうかは知りませんが、このような場合、児童相談所で起きることについては非常に高い公的責任があります。最終的に、誰が責任をとるのかにつ

いて知りたいと思います。また、児童相談所での出来事や送致の理由をめぐって裁判所に訴えることはできるのでしょうか。
　ありがとうございました。
厚生労働省・堀井　私、裁判になったケースなどについては、承知はしておりません。そして、児童福祉法に基づき、このセンターは設置されているのですが、それは、都道府県は児童相談所を設置しなければならないという規定になっています。
外務省・志野　では、あといくつか重要な質問が残っておりますけれども、法務省のほうから少年裁判のときの国選付添人と裁判員制度の話、それから一番最初に午前中にいただいたデータベースの質問についてお答えをしたいと思います。

◎刑事司法における付添人
法務省・大谷　法務省の大谷でございます。ごく簡潔に申し上げます。最初に少年の付添い弁護士の関係ですが、質問のご指摘のとおり、一定の重大事件におきましては、裁判所は必ず弁護士を付添人として選任しなければならないというふうになっております。
　それから裁判員という新しい制度が昨年の5月から始まりました。先ほどのご質問では、そのような裁判の場合に、証拠として出されるものが少ないのではないかというご懸念が議長から出されたと記憶しております。この新しいシステムにおいても、従来のプロの裁判官だけによる裁判におきましても、提出できる証拠の範囲には法律上変わりはございません。ただ、事実上一般の市民の方が参加をするので、検察官や弁護士が市民にとってわかりやすくするために、証拠の量を控える事実上の傾向があるということはありえます。そのため、もし当事者が必要だと思う証拠については、これまでの裁判と同じように提出することができますので、新しい制度になったからといって少年事件の解明にとって必要な証拠が提出されなくなるというご懸念はあたらなくなるというふうに考えております。

◎データの収集・分析
外務省・志野　いいですか？　では、次にデータベースについてですが、国、地方自治体、さらには民間の研究機関等が児童の状況に関して、さまざまなデータの収集、調査、分析を行なっております。どのようなデータがあるかということについて、若干ご紹介をいたします。たとえば、人口の関係では、出生率、死亡率、出生時の嫡出子・非嫡出子の割合など。それから健康状況、それから乳児死亡率、死因別乳児死亡数、年齢別身体発育状況調査。それから、安全の面に関しては、年齢別男女別不慮の事故、および有害作用による死亡者数、それから年齢別男女別交通事故の死傷者数。それから教育に関しましては、学校の数、在学者数、就学率、進学率、中退者数、登校拒否児童の生徒の数、いじめの発生状況、対応等。それから福祉の関係では、児童手当、児童扶養手当等の支給状況、それから児童相談所に報告のあった児童の虐待の件数。それから障がい児に関しましても、障がい児の数、障がい児童の施設の数、それから入所状況、障がい児童の就学率、進学率、雇用率など。それから外国人児童に関しては、外国人児童の登録者数、外国籍の乳児死亡率、日本語教育が必要な外国人児童生徒の受け入れ状況等に関する調査、外国人児童生徒の受け入れ等に関する調査。それから少年司法に関しましては、刑法犯少年の罪種別、年齢別、学職別補導状況。等々、さまざまな統計をとっております。それから……。

◎その他の質問（不登校、医療保険、国籍留保）について

チェルマッテン委員　ありがとうございました。残された時間がほとんどありませんが、相対的に重要な質問がありました。不登校の子どもないし中退した子どもの人数に関する質問です。何人の子どもが関わっているのでしょうか。文部科学省代表の方に、就学を最大限に確保し、とくに早い年齢での中退を抑えるためにとられている措置について説明を試みていただくことが可能かどうか、わかりませんけれども。

外務省・志野　いますぐ答えられます？　わかりました。ちょっといま調べますので、その間に、ほかにもいただいた、児童に対する医療措置について親の意思が必要かどうかについての説明を。

厚生労働省・星田　ポラー委員からご質問がありました。まず、わが国はすべての国民が医療保険に加入しております。また医師は診療の求めがあった場合、拒むことができないとされております。一方で、医療行為は契約行為でございます。したがって、児童があまりに幼い場合、他の契約行為と同様、判断能力の問題があります。また、治療の必要性、危険性などがそれぞれ医療行為によって異なりますので、親の同意が必要かどうかは、個々のケースによってくるという形になります。以上でございます。

文部科学省・田淵　不登校対応についてですけれども、問題を抱える子どもが相談できる体制づくりのために、スクール・ソーシャルワーカーですとか、スクール・カウンセラーの配置ということを行なっております。何らかの理由で学校に来れなくなった子どもにつきましては、もし学校の外で何らかの学習活動を行なっていたときに、一定の条件を満たせば出席扱いにしたり、そういった弾力的な扱いもしているところです。

外務省・志野　不登校者の数を調べている間に、法務省さんのほうから国籍留保を答えても……。

法務省・山口　法務省大臣官房秘書課の山口でございます。午前中だったかと思いますが、国籍の留保の制度の関係でご質問がありましたので、簡単にお答えいたします。国籍の留保について、不留保で日本国籍を失う児童がいるのではないかというご質問でしたが、仮に日本国籍を喪失したとしても、一定の要件をもとに法務大臣への届出で日本国籍を取得するという制度が国籍法によって認められております。また、その要件を満たさない場合でも、一般よりもきわめて緩和された条件で帰化が認められております。このような再取得の道を法律で規定しているという状況でございます。

文部科学省・田淵　すいません、不登校児童生徒数ですけれども、まず、小学校と中学校を合わせた数が、平成20年度、2008年は126,805人、高等学校については53,024人、また高等学校における中途退学者数、同じ年ですけれども、66,243人となっております。

外務省・志野　割合としては……。

文部科学省・田淵　不登校のほうが、パーセンテージで言いますと、小中が1.18％、高校が1.58％、それから中退率のほうが2.0％となっております。

チェルマッテン委員　あと30秒通訳を続けていただきたいのですが、大使閣下および課長に対し、提起されたすべての質問に答えようと努力してくださったことについてお礼を申し上げます。明日は10時に集まり、2つの議定書、武力紛争における子どもについての議定書と子どもの売買、子ども買春および子どもポルノグラフィーに関する議定書について検討します。クンプラバント委員がOPSC〔子どもの売買、子ども買春および子どもポルノグラフィーに関する選択議定書〕の担当、ポラー委員がOPAC〔武力紛争への子どもの関与に関する選択議定書〕の担当です。ご出席いただきありがとうござい

ました。それでは明日10時に。

2010年5月28日午前

7　子どもの売買、子ども買春および子どもポルノグラフィーに関する選択議定書――委員からの質問

チェルマッテン委員　委員のみなさん、日本政府代表団のみなさん、そして一般公衆のみなさん――かなりたくさんの人がお見えになっていますが――、子どもの権利委員会の今朝の会合を始めたいと思います。

　今朝の会合は、条約の2つの選択議定書について審査するためのものです。まずは子どもの売買、子ども買春および子どもポルノグラフィーに関する選択議定書について前半で取り上げ、その後、2つめの、武力紛争への子どもの関与に関する選択議定書に移ります。審査対象国は日本で、これらの選択議定書に関する第1回報告書が提出されています。あらためて、日本政府代表団の首席は上田大使であり、日本政府の外務省で人権人道課長を務められている志野さんがその補佐をなさっています。ご覧のように、お2人とも、代表団に参加している多数の専門家の側面支援を受けています。

　これ以上もたもたせず、本題に入るのがいいでしょう。子どもの売買、子ども買春および子どもポルノグラフィーに関する議定書から始めます。サンパシット・クンプラパント委員が国別報告者ですので、まず同委員に発言を認め、その後他の委員から質問を受け付けます。クンプラパント委員、どうぞ。

クンプラパント委員　ありがとうございます、議長。あらためて、日本政府代表団のみなさんを歓迎いたします。まず、締約国が出入国管理及び難民認定法を改正し、人身取引の被害者が、たとえ売春に関与していても退去強制の対象とされないようにしたことを評価します。

　とはいえ、子どもの売買、子ども買春、子どもポルノグラフィー、とくに子どもの人身取引が増加しており、世界中の多くの国の子どもたちの安全および福祉に深刻な影響を及ぼしていることを、私は懸念しています。そして、このような人道に対する深刻な犯罪が広範に増えている原因は国際組織犯罪であることも認識しています。これらの犯罪に一国だけで対処できないことははっきりと理解されているでしょうか。したがって、この選択議定書を実施するためには、送り出し国、通過国、受け入れ国であるかにかかわらず、関係諸国の強力なパートナーシップが必要です。

　しかし、締約国報告書には国際的・地域的協力に関する情報があまりありません。このような協力は、第4・5・6・7・8条、そして被害者が外国人である場合には第10条を遵守するためのものです。したがって、この分野について、もっと多くの情報を共有していただけるものと期待します。このような情報は、締約国による選択議定書の実施を援助・支援するために委員会に何ができるかという点に光を当ててくれるはずです。

　そこで質問ですが、国内法で、とくに第3・4・5・6・7・8・9条を遵守するために、選択議定書の原則がどのように採用されているか説明してください。

　それから、子どもポルノや子どもポルノに関わるコミックの所持についていくつか具体的質問を付け加えたいと思います。子どもポルノの所持を犯罪とする規定はありますか。

　次の質問ですが、子ども、とくに外国出身の子どもが被害を受けることを防止するために、締約国はどのような社会的・教育的措置をとりましたか。危険な状況に置かれた子どもをモニターし、

対応するために、どのような機構が設けられていますか。子どもの被害者を特定するために、どのような手段を用いることができるでしょうか。被害を受けた子どもの支援プログラムや子どもの証人支援・証人保護プログラムを、被害を受けた子どもは利用できますか。

　報告書で、締約国はいくつかの国との合同捜査に言及していますが、〔事前質問票の〕Ｑ４にはほとんど答えがなく、IOM〔国際移住機関〕にしか触れられていません。とくに第４・５・６・７・８・10条にしたがって行なわれている国際協力について、もっと情報をください。とりわけ、文書回答で書かれていることについての理解を深めるため、中国、韓国、モンゴル、フィリピン、バングラデシュ、パキスタンとの協力についてもっと情報をいただければと思います。

　ありがとうございました。

チェルマッテン委員　ありがとうございました、クンプラパント委員。エル・アシュマウィ委員、どうぞ。

エル・アシュマウィ委員　昨日のすばらしいご発言とプレゼンテーションについて、代表団のみなさんにあらためてお礼を申し上げます。聞こえますか？〔通訳の問題で一時中断〕

　よろしいですか？　性的搾取および性的虐待からの子どもの保護に関する欧州評議会条約を批准する意図がありますか、あるいはそのために何らかの措置をとりましたか。子どもの売買、子ども買春、子どもポルノをともなう組織犯罪と闘うための包括的行動計画を策定すべく、技術革新とその活用を考慮に入れながら、また子どもポルノを目的として子どもが再び人身取引の対象とされることも視野に入れつつ、何らかの措置はとられてきましたか。

　ありがとうございました。

チェルマッテン委員　ありがとうございました。質問したい委員はいるでしょうか。フィラーリ委員。

フィラーリ委員　ありがとうございます、議長。締約国代表団のみなさんをあらためて歓迎いたします。また、昨日のご対応についてもありがとうございました。

　最初の質問を提起させてください、これは定義に関するものです。たとえば種々の犯罪は１つの法律で定められているのではなく、あちこちに散らばっているようです。そこで委員会としては、これを検討しなければならず、私もひととおり目を通してみましたが、子どもの売買に関わる明確な定義を見出すことができませんでした。これは刑法第226条に定められている犯罪だと思います。改正があったことは、2005年のことですから私も承知しています。提供、移送、買い受けについては説明されていますが、議定書に掲げられた定義がどこに定められているのか、さまざまな法律の間で適切な調和が存在するようにするために刑法でどこまで十分な定義が定められているのか、明らかではありません。少なくとも私にとってははっきりしません。とくに児童福祉法や出入国管理法があるということで私も目を通そうと試みましたが、全体としての提示があるわけではなさそうです。お手元にはさまざまな文書がおありのようですけれども。そこで、子どもの売買に関する議定書との完全な一致を図るための、議定書との正式な調和は図られたのでしょうか。

　ポルノグラフィーについても同様で、とくに子どもポルノ等の画像を製造するために用いられるもの（material）についてはっきりしません。ここでも、子どもポルノの定義についてはあまり多くの情報を見つけることができませんでした。

　もう１つ問題があるようで、間違っていたら訂正していただきたいのですが、締約国は、養子縁組に関わる第３条第１項および５項で定められていることを、議定書に関わる交渉の内容を理由に拒否しているようです。したがってハーグ条約も拒否しています。これらの交渉がどのようにして日本でとられている態度の理由になったのか、とくに国際法上の義務との関連でご説明いただければ

大変幸いです。日本はこれらの規定に留保を付しているのでしょうか。

　もう1つ質問があります。例をあげますが、日本人であれ他の国の国民であれ、個人が議定書に掲げられた犯罪を日本で行った場合、自動的に日本の裁判所で起訴されるのでしょうか。日本人が海外で犯罪加害者となった場合、海外でその犯罪が行なわれた場合にも、これを裁く権限がありますか。たとえば、外国人に関わっての話ですが、他国からそのような犯罪者の引渡しの要請があった場合、法律に基づいて引渡しは可能なのでしょうか。より具体的に、日本国民の場合はどうなるでしょうか。

　ありがとうございました、議長。

チェルマッテン委員　ありがとうございました、フィラーリ委員。ほかに発言はありますか。発言がなければ、私のほうから代表団のみなさんにお尋ねしたい質問がいくつかあります。

　私は、これらの犯罪、すなわち売買、買春、ポルノグラフィーの被害を受けた子どもの立場に焦点を当てたいと思います。報告書のあるパラグラフでは、刑事手続を活用するけれども、適切な形で子どもに対応させた措置も導入したいと述べられており、これはひとつの手法としては結構です。このように申し上げたうえで、私が重要と考える質問をしたいと思います。これは昨日、少年司法との関係で検討した問題とも関連するものです。

　未成年者、被害者は法廷で被害者として、あるいは証人として聴聞されることがあるわけですが、捜査は誰が担当するのでしょうか。警察官、あるいは専門の警察官なのではないかと思いますが、手続に対して全般的な責任を実際に負うのは誰ですか。検察官でしょうか。そうだとして、その検察官はこれらの事件を扱うための専門的訓練を受けているのでしょうか。これが最初の質問です。

　第2に、子どもから話を聴く回数については制限が設けられていないようです。虐待、買春、不当な取り扱い、相互に関連しているこれらのすべての犯罪に関わる非常に深刻な事件の場合、何回も聴取の機会を設けることはいわゆる二次被害化であり、時として最初の被害と同じくらい深刻になることがあります。日本の司法手続で、子どもが聴取に応じなければならない回数を制限する可能性はあるでしょうか。実際、多くの国では1度だけ、1回の聴取に制限しています。

　これに関連して3つめの質問ですが、日本の手続では録音またはビデオ録画が証明手段として認められているでしょうか。法廷で、それだけで信頼できるものと見なされていますか。少なくともこの点については、報告書には完全に包括的なお答えがなかったように思われます。

　犯罪人引渡しや有罪判決について、フィラーリ委員が提起した質問との関連で、私からも補足質問があります。私も報告書を読んである印象をもちましたが、やはりきちんと理解しているかどうか定かではありません。しかし、外国人が日本で犯罪を行なった場合、またはその逆に日本人が海外で犯罪を行なった場合、英語でdual criminality（双方可罰性）が存在しなければならないように思われます。言い換えれば、犯罪が行なわれた国と加害者の国籍国の双方で犯罪とされ、処罰される可能性がなければならないということです。

　もう1つ定義に関する質問です。これはフィラーリ委員からも質問されていました。これらの〔選択議定書上の犯罪の〕定義は日本の刑法で採用されているのでしょうか。報告書を拝見すると、4～5ページ、いや合計すると10ページぐらいでしょうか、適用できる可能性がある罪名が列挙されています。もちろん私たちは日本の刑事法の専門家ではありませんので、どうなっているのか判断するのが難しいときもあるのですが、議定書第3条には非常に明快な規定が定められています。委員会として知りたいのは、単純にこれらの規定が刑法で採用されているのかどうかということです。

　また、このリストを通読して、人身取引と子どもの売買が混同されているのではないかという印象

をもちました。子どもの売買とは子どもを移送することであって、必ずしも性的搾取を目的ないし手段としている必要はありません。

　養子縁組について、フィラーリ委員がやはり養子縁組の問題を取り上げましたが、私はハーグ条約の批准に関する昨日の質問をあらためて取り上げます。ハーグ条約が達成しようとしているのは、国際養子縁組手続の対象とされた子どもが、第一に売買の目的で利用されないようにすること、あるいは買春その他の虐待に関与させられないようにすることです。そこで、昨日申し上げたことを繰り返すにとどめておきます。私は、日本がハーグ条約を批准することは日本の子どもたちにとって利益になると思います。もちろん批准するかどうかは国の排他的特権に属するわけですが、子どもが国際養子縁組の対象とされるときに適切に保護されることを確保するためのよい手だと思います。子どもの売買に関する選択議定書との関連でも、養子縁組が子どもの売買の偽装に利用されないようにするうえで有益な文書となるはずです。

　委員会が若干の懸念を抱いている法的な論点をもう1つ取り上げます。報告書の16ページ、eの38だと思いますが、子ども買春は、〔児童〕ポルノ禁止法第4条によれば、買売春行為(prostitution)を行なった者は処罰される可能性があるということです。つまり、基本的には被害者である売春をした子ども、犯罪組織に使われたりおとなに操られたりした子どもも、加害者と見なされ、処罰されるということでしょうか。だとすれば、大きな問題だと思います。被害者としての子ども、加害者としての子どもが混同されています。委員会は何度か、犯罪加害者としての子どもと被害者としての子どもを一緒くたにしてはならないと述べてきました。誰かが最悪の形態の搾取——私はそう思っています——で利用された場合、その被害者を犯罪加害者にしてしまうことはできないと考えます。したがって、これはきわめて重要な質問だと思います。

　犯罪に対する自然人〔集団〕の刑事責任について、とくに組織犯罪、大規模な犯罪ネットワークを念頭に置いているのですが、ポルノを配布したり、ポルノの一部で子どもを使用したりすることに対しては、活動停止、没収、資産押収といった明確な行政罰があることは承知しています。しかし、このような行為に対する刑事的制裁や刑事罰も明確に定められているのでしょうか。このような状況についてさらに明らかにしていただければと思います。

　調整に関わる昨日のご説明との関連で、委員会としては、議定書の要件が実施されることを確保するためのフォローアップを保障する調整機構があるのかどうかも知りたいところです。これは昨日も提起された問題ですが、ここでも具体的重要性を有する問題だと思います。そのような具体的機構は存在するのでしょうか。

　データに関しても昨日と同じような質問が出されました。この分野で整理されたデータはあるのかという問題です。

　もう1つ質問がありました。これが私の最後の質問ですが、批准に関するものです。日本は、子どもの性的搾取および性的虐待に関する欧州評議会条約の批准を構想しているでしょうか。これが欧州評議会の条約であることは私もわかっていますが、これはすべての国家による批准のために開放されています。また、実際に多くの分野で議定書よりも踏み込んだ条約でもあります。刑事犯罪の定義も非常に厳密ですし、強力な保護と適用範囲を規定しており、実際に議定書の規定よりも強力かつ広範な内容だと思います。そこで私の最後の質問ですが、この欧州評議会条約の批准の可能性を構想しているでしょうか、それとも熟考したうえで批准を断念しましたか。批准はありうる話でしょうか。私たちが話し合っているのは国境を越えた状況、大陸を超えた状況ですので、ヨーロッパ以外でも可能なかぎり幅広く適用されればすばらしいと思います。

委員からほかにご発言があるでしょうか。フィラーリ委員、追加の質問がおありのようですね。
フィラーリ委員　ありがとうございます、議長。はい、ごく簡単に。日本では法律を採択するための継続的作業が行なわれていますが、日本で進められている作業について質問があります。新法や法改正のために多くの準備が行なわれていることを承知していますが、その一環として、法改正等のために進めている大規模な取り組みの一環として、NGOや市民社会はどの程度の水準で参加しているのでしょうか。また、このような犯罪と闘うために配分されている予算についてもご説明いただければと思います。予防、そして適切な起訴には大変な費用がかかるものですが、そのためにどの程度の予算が配分されているのでしょうか。

　ありがとうございました、議長。
チェルマッテン委員　ご質問ありがとうございました、フィラーリ委員。いまの質問で、見過ごしていた点があることに気づきました。これも昨日話し合ったことと関連する問題ですが、センターをどのように定義するのかという点です。日本では相談所（guidance center）と呼ばれているようで、パラ70に言及があります。これによれば、被害者は「少年サポートセンター」で援助を提供してもらえるとのことですが、これは昨日話し合ったセンター〔児童相談所〕と同じものなのでしょうか。同じセンターについて取り上げているのですか。指導・相談（guidance）、カウンセリング、保護だけなのかと思えば、ここでは「少年サポートセンター」について触れられているのですが、いずれも同じ種類のセンターなのでしょうか。

　エル・アシュマウィ委員、補足質問をどうぞ。
エル・アシュマウィ委員　旅行・観光における性的搾取から子どもを保護するための行動規範について。この行動規範を主流化するために何らかの措置はとられたでしょうか。何社ぐらいがこの行動規範に署名ないし賛同したのですか。また、子ども買春ツアーは日本で問題になっていますか。
チェルマッテン委員　さて、選択議定書に関する質問がたくさん出されました。ここで10分間休憩し、課題を割り振るなどの準備をしていただけるようにします。それではちょうど10分後に。ありがとうございました。

〈休憩〉

8　日本政府代表からの回答と質疑

チェルマッテン委員　ありがとうございました。再開します。対話を再開します。日本代表団首席、ご発言をどうぞ。
外務省・志野　ありがとうございます。まず外務省のほうからいくつかお答えする分については、お答えしたいと思います。まず、ハーグ養子条約との関係で、わが国がいろいろな形態を通じての人の密輸、人身取引および国境を越える犯罪についてどういう取り扱いをしているかについてお答えしたいと思います。これについては、クープラハン委員はよくご存じだと思いますが、アジア太平洋地域における取り組みとして大変有名なバリ・プロセスというものがございます。このバリ・プロセスを正式名称で申し上げますと、「人の密輸人身取引及び関連の国境を越える犯罪に関する地域閣僚会議のフォローアッププロセス」、このような形でアジア太平洋地域の国際協力を進めております。おっしゃるとおり、この中でもIOMを通じた被害者の帰国、社会復帰支援を行なうとか、あるいはわれわれ自身、IOMに対する拠出を行なったり、あるいは2005年には東京におきまして、人身

取引撲滅のための関係省庁間による行動計画策定に関する作業部会というものを主催いたしました。この作業部会には、46か国の地域から、また6国際機関、3つのNGOから128名の参加があります。このような協力を行なっております。

　そのほか、捜査に関する国際協力に関しては警察庁のほうからお話をしていただきます。

警察庁・篠崎　捜査に関する国際協力について申し述べます。まず、警察では非常に国際協力というのが、近年重要になってきておりますので、国際協力については非常に力を入れておるところです。とくにインターポール、ICPO〔国際刑事警察機構〕との協力を深めております。また、中国や韓国とも直接の捜査協力を行なうなど、協力を深めております。また性的な、児童の性的搾取については、東南アジアの捜査官の捜査協力を深めるため、2002年以降、日本の警察が中心となって毎年会議を開催しております。

外務省・志野　続いて、ツェルマッテン委員長のほうからいただきました、欧州評議会が採択いたしましたこれに関する条約について、日本が入る意図があるかどうかというご質問でございますが、この分野の児童の被害、あるいは児童に関する犯罪というのは、日々いろいろな形で展開あるいは発展、進展していると思っております。ご案内のとおり、わが国の国内法もいろいろな検討を経て、改正を重ねてきております。そのような過程において、われわれ、国際社会においてどのような新しい展開があるかということについては関心をもって見ておりますので、この欧州評議会の条約についても、内容について検討させていただいております。現時点で批准するかどうかということについての結論は出ておりませんが、中身について勉強させていただいているのは事実でございます。

　これに続いて、dual criminality、日本人の国外犯、それから犯罪人引渡し、それから外国判決の効力等についてのご質問がございましたので、これ、法務省からお答えしたいと思います。

法務省・大谷　法務省の大谷でございます。それでは今の点について、簡潔に申し上げます。まず日本人が外国で、このような児童ポルノ法等に違反した行為をした場合でございますけれども、これにつきましても、日本人の国外犯を処罰する規定がございまして、それぞれ法律で定められている範囲において、処罰されております。実際にも、児童買春・ポルノ法に基づく、児童売春罪や児童ポルノ製造罪について、日本人が外国で犯した行為について起訴されて処罰されたという事例が存在いたします。したがいまして、わが国捜査機関は、日本人の国外犯についても厳正に対処しておるところでございます。

厚生労働省・堀井　いまの補足で、厚生労働省雇用均等・児童家庭局、堀井でございます。いま、法務省刑事局から日本人の国外犯を処罰する規定についてのご紹介がございましたが、これは児童福祉法の第34条第1項第9号、そして児童福祉法第60条により同様に適用されますので、児童福祉法に関しましても、日本人の国外犯を処罰する規定が適用されるということでございます。以上です。

法務省・大谷　それから引き続きまして、犯罪人の引渡しでございますけれども、日本は個別に犯罪人引渡し条約を結んでいる場合のほか、条約を結んでいない国との間においても、reciprocity〔相互主義〕やdual criminality〔双方可罰性〕などの要件を満たす場合においては、人身売買などの犯罪人を引き渡すことが可能となっております。さらに外国と日本との裁判の関係でございますけれども、わが国の刑法上、外国において裁判を受けた者であっても、同一の行為についてわが国でさらに処罰をすることは妨げられないという刑法の規定がございます。これに関しては以上でございます。

外務省・志野　では続きまして、被害児童の取り扱いについての配慮、それから児童を取り調べ

る際のいろいろな制限については法務省から、さらに警察庁から……。

チェルマッテン委員 英語の通訳は入ったでしょうか。日本人が外国で罪を犯した場合、日本でも処罰される可能性があるとのことです。私の理解によれば、罪を犯した国でも日本でも裁判を受ける可能性があります。これは、同一犯罪について２度処罰されることはないという法の原則に少々矛盾するのではないかとも思われます。

　私の質問ですが、外国で罪を犯した外国人が日本に定住している場合、日本でその者を裁判にかけることができるのでしょうか。その場合、当該犯罪が行為地国と日本の両方で犯罪とされていなければならないのでしょうか。

法務省・大谷　お答えいたします。ご質問ですが、日本に住居を有する者が、外国において犯罪を犯したという場合においては、まずはその犯罪が行なわれた当該外国において、所要の刑事司法手続が行なわれるものと承知をしております。そのうえで先ほど申し上げました、わが国の刑法の規定において、外国において裁判を受けた場合でも、法律上はさらに刑事手続を進めることも可能であるという規定になってございます。以上です。

外務省・志野　では戻りまして、被害児童に対する配慮、それから取調べについては法務省、それから子どもの被害聴取について警察庁から、続けてお願いします。

法務省・大谷　それでは引き続きお答えいたします。まず被害児童の取調べの関係ですが、これは警察および検察官の双方によって、取り調べる場合がございますけれども、少なくとも、検察庁においても、その被害に遭った児童から事情を聴く際には、児童の精神状態等に十分に配慮するとともに、必要な場合には被害児童の親などが同席のもとで事情を聞くこととしております。

　それからその、インタビューのビデオの関係でございますけれども、わが国におきましては、法廷で子どもから、被害児童に性犯罪の関係の話を聴くときには、直接被告人と会わないようにしたり、遮蔽の措置をとったり、証人に対する付添いを認めるなど、十分な保護措置をとっております。他方、その警察官等に対する証言をビデオテープにとって、それを証拠として採用することにつきましては、わが国の憲法上、被告人に認められております証人尋問権の保障等との抵触につき、さらに慎重な検討が必要であるというふうに承知をしております。以上でございます。

警察庁・篠崎　警察において、性的被害に遭ったお子さんに対する聴取に対して、二次的被害を与えてしまうということを防ぐために、欧米等でとられている司法面接という手法について警察において研究をいま行なっております。ビデオ録画は司法手続上できないということですけれども、お子さんに対する聴取方法あるいは聴き方について研究をしております。

外務省・志野　では続きまして、検察官と……。

チェルマッテン委員　この点について、被害者が聴取を受ける回数についての制限があるかどうかについて、まだお答えをいただいていません。また、ビデオに関するお答えは明確ではありませんでした。法務省からは可能だというご説明がありましたが、警察の手続ではそうではないようです。ビデオに録画することの全般的利益は、子どもが聴取を受ける回数を制限し、被害化を限定的なものとするところにあります。子どもの事情聴取をビデオに録画したものは、裁判所で証拠として受理することが可能だと思います。そうしたからといって、相手方が証言に反論することを妨げられるわけではありません。この手続問題については、被害を受けた子どもの地位を保護するために非常に重要ですので、はっきりさせておきたいのです。

　また、子どもには親が付き添うこともあるとおっしゃいましたが、このような事案で、警察の手続段階で子どもが事情聴取を受けるときに、友好的ないしは適切な手続のもと、弁護士、専門の弁護

士の付添いと援助はあるのでしょうか。できるかぎり詳細な情報をお願いします。

法務省・大谷 いま、議長のほうから警察庁にご質問がありましたが、1点法務省から補足をさせていただきます。先ほどのビデオの件につきましては、これは憲法上の問題から困難があるというふうに認識をしております。いま議長のほうから可能であると、先ほど私が申し上げたというご発言がございましたけれども、誤った印象を与えてしまいましたら、そこは訂正させていただきまして、法務省といたしましても、憲法上困難であるというふうに考えておるところでございます。以上でございます。

外務省・志野 回数とかについてはないですか。

警察庁・篠崎 警察、検察どちらの段階においても、被害者に対する聴取の回数の制限というのはとくに決まったものはありません。ただ、先ほど警察から申し上げたとおり、とくに被害者が児童である場合、負担をできるだけ軽減するというのは、それは要配しております。とくに性的被害のお子さんについては、特別な配慮が必要だということで、インタビューの方法について研究を行なっているところです。

チェルマッテン委員 弁護士の立会いが可能かどうかについても知りたかったのですが。

警察庁・篠崎 では、捜査段階の被害者について、弁護士の立会いですが、あまりお子さんが被害者の場合に、最初から弁護士が立ち会うということは実態としてあまりないです。ただ、お子さんが小さい場合、必ず保護者が付き添うということは、これは一般的です。

外務省・志野 では、適切な捜査ができるかというものに関連いたしまして、検察官および捜査官の研修とトレーニングについてお願いします。

法務省・山口 法務省の山口でございます。まず検察官についてですけれども、検察官の場合、経験年数等に応じて各種の研修を行なっております。その中で、児童や女性に対する配慮、あるいは国際人権関係条約、こういったものをテーマにした講義を実施するなどして、その趣旨を徹底しております。また、日々の業務において、児童が被害者などになる事件を処理する場合、上司などがその事件において個別に指導するなども行なっております。このようなことで検察官が適切な配慮を行なうような体制をとっております。

警察庁・篠崎 続いてお答えします。警察から先に、少年サポートセンターと児童相談所についてお尋ねがありましたので、こちらについて先に答えます。少年サポートセンターというのは、あくまでも、警察に設置されたセンターです。このセンターというのは、被害少年の保護または非行少年の立ち直りを目的とした施設です。こちらには、警察機関ではありますが、臨床心理士あるいは警察官以外の職員というのを配置しております。当然、警察ですので、性的被害の児童に一番最初に接することになります。その際に、われわれもとくに児童の心理に詳しい職員が必要ですので、児童に対する性的被害があった場合には、少年サポートセンターの職員等が対応することになります。もちろん、被害児童が親から性的搾取にあっているような場合については、児童相談所に今度は通告をいたしまして、児童相談所のほうで引き続き福祉的な措置をしていただくことになっております。それで、被害児童に関するトレーニングについてですが、とくに少年サポートセンターの職員また警察官に対しても、カウンセリング機能あるいは被害児童の心理について研修を行なっております。

外務省・志野 では、最初にいただいた定義……。

チェルマッテン委員 その前に、エル・アシュマウィ委員、どうぞ。

エル・アシュマウィ委員 テクノロジーの分野について質問があります。IPアドレスの追跡システ

ムについてもう少し知りたいと思います。たとえば米国のICMEC〔国際行方不明児・被搾取児センター〕では、児童ポルノ等の犯罪を追跡するためのIPアドレス追跡システムが整っているのですが、このようなシステムはあるでしょうか。

外務省・志野 その質問に答える前に、一番最初にクープラファンさんほかからいただきました定義の問題、それから漫画等も入っているかどうかについて、お答えをさせていただこうと思いますが、よろしいですか。

法務省・大谷 それでは、法務省のほうからお答えをいたします。まず定義の関係でございますけれども、わが国の児童買春・児童ポルノ法におきまして、児童買春や児童ポルノの定義がなされております。また、その議定書につきましても、国内法で十分手当をされて、適切に実施をしておるところでございます。

それから、漫画の規制につきましては、そういうわいせつな漫画を販売するなどの行為が、わが国の刑法上の「わいせつ物」にあたるという場合には、その刑法の「わいせつ物頒布罪」などの処罰の対象となる場合がございます。また、都道府県において制定されております条例におきまして、指定を受けた有害図書について、青少年に対する販売など禁止、閲覧できないような包装をしたり、工夫して陳列することを義務づけられておりまして、それに対しても必要に応じて罰則が設けられているところでございます。以上です。

チェルマッテン委員 クンプラパント委員。

クンプラパント委員 ありがとうございます、議長。児童ポルノを所持している者の訴追が可能かどうかという質問についてお答えをいただければと思います。

警察庁・篠崎 たとえば販売目的あるいは提供目的で所持している場合には、犯罪に当たります。ただ、何の目的もなく持っている単純所持については、いまのところ罰則がございません。

外務省・志野 では警察庁さん、先ほどのアシュマウィさんのIPアドレスのトラッキングについてお答えいただけますか。

警察庁・篠崎 まず、警察機関ではないんですが、民間の団体が、たとえば国民の間で児童ポルノのサイトを見つけた場合に、通報ができる制度があります。インターネット・ホットラインセンターというものが設けられております。こちらから児童ポルノに関する情報が警察に提供されております。われわれはそれに基づいて捜査を行うこともございます。また、匿名通報制度というものもありまして、女性や子どもが被害に遭っている事実を知った人が匿名で通報したい場合に通報する制度も行なっております。

チェルマッテン委員 3つめのテレフォンラインですね。昨日は、匿名のホットラインで援助を提供するチャイルド・ヘルプラインと、法務省が設置したものだと思いますが、法的問題を対象としたホットラインがあるというお話だったと思います。いま、3つめのホットラインがあることを知りました。子どもが、よくわかりませんが性的活動に参加するよう求められたときに使うことのできるもののようですが、これはやはり3つめのホットラインのようです。これは、私が理解したように3つめの異なるホットラインなのでしょうか、それとも昨日お話ししたテレフォンラインの一部なのでしょうか。

ありがとうございました。

外務省・志野 これは別のものでいいですよね？　ただ、一番最初のものは、昨日も申し上げたとおりNPOがオーガナイズしているものですので、日本のガバメントとしては2つになります。

では続いて、昨日一番最初にアルアッシュマウイさんからいただいた人身取引の行動計画の件についても、お答えしてよろしいでしょうか？　日本政府の人身取引対策は、2004年に策定した人身

取引対策行動計画に基づく、各種対策によって大きな成果をあげております。一方で、人身取引の手口が巧妙化、潜在化しており、こういう新たな状況の進展をふまえ、昨年12月にこれを改訂いたしまして、「人身取引対策行動計画2009」を策定いたしました。この行動計画は人身取引の防止から撲滅、被害者保護までを包括的にとりまとめたものであり、これに基づいて関係省庁が必要な施策を実施してきております。また、人身取引についての調整、モニタリング機関に関しましてですが、2004年4月に内閣に人身取引に関する関係省庁連絡会議というものを設置しております。この会議のもと、内閣官房が関係省庁の人身取引対策のための必要な総合調整を行っております。
　さらに、人身取引議定書の締結についてご質問いただきました……。

チェルマッテン委員　国内行動計画についてちょっとした問題を抱えています。私の理解では、2004年に人身取引についての国内行動計画が策定されました。報告書のパラグラフ74では、子どもの商業的性的搾取に反対する国内行動計画について述べられています。そこで、この議定書のための行動計画はどれになるのかを知りたいのです。私たちは〔子どもの〕売買、買春、ポルノグラフィーについて話し合っているのであって、人身取引について話し合っているのではありません。これはやや異なる問題であり、〔子どもの売買は〕必ずしも性的目的とは限らないのです。どれが関連のある計画なのか、教えていただけるでしょうか。たとえば2001年の計画はまだあるのでしょうか、それとも2004年の計画は2001年の計画にとって代わったものなのでしょうか。どれが関連のある計画なのかということです。

外務省・志野　もう1回繰り返しますと、1つは人身取引の対策をするための行動計画で、もう1つは児童の商業的性的搾取に反対する国内行動計画ですので、2つのものがパラレルにそれぞれの分野をカバーするということになっております。
　それでは、オプショナル・プロトコルの締結、この議定書につきましては、2005年6月にすでに国会で締結の承認を得ております。つまりは国内担保法も成立済みでございます。ただ、これに入る前提となります国際組織犯罪防止条約の締結がまだでございまして、こちらの締結をするために、いま必要な検討を関係省庁と進めてきているということです。
　それから、いただいたご質問に予算の関係のご質問がございましたが、残念ながら、今日、資料を持ってきておりませんで、お答えできません。すみません。いただいたご質問にはお答えしたかと思いますが。

チェルマッテン委員　クンプラパント委員。

クンプラパント委員　ありがとうございます、議長。もう少し詳しく知りたいので、フォローアップの質問をしてよろしいでしょうか。最初の質問は、子どもの証人に関するものです。子どもの証人は被告人の面前で証言しなければいけないのでしょうか。これが最初の質問です。2番めの質問は児童相談所に関するものですが、児童相談所職員の資格は児童相談所一般と警察に附設された児童相談所ではどのように異なっているのでしょうか。

外務省・志野　お願いします。

法務省・大谷　それでは、まず児童が証人となる場合の措置について、法務省よりお答えいたします。裁判所の許可があります場合には、被告人の面前で証言をする必要はございません。証人と被告人との間に遮蔽ついたてを置いたり、あるいはまったく別室においてビデオモニターにおいて証言をするという制度もございます。以上でございます。

厚生労働省・堀井　厚生労働省雇用均等・児童家庭局、堀井です。クンプラパント委員からのご質問で、児童相談所のスタッフの資格に関してです。昨日もご質問の関係で少しお答えしたとこ

ろと重複しますが、児童相談所に置くべき職種といたしましては、児童相談所の規模によっても異なりますが、中心的な職種といたしましては、児童福祉司、これは大学において心理学などを修めた方が専門的な相談指導を行ないます。また、精神科医、さらには児童心理士、そのような方が中心的でございます。昨日に繰り返しのご紹介ですが、人数的なことですけれども、全体で全国のスタッフ、トータルで8,804人、その中で児童福祉司については2,428人のスタッフがおります。以上です。

クンプラパント委員 議長、私の質問について誤解があるようです。私が知りたいのは、なぜ一般の子どもと人身取引被害者である子どもを対象とする2種類の児童相談所が設けられているのかということです。これが、私がお尋ねしたかった質問です。つまり、一般の児童相談所と、人身取引被害者である子どものための児童相談所とはどのように違うのか、お尋ねしました。

厚生労働省・堀井 人身取引の被害の子どもが児童相談所においてサービスを受けるというケースもあると承知をしています。基本的には同じということで。

チェルマッテン委員 昨日議論した相談所やカウンセリングセンターの問題ですが、これは、子どもの売買に関する議定書についての報告書に出てくる少年サポートセンターと同じものなのでしょうか、そういう質問です。私の理解では、これは同じセンターであって異なるセンターが設けられているわけではない。全部同じものであって、呼び方が違うと理解しています。日本語では同じ名称なのではないでしょうか。

警察庁・篠崎 もう一度先ほどの説明を繰り返します。少年サポートセンターというのは警察の施設です、警察のセンターです。警察で非行少年の立ち直りですとか、被害少年をカウンセリングするために設けたセンターです。児童相談所については福祉的な措置をするための施設で、これはまったく所管も目的も違います。

チェルマッテン委員 少々複雑な話になっているようですが、クンプラパント委員。

クンプラパント委員 ありがとうございます、議長。つまり、人身取引の被害者は児童相談所ではなくて少年サポートセンターに行くということで正しいでしょうか。つまり、日本の法律では、人身取引の被害者が非行少年と同じように取り扱われているということでしょうか。

警察庁・篠崎 警察では捜査を通じて、一番最初に被害者を見つけますので、どうしても最初の段階でケアする職員が必要ですので、少年サポートセンターの職員――他の警察官が対応することもありますが――が対応します。ただ、警察でそのお子さんを長いこと面倒みることはできませんので、たとえばその被害者のお子さんを児童相談所で引き継ぐようなこともあります。

外務省・志野 まとめてみます。間違っていたら日本の代表団のみなさんから訂正してください。少年サポートセンターは犯罪に関わるものですが、児童相談所は守備範囲がはるかに広くなっています。自分が犯罪に関わっているのかどうかわからない子どもは児童相談所に行けばよいし、何らかの形で犯罪に関わる場合は少年サポートセンターへ行くことを推奨されているということです。両センターの間には、いわば相互連携ないし協力関係がありますが、その犯罪がすでに警察による捜査の対象となっている場合、アフターケアや支援は児童相談所によって行なわれる。これで正しいでしょうか。

チェルマッテン委員 クンプラパント委員。

クンプラパント委員 これでわかりました。というのも、他の国では、通常はchild protective serviceなどのような部署が警察と協力しており、日本のようなシステムにはなっていないので、少々混乱してしまいました。申し訳ありません。ありがとうございました。

チェルマッテン委員 ありがとうございました、クンプラパント委員。システムが理解できたと思います。警察システムに相談したときにも支援があり、より幅広い支援が必要なときにはカウンセリングセンターに行くということですね。追加の質問があります。子どもは、必要に応じて、警察のサポートセンターに一定の期間、1日、10日間、3週間ほど滞在することができるのでしょうか。そういう可能性があるのかないのかということです。あるいは、非常に簡易な支援しか提供されないのでしょうか。

警察庁・篠崎 警察の少年サポートセンターには、宿泊施設ですとか、留まるような施設はありませんので、あくまでも一時的に関与するということになります。宿泊が必要なお子さんで、誰も保護する人がいないということになれば、他の機関に引き継ぐことになります。

チェルマッテン委員 志野課長、1つ、私たちにとって重要な質問をお忘れのようです。買春の被害に遭った子どもは、犯罪者としても扱われて処罰されることはありうるのでしょうか。これは根本的な問題です。

法務省・大谷 お答えいたします。被害児童の取り扱いでございますけれども、そのような子どもが保護される手続、プロテクトメジャーにおきましては、当然、被害者であるという立場を十分に配慮して取り扱いがなされているものと承知をしております。以上です。

チェルマッテン委員 今のお答えに十分満足できません。というのも、報告書では、子どもが犯罪を犯した場合、この場合には売春ですが……私の質問は、子どもは処罰されうるのかということです。被害者として扱われるとおっしゃいましたが、それは結構です。しかし、起訴される可能性もあるのでしょうか。報告書にはそのように書かれています。英語版報告書の60ページ、(e)38の冒頭です。

法務省・大谷 お答えいたします。わが国においては、もちろん売春行為は禁止はされておりますけれども、売春をした女性がそのことで処罰を受けるということはございません。以上です。

外務省・志野 たぶん質問は、少年が犯罪を犯した側にある、加害者側にある場合、最初は被害者だと考えて取調べをするんでしょうけど、取調べの結果、これは加害者側であるとわかった場合には、その人は起訴されうるのかという質問じゃないですか。

法務省・大谷 ただいまの議長のご質問を、正確に理解しているかどうか、不安に思っているところですけれども、一般論として申し上げれば、仮に少年が共犯関係にあるという場合は考えうるわけでございますけれども、しかしながら、実態として被害に遭っているという立場は、いずれにしろ手続において十分な配慮というコンシダレーションが払われることになるというふうに思います。

チェルマッテン委員 クンプラパント委員。

クンプラパント委員 このようなケースでは、私からの提案ですが、誰から買春の対象にされた子どもであっても、あるいは自ら売春した子どもであっても保護するための、明確な権限ないし明確な規定を法律に設けるべきであると思います。子どもの権利条約では通常、保護し、ケアする必要がある存在として子どもを扱っています。つまり、もし子どもが売春の行為を行なった場合であっても、親や国家は犯罪問題に対応するのではなく、ケアと世話をしなければならないということです。これが条約の原則です。

チェルマッテン委員 ありがとうございました、クンプラパント委員。付け加えさせていただきます。日本では子どもの定義が0～20歳までと広範であり、買売春に関与した20歳未満のすべての者は被害者と見なされるべきで、決して加害者と見なされてはならず、したがって処罰の対象とされてはなりません。これが条約と議定書で定められていることです。このような定義がある以上、子ど

もが共犯者ということはありえず、子どもが同意したということもできません。子どもの同意は法的には無関係であり、受け入れてはならないのです。ここで問題になっているのは明確な定義があるかどうかということであり、この点についてお答えよりもはっきりした回答を期待していたのですが……。

これをもって、子どもの売買、子ども買春および子どもポルノグラフィーに関する選択議定書の審査を締めくくり、武力紛争における子どもについて扱った議定書に関する議論を始めたいと思います。まだ発言を求めている委員もいらっしゃるようですが、ちょっと遅いようです。申し上げたように、武力紛争に関与した子どもについての選択議定書のほうに移ります。この問題に関するイントロダクションとこの文書に関する質問を、今度はポラー委員にお願いしましょう。これが今日の討議で扱う2番めの問題です。発言をどうぞ。

9　武力紛争への子どもの関与に関する選択議定書──委員からの質問

ポラー委員　ありがとうございます、議長。昨日の長い議論に続き、今朝も代表団のみなさんに歓迎の言葉を申し上げます。私は武力紛争についてお話をいたします。

締約国である日本は戦争を目の当たりにし、第二次世界大戦中に生命と財産の深刻な破壊を経験しました。それ以降、日本は基本的に平和的な道を追求し、発展を続けています。日本の海上自衛隊と航空自衛隊は、2006年度の募集を最後に、自衛隊生徒の募集を停止しました。また、陸上自衛隊についても関連法規が改正され、自衛隊生徒の地位が自衛官から単なる生徒へと変更されるとのことです。日本は武力紛争の影響を受けている国々を支援するための国際援助を提供し続けており、アフリカとくに私の国であるウガンダでは非常に一般的に見られる、武力紛争の影響を受けている子どもたちの権利と福祉への対応に貢献してくれています。

このように前向きな歴史的発展経緯と政策にもかかわらず、日本におけるこの選択議定書の実施に関して提起しなければならない問題が依然としていくつか残っています。

第1に、実施に関する一般的措置の分野ですが、報告書の作成とそれに関わった人々については報告書で読みました。しかし、委員会に提出されたこの報告書がどのように作成されたのか、あらためてお聞きします。また、市民社会からはどのような関係者が参加したのでしょうか。冒頭のパラグラフには総括的説明がありますが、報告書の作成に、とくに市民社会がどのように参加したのかを明らかにすることには意味があると思います。

もう1つの問題は、締約国の法制において選択議定書がどのような法的地位を有しているかについて。第1に、締約国は、武力紛争における子どもの募集や敵対行為での使用を明示的に犯罪化しているでしょうか。暗に禁じている規定はあるようですが、明示的に犯罪化した規定がどこにあるのか、はっきりとわからない気がします。この点に関する質問を続けますが、締約国の国民である者によって、あるいは締約国の国民に対してこのような犯罪が行なわれた場合に、締約国は域外裁判権を確保し、実際に行使しているでしょうか。最後に、他の規定について申し上げた点と同様に、犯罪人引渡しについてはどのような対応をとっているでしょうか。

さて調整についてですが、締約国はこの議定書の実施をどのように調整していますか。報告書を拝見すると、啓発などいくつかの活動が行なわれているようですが、この議定書の実施、ホリスティックな実施を確保するための調整はどのように誰が行なっているのでしょうか。

宣言について。議定書の批准に際し、日本政府は宣言、法的拘束力のある宣言を行ない、志願

採用に関する最低年齢を明らかにしました。それによると、原則として18歳以上の者が自衛官として採用されており、15～16歳の者は自衛隊生徒として例外的に採用されるのみで、教育と訓練だけを施されるとのことです。質問ですが、この宣言について議論や進展があったのであれば、説明していただけるでしょうか。というのも、宣言にはいくつかの要素が含まれているからです。まず18歳としたうえで15歳という要素を導入しているわけですが、この宣言以降、これについてどのような、さらなる、そしてよりよい議論が行なわれてきたかというのが私の質問です。

ほかに、普及や研修に関する問題があります。子どもの権利条約とその選択議定書を含め、人権について軍隊が受けている研修の現状に関する情報をもっと提供していただけるでしょうか。というのも、自衛隊は海外でPKOに参加する可能性もあるからです。他の地域で子どもと接触した場合に、軍は子どもの権利条約や選択議定書の分野でどのような権限を認められているのでしょうか。

また、徴募されたり敵対行為で用いられたりした子どもが締約国の管轄内に何人存在するのか、利用可能なデータはありますか。報告書のデータ分野はそれほど明確ではありませんが、私としては、外国から日本にやってきた子どもで紛争に関与した可能性のある者についてのデータを締約国がお持ちなのか、具体的に知りたいと思います。これとの関連で、武力紛争に関与した、あるいは武力紛争で使用された可能性のある子どもが入国して政治亡命を求めた場合に、それを発見するための研修が庇護・移民担当職員に対して行なわれているでしょうか。庇護・移民担当職員の知識について具体的規定は設けられていますか。

予防について。まずは、強制的徴募に関してですが、日本には具体的な徴兵制度は存在しません。自衛官の採用は試験によるのか選抜によるのか、状況を説明していただけるでしょうか。徴兵制度がないことははっきりしていますが、試験・選抜に関してその要素があることに気づいたのです。試験・選抜に任意性、いや非任意性の要素が含まれているのではないでしょうか。試験・選抜において、年齢バランスの問題はどうなっているでしょうか。

予防分野における出生登録。外国籍の子ども、とくに在留資格のない子どもの登録を出生時から確保するためにどのような措置がとられてきましたか。この点で若干の障害があることは理解できますが、外国人の出生登録が確保されれば、当該国に入国する可能性がある他の勢力による徴募に関するかぎり、いかなるあいまいさからも子どもを確実に保護できますので、このような質問をしています。

とりあえずは以上です。ありがとうございました、議長。

チェルマッテン委員 ありがとうございました、ポラー委員。クラップマン委員。

クラップマン委員 ありがとうございます、議長。私も採用、志願採用の問題を取り上げたいと思います。議定書では、志願採用の年齢がいまなお18歳未満である場合にはそれを引き上げるよう求めています。議定書のこのような要請は、もちろん日本の場合には関係ありません。報告書パラグラフ12によれば、引用しますが、日本政府は「18歳以上の者から自衛官を採用している」からです。

最初の問題ですが、徴兵が法律で禁止されているわけではないようです。ただし、憲法18条では「その意に反する苦役」が禁じられており、これが徴兵を禁じたものと見なされることが多いという情報も得ました。いずれにせよ、これは条約とは関係がありません。18歳未満の若者の徴募は、実践はされていませんが、犯罪ともされていないようです。質問ですが、締約国は、他国で武装集団に加わる傭兵を探している者による徴募を犯罪化することは検討しているでしょうか。

軍の学校の話に戻りますが、軍の管理下で運営されている学校では、自衛隊生徒として、少なくとも15歳に達した子どもが採用されています。情報によれば、これらの子どもは教育的訓練だけを

受けるのであり、自衛隊生徒は教育修了後も軍隊に残ることを義務づけられないとのことです。報告書で確認されているように、この採用は全体としては任意のものです。年齢は証明する書類が必要とされ、義務に関する完全な情報が志願者には提供され、十分な情報を得たうえでの親の同意も得るとされています。

　これらに矛盾する証拠は見つかりませんでした。しかし、入隊を決意する若者を見つけるのは簡単ではないようで、自衛隊生徒は手当や給与も支給される特権的な立場にあるというキャンペーンが行なわれています。これが、とくに低所得家庭の子どもたちを惹きつけるのかもしれません。質問ですが、自衛隊生徒の社会的背景に関するデータはお持ちでしょうか。そのようなデータがあれば、子どもが軍の学校で自衛隊生徒になると決意する際の意思決定プロセスに影響する要因のヒントになりえます。

　ご静聴ありがとうございました。

チェルマッテン委員　モーラス委員。

モーラス委員　ありがとうございます、議長。私の質問は人権分野における教育、具体的にはとくに子どもの権利に関わる教育についてのものです。そのような教育プログラムはあるのでしょうか。昨日もこの質問をいたしましたが、初等・中等教育段階のカリキュラムについては全般的にお答えをいただいておりません。しかし、いまお尋ねしているのは軍との関係で具体的にはどうなのか、たとえば軍の学校内ではどうなのかということです。事前質問事項4に対する締約国の回答について、私はやや懸念を覚えています。防衛省も自衛隊も、選択議定書に関する教育、いま私たちが検討している選択議定書に関するいかなる教育訓練も提供していないと書かれているからです。そこで質問ですが、たとえば国連平和維持活動に参加する部隊との関連で、人権、とくに子どもの権利について他の形で熟知できるような対応や教育が行なわれているのでしょうか。

　ありがとうございました。

チェルマッテン委員　ありがとうございました、モーラス委員。私からも具体的な質問を2つさせてください。

　最初の質問は、普遍的裁判権に関するものです。日本は国際刑事裁判所規程、ローマ規程を批准していますが、そこでは15歳未満の子どもの徴募を人道に対する罪と見なしています。この規定を有効なものとするためには、刑法に、そのような徴募を犯罪とする適切な条項を設けることが必要です。このような徴募は普遍的犯罪と考えられており、もちろんそこでは普遍的裁判権が一役買うことになります。もちろん私たちとしては、日本の刑法で18歳未満の子どもがすべて対象とされることが望ましいと考えているわけですが、子どもの権利条約や選択議定書の関連で進められている法律の調和化の取り組みにおいて、このような修正は行なわれたでしょうか。

　2番めの質問です。武器の売買と輸出についてですが、この点、武器の輸出に関しては非常に厳しい法律が日本にはあります。この法律を通じて、要配慮国、すなわち子どもが武力紛争に関与させられている可能性がある国に対して武器の輸出が行なわれていない、と保証することはできるでしょうか。

　これで、この議定書に関する第1ラウンドの質問が終わりました。12時10分まで休会して再開し、これまでの発言へのフォローアップ、つまり代表団のお答えをうかがって締めくくりにしたいと思います。

　ポラー委員から簡単な質問があるようです。ポラー委員。短くお願いします。

ポラー委員　はい、とても簡単な質問ですので、直截にお答えいただけると思います。軍の学校に

ついてですが、学校で設けられている苦情申立て手続についてもっと情報をいただけるでしょうか。人権規定の遵守状況を確認するために学校を訪問する独立の人権機関等は存在しますか。自衛隊学校の生徒はどこに苦情を申し立てるのでしょうか。
　ありがとうございました。
チェルマッテン委員　ありがとうございました。それでは12時10分まで休会します。

〈休憩〉

10　日本政府代表からの回答と質疑

チェルマッテン委員　ご注目ください。それでは日本の代表団からOPAC〔武力紛争への子どもの関与に関する選択議定書〕に関する質問にお答えいただくとともに、時間が余れば、課長のほうより、昨日からペンディングとなっていた質問も取り上げていただきます。その後、12時45分からはこの対話の締めくくりです。それでは私のほうからはこのぐらいにして、代表団からご発言をいただきます。どうぞ。
外務省・志野　ありがとうございます。昨日から残されている非常に重要な質問がいくつかありますので、簡潔迅速にお答えしたいと思います。まずは、厚生労働省から。
チェルマッテン委員　いえ、まずOPACに関する質問にお答えいただき、残りは時間があればということで。
外務省・志野　はい。法律の適用の話をお願いします。
厚生労働省・星田　厚生労働省の星田です。お答えいたします。児童を敵対行為に採用することの禁止についてお答えいたします。児童を武装集団に採用し、敵対行為に使用する行為については、児童福祉法、労働基準法により処罰可能です。児童福祉法により、児童の心身に有害な影響を与える行為をさせる目的で児童を支配下に置く行為が犯罪とされています。また、労働基準法において、児童を危険有害業務に従事させることが禁止されております。それに加えまして、児童を武装集団に徴兵する行為について、強制的に徴集するなど悪質な対応のものについては、刑法上、刑法223条の強要罪また刑法224条の未成年者略取誘拐罪が適用される余地があります。以上でございます。
外務省・志野　引き続き、外務省から域外適用についてです。児童を軍隊または武装集団に徴兵し入隊させる行為が未成年者略取誘拐罪に該当する場合には、刑法第3条により、国民の国外犯として処罰可能です。また、ツェルマッテン委員長のほうからローマ規程についてのご指摘がございましたが、わが国も、ローマ規程第8条により戦争犯罪とされているものに対しまして、国際刑事裁判所が当該犯罪を犯した者の訴追・処罰のために引渡しを求める場合には、基本的には同裁判所にその者を引き渡すことができます。
　では次に、法務省入国管理局さんのほうから難民に関する研修についてお願いします。
法務省・中山　法務省・中山です。難民の研修に関しまして、入国管理局では職員に対して、全般的な研修において難民の研修を行っております。また……。
外務省・志野　すいません。難民の研修というと難民を研修しているみたいに聞こえるので……。
法務省・中山　失礼いたしました、難民調査に関する研修ということで改めさせていただきます。また、難民調査を行なう専門的な職員に関しても、重点的に時間をとって研修を行なっております。

また、最近ではUNHCR東京事務所と連携を図り、UNHCR東京事務所の協力に基づいて特別に難民調査に関する研修を行なっています。以上です。

外務省・志野　さらに、それぞれの国の地域情勢に関しましても、外務省より法務省入国管理局のほうに対して、紹介あるいはいろいろな質問についてお答えをする機会を設けておりますので、その地域が置かれている状況についての情報も共有させていただいております。

　それでは続きまして、防衛省より、いただきましたかなりたくさんの質問がございますので答えていただこうと思います。

防衛省・森　防衛省で自衛隊の人事制度を担当しております課長の森と申します。

　まず、ポラー委員から宣言書の修正についてご指摘がございましたが、自衛隊におきましては、2010年、本年の4月からすべての自衛官の採用を18歳以上としておりまして、それに基づきまして、寄託宣言書の修正もしたところでございます。

　続きまして、徴兵制度と憲法についてのご質問がクラップマン委員からございました。日本国憲法の13条の幸福追求権、それから18条、本人の意に反する苦役に服させられないという規定がございます。それに基づいて当然、わが国では徴兵制はとっておりません。また法律においても、志願制をとっておりまして、脅迫や強要を用いた採用はしてはならないと規定しております。

　続きまして、採用の年齢でございますが、先ほど申し上げましたが、本年の4月以降、例外なく18歳以上の者としております。当然、志願制でございます。採用については、自主的なもので、試験および選考によるものでございます。

　続きまして、ポラー委員から外国籍の者について、自衛官になれるかというご質問がございました。自衛官に関しましては、日本国籍を有する者に限られております。

　それから何人かの委員のほうから、人権人道教育、それからPKO教育、それからとくにこの議定書に関する教育をしておられるかというご質問がございました。本議定書に限定した教育はとくに行なっておりませんが、自衛隊におきましては、あらゆる機会を通じまして、人権人道教育、PKO教育を行なっております。

　続きまして、ポラー委員から今回生徒の所属する学校に対して、第三者機関が訪問することは可能かどうかということですが、そのような制度としてはございませんが、訪問してもらうことはまったくかまわないと考えております。

　続きまして、クラップマン委員から生徒の経済状況のご質問をいただきました。先ほどから申し上げていますとおり、自衛隊の採用は志願制でございまして、とくに親の所得とかを調べているわけではございません。また、一方では教育費につきましては、家庭の状況にかかわらず、すべての意思のある者が安心して勉強に打ち込めるようにするための各種施策を実施しております。低所得世帯に対しても、奨学金、各種手当等、各種の支援策を講じているところでございます。以上でございます。ありがとうございました。

外務省・志野　武器の輸出に関しましては、日本は武器の輸出は禁止しております。どの地域についての武器の輸出も禁止しておりますので、情勢の微妙な国であろうとなかろうと、禁輸出はしております。さらにNGOと……。

チェルマッテン委員　すみません。武器輸出は原則的には禁止されているということですが、テロリズムと闘う必要性から、また日本が高い技術を有していることを考えれば、一部の国に輸出される武器を製造するために利用可能な装置を、少なくともいくつかは輸出可能であると目にした気がします。つまり、私の理解ではこれは完全な禁止ではありません。私の質問は、テロリズムとの闘い

の一環として輸出されているものも含め、子どもが武力紛争に巻き込まれる可能性のある国へ武器の輸出が行なわれていないと確実に言えるかということです。

外務省・志野 最近の技術開発の進展は、ツェルマッテン委員長のおっしゃるとおり、何が武器のパートとして使われるのかがわからないという状況になっているのは事実だろうと思います。さまざまなものが……。ただ、わが国におきましては、外国為替及び外国貿易法という法律がございまして、これに基づいて輸出管理を行なっております。したがいまして、ここで認定されております武器の輸出については、国際紛争を回避するために慎重に対処してきております。

防衛省・森 補足いたします。先ほど議長がおっしゃられた技術のことでございますが、これは、日本は日米同盟を結んでおりまして、米国に対して武器技術にかぎり共有するという例外がございます。武器そのものは輸出しておりません。

外務省・志野 NGOの方たちとの対話についてもご質問をいただきましたが、昨日、本体のほうでご報告をいたしましたとおり、今回の報告をつくるまでに、4回ほどの意見交換を重ねておりますし、また今年の3月26日に外務省主催で行ないましたシンポジウムの第3セッションは、この分野をテーマとして取り上げておりました。そういう形でいろいろな形を通じての意見交換の場を設けております。

チェルマッテン委員 ポラー委員。

ポラー委員 一連のお答えをありがとうございました。研修が行なわれているとうかがえたのはよかったです。難民「について」か、難民「の」かというお話がありましたが、わかっています。

さて、この議定書は、あるいはもう1つの議定書もそうですが、特定の行為の犯罪化を求めるなど、法律主義的な性格を有する場合もあります。しかし、法律問題から離れて特定の要求をする場合もあるのです。たとえば、事前質問事項5の文書回答では、難民が子どもであるかおとなであるか、また紛争に関与していた子どもがいるかどうかのデータはとられていないと述べられています。このようなデータ収集は議定書に基づく要件で、回答によれば移民担当者は研修を受けているということですから、なおさらです。これは議定書の明確な規定、要件なのです。

私がこのように申し上げているのは、とくにこのような対応をとっていないことが締約国の回答で非常にはっきりしているからです。ですから、この点について注意を促し、今後、難民がその状況をチェックされていない、子どもが武力紛争に関与した可能性があるかどうかチェックされていない点を改めていただきたいと思います。これはある種の要件なのです。

この点からもう1つの質問が出てくるのですが、身体的・心理的回復が確保されていません。いずれにせよ確認が行なわれていないことがわかったいままでは、これも理解できます。これをやる前に、回復を必要とする子どもがいるのかどうか、何人いるのかを確認しなければならないからです。移住してきた子どもが〔武力紛争に〕関与したか否かをチェックするという要件に対し、締約国の注意を促したいと考えて申し上げました。

外務省・志野 いただきましたご指摘につきましては今後検討させていただきたいと思いますけれども、われわれのほうで難民の方たちについての統計をとっていない背景のひとつとして、彼らが政治的な背景をもってこられているので、国籍その他等についても、あまりつまびらかにはしていないという状況がございます。またそれから、難民の方たち、あるいは難民申請をしている期間が一番被害から近い時期になるかと思うのですけれども、難民認定申請をしている方たちについては、いろいろな形でのメンタルヘルスのサポートを国のほうから行なっております。これは、紛争下から来られた難民の方たちのみならず、いろいろな形で逃れてきた方たちが日本という新しい社会に適

応することの困難も含めての、すべての精神的なケアをとらせていただいております。

チェルマッテン委員　子どもを徴募することの犯罪化の問題に戻りたいと思います。子どもの徴募については現行法でカバーされていると考えているが、具体的にそれを目的とした規定はないとおっしゃいました。これに対処するため、強要や誘拐について扱った刑法124条や223条を活用できるとのことです。

　しかし条約は、徴募という言葉が何を意味するにせよそれを明確に定義し、そして犯罪化しなければならないと定めています。直接禁止されていないのだとすれば、このような状況を想定・網羅できる強力な規定を持つことが必要です。例をあげて申し上げましょう。警備会社が、イラクで戦わせるために日本国籍を有する17歳の子どもを徴募したとします。イラクで活動している民間警備会社です。彼は強要されたわけではなく、多かれ少なかれ金銭的報酬に惹かれて行こうとしている。このような状況をはっきりと処罰対象にしていなければ……、ここでは刑法分野の話をしています。はっきりとした定義が必要ですし、ここでいう犯罪の構成要件をはっきりと定めておかなければなりません。他の条項に依拠するだけの対応では、このような場合に、日本の企業であれ外国企業であれ、日本法に基づいて当然保護される権利がある未成年を徴募した警備会社を処罰できないおそれがあります。

　ですから、刑法の規定でこのような状況が完全にカバーされているかどうか、あらためて考えていただくことが必要です。これまでにおっしゃった規定は報告書でも読みましたが、これを拝見しても、このような状況が完全にカバーされているかどうか疑念をもちます。ローマ規程との関連でも、15歳未満の者の徴募は人道に対する罪として法律で明確に禁止することが必要です。これは質問ではなく、刑法の規定を注意深く読み直して、第1議定書で掲げられているこれらの犯罪、議定書ではっきりと定義されているこれらの犯罪が統合される、含まれることを確保するようにしていただきたいという要請です。解釈、幅広い解釈の余地はなく、諸条約で非常に限定的に解釈されているものだからです。これらの犯罪に関する規定がなければ処罰することはできず、処罰しなければ、不処罰を認めるのであれば、保護される子どもの権利を尊重していないということになります。

　さて、それでは何かお答えいただけることがあるでしょうか。

外務省・志野　議長、ありがとうございます。では、いただきました時間を利用いたしまして、先ほどわれわれがツェルマッテン議長からいただいた質問で、正確に答えられなかった問題についてお答えいたします。それから、昨日いただいた質問で、残っているものに関しましてですが、体罰について、それから婚姻最低年齢の問題について、それから子どもの貧困率について、ADHDの問題について、それから人権教育について、時間のあるかぎり進めていこうと思います。

法務省・山口　では法務省から、第1議定書について簡単に補足いたします。第1議定書の政府報告の38パラグラフにおきまして、児童買春をしたものを処罰可能と、"the person who commits child prostitution is punishable" となっておりますが、これは、その女性を買った男性が処罰されるという趣旨でございます。おとなが処罰されるという意味です。児童は処罰されるものではありません。つまり売った女性は処罰されないということです。以上です。

外務省・志野　つまり、被害者と加害者がいるわけですが、加害者が処罰されるということです。では、体罰についてお願いします。

法務省・山口　法務省の山口でございます。昨日、お話に出ました親権者の体罰について、補足してご説明します。昨日、ご説明した民法上の懲戒権ですが、これは親権者が子どもの非行を正すといった目的で行なうしつけのことでありまして、体罰とは異なる概念であります。この懲戒は、先

ほど申し上げた目的のために、必要かつ相当な範囲内で認められるもので、当然に体罰を認めた規定というわけではありません。それから、児童虐待防止法という法律では、「何人も、児童に対し、虐待をしてはならない」と規定して、児童に対する虐待の禁止を明確に規定しております。昨日、ツェルマッテン議長のほうからご質問がありました。ジェネラルコメント8においては、すべての有形力の行使を禁止するべきだということですが、児童虐待防止法第2条においては、「児童の身体に外傷が生じ、又は生じる恐れがある暴行を加えること」のほかに、わいせつ行為やネグレクトなども、虐待と定義しております。このように有形力の行使以外も広く虐待と捉えて禁止をしているということをご理解いただければと思います。

外務省・志野 要約すれば、懲戒行為は目的から定義されており、一般的意見にいう体罰は行為から定義されているものです。日本法における同様の定義は児童虐待であり、虐待は行為から定義されています。その行為の中には、代表団の他のメンバーからも指摘がありましたように、有形力の行使がありますし、それ以外にネグレクト等も児童虐待に含まれております。それが私どもの申し上げたかったことです。婚姻最低年齢も……。

法務省・山口 それから、法務省の山口でございますが、婚姻最低年齢について簡単にご説明します。わが国の民法では、婚姻最低年齢について男性は18歳、女性は16歳とされております。これは男女の肉体的・精神的側面における違いに対応したものです。したがって、この規定が本条約に抵触しないものと考えてはおりますけれども、これについてはさまざまな議論がありまして、先日お話しました嫡出でない子の相続分の問題と同様に、1996年に法制審議会という機関が、婚姻最低年齢を男女ともに18歳にするという内容の答申をいたしました。そして、これと同じ内容を含む民法改正案、これがいま開かれている国会に提出される予定となっております。

外務省・志野 厚労省さん……。

チェルマッテン委員 はい、お答えをありがとうございました。貧困についてもお話ししていただきたかったのですが、残念ながら時間切れです。けれども2つの点、体罰と婚姻年齢についての詳しい情報をありがとうございました。もちろんお話しいただいたことについては留意しますが、これ以上話を深める時間はありませんので、長い議論の締めくくりに入ります。建設的で実りの多い対話でもあり、多くのことを学ばせていただきました。学んだことをこれから最終的な所見にしていくわけですが、最後に若干の時間をとり、委員会としてのある種のまとめを――もちろん詳しいまとめではありませんが――行なうのが委員会の慣例です。3人の報告者がいますが、クラップマン委員に全般的まとめをお願いし、次に大使閣下からこの対話を締めくくっていただきたいと思います。クラップマン委員、どうぞ。

11 対話の締めくくりの発言

クラップマン委員 ありがとうございます、議長。最後に若干のことを申し上げる特権をいただけたことにも感謝します。

　当然のことながら、まずはこの間の対話、生産的な対話について心からの謝意を表明したいと思います。条約の条項をめぐる対話、2つの選択議定書の条項をめぐる対話から多くのことを学ぶことができました。まずは大使閣下、昨日、冒頭に対話の基調を設定していただいたことにお礼を申し上げます。そのときご説明いただいたように、首相である鳩山氏と氏の政権は、すべての子どもを対象とする子ども手当制度を確立するとともに、子どもの生活条件を大幅に変えることを意図した

新しい子ども政策のビジョンを提示されました。このことは、疑う余地もなく、子どもの権利の実現に寄与することでしょう。新たなコミットメントを表明してくださったことについて、日本政府に感謝いたします。また、好奇心の強い委員からとどまることなく出された質問に答弁しなければならなかった、多分野にまたがる有能な代表団のみなさんにも多くの感謝を申し上げます。議論はここで終えなければなりませんが、議論のテーマを尽くすことが不可能だったことはわれわれ全員が知っています。

　委員会はこれから総括所見を起草しなければなりませんが、それは簡単な作業ではありません。情報が膨大だからというだけではなく、状況が変化しつつあるために、締約国報告書を読んで知ったことを再検討・再評価しなければならないからです。締約国報告書では2006年までの状況がカバーされているにすぎません。総括所見でお伝えする内容をこれから私が要約して申し上げるなどとは、期待なさらないようにお願いします。また、昨日冒頭に申し上げたように、これはバランスを欠いた作業です。委員会は監視を目的として、つまり欠点や弱点を発見するために設置されました。昨日、私が最初に若干の肯定的側面を取り上げたことを思い出していただければと思います。総括所見には、達成された進展についてのセクションも設けられます。しかし、懸念の声もあげ、勧告も明らかにすることになります。

　それでは、委員会が懸念を表明するであろういくつかの分野の話に取り急ぎ移ることにしましょう。その中核には、子どものウェルビーイングのさまざまな側面が来ることになろうかと思います。ここで申し上げておかなければなりませんが、政府と委員会は、委員会が表明する懸念の多くを共有していると私は確信しています。日本政府も、子どもの孤独感、自己肯定感の低さについては頭を悩ませているはずです。日本の多くの子どもたちが笑い、楽しんでいることは誰もが知っていますが、そうではない子どもを見過ごすことはできません。子どもの生活条件、子どもが有する一連の基本的人間関係、あらゆる種類の家族が子どもおよびその発達の安定した基盤となるためには十分な支援が必要です。

　競争の問題について委員会がどのように取り上げるかはまだわかりませんが、取り上げなければならないとは確信しています。同様に、ADHDの問題にも言及したいと思います。この点については代表団の専門家からも詳しい説明がありました。他の委員が同意してくれるのであれば、この分野における進展を注意深く観察するよう勧告することになるでしょう。

　政府報告書で、子どもとおとなの関係性を表す概念としてもっとも多く使われているものが「指導・相談」（guidance）であることを発見したときの衝撃から、私はいまだに抜け出せていません。私としては、おとなのほうこそ指導・相談の対象となるべきことが多いのではないのかと思います。家庭の中で、あるいは子どもたちが置かれている社会的文脈において何が間違っているのかを、子どもたちが言葉や行動で表明していることがあまりにも多いからです。

　また、一部のグループの子どもたちにも特別な関心が向けられることになるでしょう。貧困下にある子ども、障がいのある子ども——彼らのインクルージョンが進められるべきです——、婚外子、外国籍の子ども——なかには非常に長い期間日本に滞在している子どももいます——、難民の子ども——保護者に付き添われていない子もいます——、そして法律に抵触した子どもです。

　また、通常は一般的措置という見出しのもとにまとめられる、いくつかの問題についても取り上げることになるでしょう。条約の地位、権利としての子どもの権利の理解などです。法律にいくつか奇妙な点があることも依然として話題となるでしょう。ペンディングになっている、人権機関・委員会に関する法案もあります。さまざまなレベルで行なわれている取り組みの調整については、「子ども

家庭省」が設置されれば新しい解決策が見つかるかもしれません。市民社会との連携については、どちらかというと一度きりの、散発的なイベントであり、継続的協力ではないようです。いくつかの違った視点が提出されていますが、可能なかぎりで協働の取り組みが行なわれるようになれば、子どもたちにとって利益になるはずです。

　以上はすべて非常に予備的な所見で、代表団のみなさんにイメージをもっていただくためのものにすぎません。しかし、私たちが望み、心から願っているのは、日本の子どもたち、締約国である日本の管轄下にあるすべての子どもたちの最大限の幸せです。代表団のみなさん、ご無事のお帰りを。あらためて、大使閣下に特別な謝意と高い評価の意を表明いたします。ありがとうございました。

チェルマッテン委員　要約、予備的な要約をありがとうございました、クラップマン委員。それでは政府代表団首席である大使閣下から締めくくりのご挨拶をいただきたいと思います。

上田大使　議長、委員会の委員のみなさん、日本の代表団を代表して、みなさんの粘り強さに、この詳細かつ精力的な対話を通じてわが国の子どもたちの状況を検討・審査してくださったその努力に、まずは心からの感謝を申し上げます。クラップマン委員がおっしゃったように、また私も冒頭発言で申し上げましたように、わが国が報告書を提出して以降、政策や状況に変化がございました。とくに政権が替わったことにより最近政策転換があり、代表団の間でさえ、最近の状況をどのように説明すればよいかについて混乱がありました。みなさんの専門家らしいご質問のおかげで、現段階で提供できるお答えについては提示できたかと思います。もちろん完璧な国など存在せず、日本も子どもの権利との関係で多くの欠点を抱えています。けれども、日本における子どもたちの状況、子どもたちの権利を向上させるための努力を今後も続けていくという確信はありますし、ある意味では成功しつつあるとも思います。もちろん、ご指摘があったようにまだまだ欠点はありますので、委員会の最終報告をお待ちします。これはもちろん政府および各省庁にも報告し、市民社会とも良好な協力関係を保っていきたいと思います。このような取り組みを通じて私たちがめざすのは、子どもたちの状況を向上させていくということです。近隣諸国や国際社会の友人たちともさらに協力しながら、世界中のすべての子どもがよりよい未来を手にできるようにしてきたいと思っております。

　あらためて、議長および委員会の委員のみなさん、そして辛抱強く議論を傍聴していただいたすべてのみなさんに、心からの感謝を申し上げます。ありがとうございました。

チェルマッテン委員　委員会および委員に対する温かい言葉をありがとうございました、大使閣下。志野課長と日本の代表団のみなさんにも、個人的に称賛の言葉を贈らせてください。たくさんの、多くの場合には非常に技術的・具体的な、そして時には無関係な質問に回答するというきわめて難しい課題を、みなさんは見事に達成なさいました。通訳のみなさんにも、困難な作業をこなしてくださったことに温かい感謝を申し上げます。ありがとうございました。お帰りの旅が快適かつ安全なものになることをお祈りしています。家族のみなさんにもよろしく。ありがとうございました、これで会合を終了します。委員のみなさんは午後3時から非公開の会合があります。ありがとうございました。

※　この審議録は、国連・子どもの権利委員会の事務局から提供された音声データと、子どもの権利条約NGOレポート連絡会議事務局が録音したテープをもとに作成したものです。委員会委員の発言は英語をもとに翻訳しています。また、サマリーレコード（SR.1509,SR1511,SR1513）も適宜参照しています。また、日本政府代表の発言は日本語を忠実に（「えー」「えっと」の類は省いています）テープ起こししています。なお、〔　〕は編者による注です。

第4章

子どもの権利条約NGOレポート

1 子どもの権利条約NGOレポート連絡会議　参加団体・個人

子ども情報研究センター／子どもと法・21／子どもの権利条約総合研究所（事務局団体）／子どもの権利条例東京市民フォーラム／子どもの人権連／こども福祉研究所／在日朝鮮人人権協会／障害のある子どもを普通学校へ・全国連絡会／しんぐる・まざあず・ふぉーらむ／セーブ・ザ・チルドレン・ジャパン／全日本自治団体労働組合／中国帰国者の会／東京シューレ／東京・生活者ネットワーク／日本教職員組合／荒牧重人（山梨学院大学、連絡会議責任者）／石井小夜子（弁護士）／井上仁（日本大学）／今井直（宇都宮大学）／大河内彩子（東洋大学、国内コーディネーター）／甲斐田万智子（国際子ども権利センター）／佐々木光明（神戸学院大学）／兼井京子（東洋大学）／喜多明人（早稲田大学）／永田裕之（神奈川教育法研究会）／平野裕二（子どもの人権連、国際コーディネーター）／森田明彦（尚絅学院大学）／森田明美（東洋大学）／吉田恒雄（駿河台大学）

2 子どもの権利条約の実施に関する第3回日本政府報告書についてのNGOレポート（サマリー修正版）　目次

はじめに
本レポートの作成主体と目的
第3回日本政府報告書の主要な問題点：概況
Ⅰ．条約諸規定の実施のための一般的措置
　1-1．留保は適用範囲の明確化を、解釈宣言は撤回を
　1-2．「保護」に偏重した国内法の改正
　1-3．条約を適用しない裁判所
　1-4．子どもに関する包括的な政策は未だ策定されていない
　1-5．政策調整機関が依然存在しない
　1-6．充分なデータを収集・提示していない
　1-7．国レベルの独立した権利監視システムがない
　1-8．構造的な不況下で子どもの最善の利益を充分に考慮しない予算策定
　1-9．子どもの貧困化が進行し、権利保障をいっそう困難にしている
　1-10．国際協力において市民社会との協力が不十分
　1-11．教育分野ODAにおける基礎教育への支援の問題点
　1-12．質・量ともに不充分な条約および委員会の勧告の広報
　1-13．NGOといっそうの対話・協力が必要
Ⅱ．子どもの定義
　2-1．子どもの定義

Ⅲ．一般原則
  3A．一般原則：差別の禁止
    3A-1．差別解消のための積極的措置が不十分
    3A-2．女性差別撤廃の努力に対するバックラッシュ
    3A-3．婚外子差別を正当化し続けている
    3A-4．権利保障とインクルージョンを基本とした障害者政策になっていない
    3A-5．朝鮮学校に対する制度的な差別
    3A-6．日中のはざまで差別を受ける中国帰国者の子どもたち
    3A-7．依然として差別が残っている被差別部落の子どもたち
    3A-8．アイデンティティ・文化・言語を奪われたアイヌ民族の子どもたち
    3A-9．同化政策の結果や米軍基地の存在に苦しむ沖縄の子どもたち
    3A-10．自らの言語・文化を保障されない外国籍の子どもたち
    3A-11．教育・医療・社会保障へのアクセスを否定される外国籍の子ども
  3B．一般原則：子どもの最善の利益
    3B-1．立法における子どもの権利保障および子どもの最善の利益原則を
    3B-2．諸政策の決定プロセスで子どもの最善の利益は充分考慮されていない
  3C．一般原則：生命・生存・発達への権利
    3C-1．最低基準の不充分さによる事故で命を奪われる子どもたち
    3C-2．教育ストレスで苦しむ子どもたち
    3C-3．米軍基地の存在で生命・生存・発達を脅かされる子どもたち
  3D．一般原則：子どもの意見の尊重／子どもの参加権
    3D-1．子どもの意見表明および意見の尊重は充分に確保されていない
    3D-2．学校における意見表明・子ども参加は依然として困難なまま
    3D-3．立法・政策立案における子ども参加の問題状況
Ⅳ．市民的権利および自由
  4-1．依然として不充分なプライバシーの保護
  4-2．子どものメディア環境とメディア・リテラシーの問題点
  4-3．国旗・国歌の強制で侵害される子どもの思想・良心の自由
  4-4．適正手続きを欠く校則規定
  4-5．学校暴力に対する取組は不充分どころか条約に逆行している
Ⅴ．家庭環境及び代替的な監護
  5-1．子どもの最善の利益を無視した父母からの分離
  5-2．子どもの最善の利益を考慮した家族の再統合を
  5-3．一時保護手続きの不備
  5-4．子どもの養育費確保の政策の問題点
  5-5．依然として施設偏重の代替的養護
  5-6．不十分な施設養護水準
  5-7．施設内での不十分な子どもの権利保障
  5-8．不十分な里親家庭への支援
  5-9．子どもの最善の利益が考慮されていない養子縁組制度

5-10. ハーグ条約を批准し国際養子縁組に対する特別法制定を
Ⅵ. 基礎的な保健および福祉
　6-1. 障害者自立支援法は障害のある子どもへの福祉を後退させている
　6-2. 特別支援教育における人的・物的条件の不足
　6-3. 思春期の子どもを対象とした総合的サービスがない
　6-4. 思春期の子どもの精神的健康のための対応は不充分
　6-5. 食育の問題点
　6-6. 性行為感染症の急増とリプロダクティブ・ヘルス教育への抵抗
　6-7. 待機児童と「保育の質」をめぐる問題
　6-8. 児童扶養手当の支給制限のために困窮する一人親家庭
　6-9. 廃止された生活保護の母子加算
Ⅶ. 教育、余暇及び文化的活動
　7-1. 教育制度の競争的性質は緩和されていない
　7-2. 子どもの権利を基盤とせず、教育現場を無視した「教育改革」プロセス
　7-3. 条約の趣旨や規定に逆行する教育基本法「改正」
　7-4. 子どものニーズに追いつかない教育条件整備、悪化する教職員の勤務状況
　7-5. 高等学校における教育の機会の不均等
　7-6. 障害がある学生が高等教育へ進学する上での困難
　7-7. 依然として深刻ないじめ問題
　7-8. 学校復帰に固執する不登校対策
　7-9. 教育への権利を適切に保障するためにオルタナティブ教育が認められていない
　7-10. 学校運営への児童生徒・保護者・地域住民の参加が十分ではない
　7-11. 人権教育・子どもの権利教育はむしろ後退している
　7-12. 依然として改善が見られない教科書検定制度
Ⅷ. 特別な保護措置
　8A. 特別な保護措置：人身取引、性的搾取
　　8A-1. 不十分な子どもの人身取引対策
　　8A-2. 「非行少年」として扱われる性的搾取の被害者
　　8A-3. 子どもの視点の欠落した防災基本計画
　8B. 特別な保護措置：少年司法
　　8B-1. 少年法「改正」の問題点
　　8B-2. 年齢にかかる「改正」
　　8B-3. 身体拘束
　　8B-4. 適正手続・弁護士の援助
　　8B-5. 処遇
　　8B-6. 少年司法にかかる政策
　　8B-7. ネガティブキャンペーンのひろがりとその影響
子どもの権利条約「児童の売買、児童買春及び児童ポルノに関する選択議定書」
巻末資料

※　全文は子どもの権利条約総合研究所HP<http://homepage2.nifty.com/npo_crc/katudou/ngo_report.html>に掲載。

子どもの権利条約NGOレポート連絡会議

本連絡会議は、子どもの権利条約の実現に取り組んでいるNGO／NPO・研究者・弁護士・労働組合等からなる、ネットワーク的な組織です。本連絡会議の主要メンバーは、1992年の国連・子どもの権利委員会第2会期から委員会のオブザーブを始め、委員会と日本社会を結ぶ役割を果たすとともに、日本における条約の実施と普及に取り組んでいます。本連絡会議は、これまで2回（1997年、2003年）、日本政府報告書に対応したNGOレポートを国連・子どもの権利委員会に提出し、審査をオブザーブすることなどを通じて委員会に情報提供するとともに、総括所見のフォローアップをしてきました。事務局は現在、国連経済社会理事会と特別協議資格を持つNGOである「子どもの権利条約総合研究所」が務めています。

［連絡先］子どもの権利条約総合研究所（早稲田大学分室）
　　　　〒162-0052　新宿区戸山1-24-1　早稲田大学文学部33号館1576号室気付
　　　　TEL＆FAX：03-3203-4355　E-mail：npo_crc@nifty.com

子どもの権利条約から見た日本の子ども
国連・子どもの権利委員会第3回日本報告審査と総括所見

2011年5月31日　第1版第1刷
2012年7月5日　第1版第2刷

［編　者］子どもの権利条約NGOレポート連絡会議
［発行人］成澤壽信
［編集人］西村吉世江
［発行所］株式会社 現代人文社
　　　　〒160-0004 東京都新宿区四谷2－10 八ツ橋ビル7階
　　　　Tel: 03-5379-0307　Fax: 03-5379-5388
　　　　E-mail: henshu@genjin.jp（編集）　hanbai@genjin.jp（販売）
　　　　Web: www.genjin.jp
［発売所］株式会社 大学図書
［印刷所］株式会社 平河工業社
［装　幀］Malpu Design（大胡田友紀）

検印省略　Printed in Japan
ISBN978-4-87798-486-1 C3032

◎本書の一部あるいは全部を無断で複写・転載・転訳載などをすること、または磁気媒体等に入力することは、法律で認められた場合を除き、著作者および出版者の権利の侵害となりますので、これらの行為をする場合には、あらかじめ小社または著者に承諾を求めて下さい。
◎乱丁本・落丁本はお取り換えいたします。